养育男孩（全阶段版）

[美] 迈克尔·汤普森　特蕾莎·巴克　著
卢春明　译

IT'S A BOY!

江苏凤凰科学技术出版社

This translation published by arrangement with Ballantine Books, an imprint of Random House, a division of Penguin Random House LLC.

江苏省版权局著作权合同登记图字：10-2017-569 号

图书在版编目（CIP）数据

养育男孩 : 全阶段版 /（美）迈克尔·汤普森，（美）特雷莎·巴克著 ; 卢春明译. — 南京 : 江苏凤凰科学技术出版社, 2023.3（2023.4 重印）
ISBN 978-7-5713-3194-8

Ⅰ. ①养… Ⅱ. ①迈… ②特… ③卢… Ⅲ. ①男性-家庭教育 Ⅳ. ①G78

中国版本图书馆CIP数据核字（2022）第169556号

养育男孩（全阶段版）

著　　者	[美] 迈克尔·汤普森　[美] 特雷莎·巴克
译　　者	卢春明
责任编辑	汪玲娟
责任校对	仲　敏
责任监制	刘文洋
出版发行	江苏凤凰科学技术出版社
出版社地址	南京市湖南路1号A楼，邮编：210009
出版社网址	http://www.pspress.cn
印　　刷	南京海兴印务有限公司
开　　本	718mm × 1 000mm　1/16
印　　张	22
字　　数	320 000
版　　次	2023年3月第1版
印　　次	2023年4月第2次印刷
标准书号	ISBN 978-7-5713-3194-8
定　　价	59.80元

献给

汤姆 · 法斯

安德鲁 · 斯隆和大卫 · C. K. 麦克里兰德

IT'S A BOY!

为了写这本书，我做了超过 700 次的访谈和问卷调查。在写作本书的过程中，有无数人通过访谈、信件、书籍、研究以及填写网上调查问卷的方式跟我分享了他们的故事、专业知识，以及他们对某些问题的看法。我们要对他们表示由衷的感谢！在本书中，除了专业人士以及一些允许使用他们真实姓名的人，其他人的姓名，包括患者、父母和儿童等的个人信息，都被隐去或者做了修饰，以保护个人的隐私。在某些情况下，出于同样的原因，对于一些细节也做了修饰。因此，如果读者觉得书中的某个人或者某件事与自己或者他人相似，这纯属巧合。

此外，虽然我希望本书能为大家提供养育男孩方面的权威信息，但是，无论是出版社还是作者本人，都并不希望用本书来取代任何专业的咨询或者治疗。如果你对自己或者孩子有什么疑问的话，请及时寻求专业人士的帮助。

推荐序

拯救男孩的关键是教育

孙云晓

老朋友司惟邀请我为《养育男孩（全阶段版）》作序，我们曾经是中国少年报社的同事，多年来都在为少年儿童的健康发展尽力，我自然不能拒绝他的好意。尽管当时正在日本旅行，也要抽时间完成这个任务。

也是与男孩教育问题有缘分，在46年从事儿童教育与研究的过程中，男孩教育问题是我长期关注的问题之一。我与李文道博士合著的《男孩危机》（原名《拯救男孩》），曾经引发媒体与父母们的广泛关注。所以，当我读到美国的迈克尔·汤普森博士和特雷莎·巴克合著的《养育男孩（全阶段版）》时，感到知音般的亲切与共鸣。所以，愿意为之作序推荐。

其实，男孩与女孩的差异是显而易见的。比如，我经常在全国各地讲课，发现几乎每一所小学的班级里，都有几名学习成绩落后的学生。我问老师："这些所谓的'差生'是男孩还是女孩？"老师们异口同声地回答："男孩！肯定是男孩！"当我参加一些小学生的活动，发现组织者大多数是女孩。某年在广州市少年宫讲课，巧遇一个小记者培训班，班里居然都是女孩，她们是各个区推荐来的。

这难道是一个又一个巧合吗？多年来，我陷入深深的怀疑之中。离开中国少年报社之后，我长期在中国青少年研究中心工作，曾经与北京师范大学心理学院合作研究，发现中小学男女生在学习方式上存在显著差异：男生最擅长的学习方式，是运动、动手操作、使用计算机、体验，而女生最擅长的学习方式是情感交流、阅读、聊天。也就是说，男生擅长运动和动手操作，女生擅长情感交流和阅读，而这有许多脑科学和心理学研究来证明。

如汤普森博士在书中介绍：随着脑成像技术的发展，我们可以在完全安全的情况下对儿童的脑进行观察。这些研究表明，男孩和女孩的脑比我们过去所认为的有更大的差别。哈佛大学心理学教授史蒂文·平克（Steven Pinker）说："迄今为止，人们已经发现了60项男性和女性之间的显著差异，其中的一些差异跟我们如何养育男孩有着密切的关系。"

问题的严重性在于，中国的中小学生太缺乏运动和动手操作的机会，男生们最喜欢也最擅长的潜能受到学校和家庭的严格限制，岂能不雪上加霜？所以，我用各种各样的方式为男孩的发展呐喊，希望推进教育教学的改革。

我一向认为，教育孩子的前提是了解孩子，而了解孩子的前提是尊重孩子。汤普森博士和特雷莎·巴克合著的《养育男孩（全阶段版）》之所以值得推荐，就是因为他们依据科学的诸多发现，对于18岁以下男孩的发展规律和特点，做出了详细的介绍和建议。

读《养育男孩（全阶段版）》的时候，我发现作者是比较谨慎的。例如汤普森博士申明自己的三个基本观点：第一，儿童首先是个人，然后才是男孩/女孩。因此，他们对爱、依恋、指导、挑战和理解的需要通常都是相同的，至少，其相似性远远大于其差异性。第二，人类个体之间的差异远远大于性别之间的差异。个体差异体现在脑功能和脑结构、先天气质、人格等方面，并且在这些方面，个体差异超过了性别差异，人格的力量远远超过了性别。 第三，性别特征的确很重要，性别的确有非凡的影响力。

这三个基本观点可以视为性别教育的三大原则。因为性别教育不宜走极端，不能因为发现性别差异就忽视人的本质属性。就儿童来说，最重要的是尊重他们的生存权、发展权、受保护权和参与权。最好的儿童教育是儿童友好的教育，即符合儿童优先的原则，尽可能实现儿童利益的最大化。从儿童友好的角度看，这三个基本观点或者说三大原则的根本价值，就在于为实现儿童权利和儿童优先奠定了基础，同时也开辟了宽广的道路。

当然，毕竟是美国的专家，其写作有深厚的美国文化与教育的背景，中国的读者需要注意文化的差异，选择积极适合中国的分析和建议。

或许可以说，既充分注意到男孩的特点和需求，更注重培养孩子的良好习惯与健康人格，是汤普森博士给予我们最为重要的建议，也是《养育男孩（全阶段版）》的精髓所在。

（作者系中国青少年研究中心家庭教育首席专家、二级研究员，首都师范大学特聘教授，著有《男孩危机》《女孩危机》等著作和48集音频节目《九个好习惯成就孩子一生》。）

自序

男孩真的不一样！

迈克尔·汤普森

在我的整个职业生涯里，我一直都在跟爸爸妈妈和老师们讨论关于男孩教育的问题。最初我是一名中学老师，接着，我成了一名高中辅导员，在后来的40年里，我成了一名心理学家。从我拥有私人办公室开始，在我所接待的来访者中，有70%是男孩和男人。男孩们总是给我以启发。我看到了他们充沛的能量，享受与他们深厚的情谊，欣赏他们睿智的见解。我见证了男孩们对家庭、对兄弟姐妹的感情，也见证了他们对音乐、表演以及体育运动的不懈追求。我看着他们在学校里、在生活中、在走向成功的道路上奋力挣扎，眼里流着泪水，脸上带着欢笑。我喜欢他们的活力、热情和幽默。我还知道，男孩的成长之路充满了荆棘，同时，男孩们从来都不是懦夫。

以前，我们想当然地认为男孩和女孩是一样的；或者至少，我们不允许自己说男孩和女孩有所不同，因为这意味着你带有某种偏见。直到最近一些年，这种状况才有所改变。其实，我们早就知道，男孩和女孩拥有不同的身体特征、生殖器官和激素系统，可是我们就是假定男孩和女孩的脑大体上是一样的，他们需要父母提供大体上同样的关爱来长大成人。这就是为什么过去那些最棒的育儿经，例如儿科专家T.贝里·布雷泽尔顿（T. Berry Brazelton）、佩内洛普·利奇（Penelope Leach）以及本杰明·斯波克（Benjamin Spock）所写的那些书，几乎从不提及性别差异问题的原因，他们从来不会对男孩和女孩进行区别对待。

现在，我们能够通过两面镜子来观察我们的儿子：一面镜子是日益增加的关于男孩的科学发现，无论对于我们，还是对于男孩来说，这些科学发现都有巨大的帮助；另一面镜子则是我们对男孩的担忧和恐惧，这些担忧和恐惧对男孩非常有害。父母们会竭尽全力在两面镜子之间寻求平衡，有时候难免会遇到困难。

妈妈们总是担心跟女孩相比，男孩更喜欢身体活动，更愿意冒险，他们在学校里更容易惹麻烦，其实大多数情况都是正常的，没有必要担心，不过有时候也需要家长关注。我的愿望是，在了解了你儿子的生长发育规律之后，你就会清楚什么情况下该认真对待，什么情况下该静观其变，并乐在其中。

下面，让我们花点儿时间谈一谈关于男孩的最新科学发现。

随着脑成像技术的发展，我们可以在完全安全的情况下对儿童的脑进行观察。这些研究表明，男孩和女孩的脑比我们过去所认为的要有更大的差别。哈佛大学心理学教授史蒂文·平克（Steven Pinker）说："迄今为止，人们已经发现了60项男性和女性之间的显著差异，其中的一些差异跟我们如何养育男孩有着密切的关系。"

关于婴幼儿的研究已经表明：与女孩相比，男孩早期对妈妈和爸爸的依恋更容易受到破坏；他们对妈妈和爸爸的需要跟女孩一样多，甚至更多（所以不要因为他们是男孩就过分地锤炼他们）。

在这本书里，我没法把这些科学问题都解释清楚，在以后的若干年里，这些问题将继续是科学工作者们感兴趣的话题。随着神经生物学家们更多的发现，我们目前的知识会不断得到更新。从个人的角度来说，我本人是个温和派。我不太相信生物学方面的发现会瞬间改变我们原来所有的育儿方式，所以，我倾向于使本书的观点建立在较为坚实的科学基础上，不会过于激进。不过，如果读者希望现在就从我这里得到一些育儿方面的建议的话，我还是愿意告诉他一些关于男孩和女孩的差异之类的事实的。

在本书中，我的观点主要有三个基本要素。它们看似相互矛盾，其实不然。我愿意把它们想象成关于男孩和女孩性别差异问题的三种不同的思维角度。它们结合在一起，就能为父母们该如何养育孩子的问题提供帮助了。

第一，儿童首先是个人，然后才是男孩/女孩。因此，他们对爱、依恋、营养、指导、挑战和理解的需要通常都是相同的，至少，其相似性远远大于其差异性。这也是为什么在没有最新的关于男孩和女孩性别差异的科学发现之前，基于常识的育儿经验在过去那么多年里都能正常运作的原因。如果在常识和新的科学发现之间出现了矛盾，我会坚持过去的经验和常识的。

第二，人类个体之间的差异远远大于性别之间的差异。个体差异体现在脑功能和脑结构、先天气质、人格等方面，并且在这些方面，个体差异超过了性别差异。也就是说，如果你是一个非常腼腆的人，这种性格特点给你的生活带来的影响可能跟是男是女给你带来的影响一样大；如果你是一个非常有能力的体育健将，这种技能将会对你的人生产生深远的影响，而无论你是男是女。是的，人格的力量远远超过了性别。

第三，从另一方面来说，我相信性别特征的确很重要，这也是我写这本书的原因。无论我们是否接受西格蒙德·弗洛伊德（Sigmund Freud）的名言“生理结构决定了人的命运”，我们都要承认，性别特征的确有非凡的影响力。普通男孩和女孩——我说的是一般的、普通的——的确有一些值得注意的差异，这些差异体现在家庭和学校生活的方方面面。在了解了一个儿童的性别之后，我们就可以较为准确地预期他喜欢什么样的玩具，在他10岁的时候，他跟伙伴们的友谊会是什么样子的。性别特征还会告诉我们，孩子在不同的年纪可能会遇到哪些问题，以及这些发展过程中的问题该如何克服。

所以，我们应该讨论一下男孩的行为有什么特点，他们在不同的年纪会对外界刺激做出什么样的反应，他们喜欢什么，不喜欢什么。我们还应该讨论男孩巨大的个体差异，男孩的共同特点是什么。这就像是我们知道世界上没有两片相同的树叶，也没有两个性格特点完全相同的孩子一样，关于性别特点的知识也会帮助我们更好地了解男孩，了解我们养育他们的方式。

今天，男孩比以往遇到了更多的危机。现在，从新闻报道中，我们会听到关于男孩学业不良，但女孩从小学、高中到大学、研究生学习成绩一直比男孩好的资讯。在很多年以前，美国58%的大学毕业生是男性；到了2007年，57%的大学毕业生是女性。很快，在大多数大学校园里，女生的比率将会达到60%以上。

在上述问题的背后，还有很多社会性方面的问题。这些问题同样给男孩的成长带来了深远的影响。这些问题包括：离婚率的攀升，未婚妈妈的增多，日益激烈的全球化竞争，在学校和体育方面过早的竞争压力，学校里男老师的减少，日益严峻的毒品和酗酒问题，以及大量的网络色情和网络游戏。也许，还有一个同样重要的，但是常常被忽略的原因，就是我们的儿子逐渐失去了可以自由自在玩耍的户外安全场所。

从以上的内容可以看出，从科学研究的发现到家庭的养育模式，男孩生活的各个方面都发生了巨变。在这样的背景下，父母所关注的问题很自然地就会跟过去30年有所区别。由于各方面的原因，我们好像不再相信男孩和他们自然的生长发育了。正是由于父母逐渐丧失了对男孩生长发育的信赖，才促使我写作这本关于养育儿子的书。我希望我的经验能够帮助你培养一个健康的儿子。

为了写作这本书，我对很多老师、父母和男孩进行了访谈。同时，还有超过400位父母和差不多200位老师在我的个人网站上填写了关于男孩的详细而冗长的调查问卷。还有一小部分18岁以上的男孩也给我写了信，分享了他们儿童时代的故事。这些资料为我们提供了大量的信息，以及一些诙谐有爱的逸闻趣事。通过这些信息和趣事，我才能生动鲜明地为读者展现男孩的生活。我相信，其他父母谈论他们自己儿子的话语将会在读者（无论他们是否曾亲耳听过）的耳畔回响。

本书是按照时间顺序安排的，从妈妈怀孕开始，直到男孩18岁，差不多接近高中毕业的时候。在阅读本书的过程中，你会发现，每一章都有三个部分。第一部分，正文详细谈了男孩们在该年龄主要的心理发展问题，并描绘了不同男孩的特点以及他们所遇到的困难。第二部分，介绍了那个年纪的男孩在八个方面的发展轨迹，例如身体、依恋、社会性、认知、学业、自我认同、情绪的自我调控，以及道德和精神信仰方面的发展。每一章的“发展的八条线索”部分为每个年纪男孩的成长故事提供了发展方面的背景知识。第三部分，每一章还为父母提供了一些建议，并深入挖掘了男孩某个方面的特殊问题。

男孩和女孩之间的一个差别就是，男孩不像女孩那样跟你讲很多心事。这会让你——特别是女性——很难了解他们到底在想什么，他们的生活到底是怎么样的。本书将对男孩的正常发展阶段和心理发展过程中的重大标志性事件进行解读，包括他们的依恋和身体的、社会的、学业的、认知的，以及道德和精神信仰等方面的发展——这些发展所带来的欢乐和挑战都是你在男孩的每一个发展阶段里将要面对的。

有爱心的父母希望为他们的男孩做正确的事情。无论他们的儿子是否与他们对男孩的刻板印象一致，他们都希望了解他们的儿子。父母们想知道，他们在养育儿子的过程中所面对的大多数问题是否都是正常的，他们还希望知道该如何将这些正常的问题与那些需要真正操心的问题区分开来。这些可能就是你手里拿着这本书在读的原因。我希望这本书会对你养育儿子有所帮助。

在漫长的成长过程中，男孩们跟我们一起分享了他们的创造力、幽默、专注、想象以及无尽的欢笑。如果你在养育一个男孩，我想送给你一句话：学会欣赏你家的男孩吧！

目录

Contents

第1章 梦中男孩：你在期待什么？

出生前

第2章 爱之初体验：依恋就是一切

0~18 个月

第7章 巨变的开始：惊人的身体变化 11~13岁

第8章 神秘的男孩：他在想什么？ 14~15岁

IT'S A BOY!

第1章

梦中男孩：你在期待什么？

出生前

如果你将要成为一个男孩的父母，你就需要做好亲历这一迷人旅程的准备。让我们一起触发你内心的“男孩按钮”，使你的男孩之梦得以轻松展开。

和天下所有喜欢孩子的父母一样，在安德鲁出生以前，他的父母就已经开始忧心安德鲁的养育问题了。比如，在儿子成长的过程中，该如何让他平衡学习、运动、音乐与游戏，合理安排跟朋友玩耍与陪伴家人的时间？在儿子收拾好房间以前，应该让他看电视吗？父母在什么情况下应该保持权威，又在什么情况下应该保持民主？虽然现在考虑大学的事情还太早，但是即使他们不想强迫儿子马上就决定将来干什么，他终究还是无法回避家庭和事业的。“我们还是等着看吧。”妈妈一边抚摸着怀孕的肚子，一边戏谑地说。此时，距离安德鲁出生还有两个星期。也就是在此时，可能安德鲁在妈妈的子宫里正忙着大翻身，他那胖嘟嘟的小脚在妈妈的肚子里勾勒出美妙的弧线。

可能你也想要一个男孩。随着他的到来，家里会显得更加朝气蓬勃。而且，如果他是你的第一个孩子或者第一个男孩，你对这个孩子的好奇和关注就会非常强烈，以至于你的脑子已经无暇他顾，他已经成为你的全部谈资了。你曾听别的妈妈说过：“男孩真的不一样啊！”实际上，他们就是不一样的。如果不是这样，那我就没有必要写这本书了。有人说“男孩好养活”，也有人说“男孩很单纯”“男孩喜欢妈妈”。可问题是，你如何将这些美妙的故事与那个无法沟通、行为恶劣、学习困难、内心郁闷、迷茫的男孩联系起来呢？

如果这是你第一次与男孩的生活亲密接触，你可能会对这种状况感到既兴奋又紧张。如果你已经有一个儿子，或者你有兄弟，又或者你是一名父亲，并且对自己的儿童时代记忆犹新，那么，你对如何养育男孩的问题就会觉得更加自信和兴奋，或者更加谨慎，以防患于未然。

也许你是一个2岁男孩的妈妈，你的小男孩突然开始与你疏离，他开始违抗你的命令。当违反了规则或者碰了什么不允许碰的东西的时候，他竟然敢跟你大胆地对视。当你责备他的时候，他欢快地大笑。

他似乎非常任性和叛逆。这正常吗？

又或者，你是一个较大男孩的妈妈。你的儿子已经开始渐渐离开你的视线，并进入一个妈妈无法触及的只有男孩的世界了。你们每天上床睡觉之前的交流变得越来越少，他每天的行踪也越来越飘忽不定。你已经听别人说过男孩就会这样的。但是令你迷惑不解的是，你跟儿子过去曾经那么亲密无间……当然，一切才刚刚开始！

如果你是一位父亲，即使你自己也曾经是一个男孩，而且从理论上来说，你知道所有可能发生的事情，可是你仍然无法自豪地宣称你对养育男孩一点儿都不感到紧张。或许，你小时候过得不好，或者你对自己的父亲有一种复杂的感情，你想在儿子身上改变这种父子关系。又或许，你曾经是一个幸运的男孩，现在是一个幸运的男人、一个充满热情的父亲，你想把这些幸福带给儿子。如果你是一位父亲或者即将成为一位父亲，你的这些努力将使你对男孩的生活理解得更加深刻。而且，这对你的儿子来说，已经是一种福分了。

是什么使男孩成为“男孩”？

细想一下你就会觉得奇怪：从遗传来说，女性的生理特点是人类的“默认设置”[1]。在某种程度上，这可以解释为什么男孩出生的过程更加困难，并且出生的时候比女孩有更多的健康问题。人类的生命形式更加青睐于女性的生理特点。

那么，男孩生命开始的过程就完全可以预期了。你孩子的性别在怀孕时，即精子穿透卵子生成合子的那一刻，就已经决定了。妈妈的卵子为合子贡献了X染色体，爸爸则既可以贡献X染色体，也可以贡献

1　默认设置指人的生物学结构和遗传方式更适合于女性。——译者注

Y染色体，这取决于哪个精子率先完成任务。如果卵子接受了来自爸爸的X染色体，那么就会生女孩——XX；否则就是男孩——XY。由于女孩拥有XX组合，所以对某些遗传疾病有更好的抵抗力。即使一个胚胎拥有XY染色体组合，它仍然需要一个额外的步骤，即通过雄性激素，使胎儿转变成男孩。如果由于某些原因，这个额外的步骤没有实现，那么无论这个孩子从基因上来说是XX还是XY，他都会看起来像个女孩。不过，在生命的前6个星期，无论是男孩还是女孩，胚胎看起来都是一样的。

如果胚胎拥有Y染色体，那么在Y染色体的短臂上就会有一个决定性别的基因，这个基因会将胚胎的性腺转变成睾丸。此后很快，睾丸就会产生一种类似蛋白质的物质，阻止子宫和输卵管的发育。睾丸还会分泌睾丸激素——一种雄性激素。然后，男孩的发育就开始了。

要成为男孩，不只是要有雄性激素，胎儿的组织器官还必须对雄性激素进行响应。如果响应了，那么有可能发育形成女性生殖器——阴唇——的组织就会融合而形成男孩的阴囊。如果你观察一下阴囊，就会发现阴囊中间有一条向下的接缝，就好像它是由两部分缝接而成的。这是因为它曾有可能在女性身上成为分离的两半。

如前所述，人类向女性发育的倾向是非常强的，如果在向男性发育的过程中出了问题，就可能会发生流产。我们知道，与女性相比，有更多的男性胎儿在怀孕期间自然流产，更多的男孩有先天遗传缺陷或者在出生时有呼吸问题。因此，从生物学意义上来说，从生命的开始到结束，男孩都比女孩更加脆弱。

发育是儿童成长的根本动力。在发育过程中，各种先天的、后天的以及纯粹偶然的因素会共同发生作用，并最终制造出一个独特的人。在这本书里，我们集中关注的主要问题是男孩的心理发展过程，这是一个关于男孩的内心世界如何形成，如何经历婴儿期、儿童期以及青少年期的成长而不断发展变化的过程。成年人不太容易理解这个过程。但是，这个过程确确实实地发生了。每一天，男孩们都在展示着这个过程，新的情况不断地出现。在心理发展这个大背景下，我们在本书的开头，首先需要了解男孩在每一个心理发展阶段都有哪些关键问题。这是因为，对于你和你的儿子来说，他的人生发展就像是一场充满挑战和考验的舞台剧。

如果你在怀孕期间和孩子出生以后有大把的时间来思考，那么你的心里一定对这个男孩充满了期待和好奇。你如何回答未来18年里最重要的两个问题：男孩到底需要什么？我儿子又将需要我做什么？

下面，我们将一起回答这些问题。但是在此之前，让我们先一起回到很久以前你的男孩之梦开始的地方。

父母对养育男孩所产生的希冀和担心

作为一位母亲，一旦怀孕了，那么你最想知道的事情就是：到底是个男孩，还是女孩呢？这是一个很复杂的问题。它会唤起你对男孩的美好憧憬，或者些微抵触，又或者是五味杂陈。

我们每个人都有关于男孩的记忆，而养育男孩——甚至仅仅是想象一下——都会触发这些记忆。

如果你生了一个男孩，可是由于各种原因，这完全出乎你的意料，那么，你会怎么办？有一位妈妈回忆道，当知道自己生了个男孩的时候，她觉得有点担心，因为男孩好像要比女孩闹腾得多。

不只是妈妈们对儿子充满了或幸福或矛盾的感情，男人们也面对着更大的现实问题。特别是，人们都希望父亲是一个有能力提供衣食住行的人和可靠的保护者。有一位父亲曾告诉我说，他被这种现状“吓坏”了。另一位父亲则在思考：“我该怎么养育他呢？怎么教他运动（我不太喜欢运动）？要参军吗？将来儿子可能会遇到各种人际关系、酗酒等问题，我怎么教他？”

每一对父母迟早都会发现，你不能总是如愿以偿。你当然不会得到你所希望的一切，同时，你所担心的事情也不一定会发生，总有一天你会平静地面对上天赐予你的一切。

换句话说，最终你必须面对一个事实：你在养育儿子。我们的文化对你和你的儿子有很多刻板的要求。在内心深处，我们每一个人都有一个想象中的男孩的模板，而我们必须恪守这个模板。

父母对养育男孩所产生的希冀和担心主要来自四个方面。

第一，也是最重要的方面，它们来自家族数代以来的历史以及历史上曾发生过的各种关于男孩和男人本性与命运的教训。其中有些可以回忆起来，而另一些则深藏在潜意识之中。

第二，它们来自每个人在儿童时代与男孩相处的经验。

第三，它们来自深植于文化中的对男孩的期许。

第四，也是最后一个，它们来自当前从新闻、娱乐媒体和广告中获得的对男孩的印象。所有这些因素决定了我们对男孩的“想要”和“需要”的看法，以及我们是否应该满足这些“想要”和“需要”。它们使我们对男孩的未来产生期待，并想象着他该如何成为家庭的一员。

你那个家族中数代以来传下来的故事是怎么描述男人的命运和价值的？女性们在心理治疗过程中告诉我：“我家族中的男人们做得不好。”或者“在我的家族中，女性是主导者。”这意味着，相对而言，男性的地位和作用要弱一些。如果你来自一个男性都酗酒的家族，情况又会怎么样？如果你祖父是个浪荡公子，或者是一个非常成功的商人，却以自我为中心，不关心家庭，又会如何？如果你离过婚，儿子的父亲让人极度失望，又会如何？

反之，如果你的祖父努力工作，每晚都待在家里，与孩子们一起吃晚饭、聊天，会怎样？如果你丈夫诚实、勤奋、细心呢？有很多方式会使家庭的生活染上男性色彩，我们大多数人都能在家族谱系中找到一些有启示和警示作用的故事。

作为一个孩子，你可能不断地听到家族中有关男性的各种美德和恶习，你从中吸取了教训：男性是软弱的，男性鲁莽并英年早逝；或者男性是负责任的，男性为了工作牺牲家庭，为了家庭牺牲自己。

我们都会被数代以来的或悲情或励志的事例所触动，这些事例迫使我们在养育儿子的时候要么希望复制出家族中成功男性的历史，要么至少是避免重蹈悲剧的覆辙。

无论你的家族传说中有完整的男性人物还是由于某些原因被遗忘了，你在心里都会回溯家族中男性先辈们的故事。因此，你会把儿子当作他们中的一个，并开始给他勾画未来。

养育男孩的预科学校

如果养育男孩会改变你的脑功能，并改变你对男孩的态度，那么，其他各种与男孩有关的生活经历也会起到这种塑造作用。男人自己就是最好的证据。他们能轻而易举地应付男孩的一些日常举动，可是妈妈们会被这些举动弄得几乎疯掉。摔跤？用棍子和手指当枪来射击？拿身体的某个部位来讲冷笑话？男人们不觉得这有什么问题，或者他们认为这些对于男孩来说是再正常不过的事情了，所以对此有较高的容忍度。从小跟兄弟们或者像兄弟一样的男性伙伴儿们一起长大的女性，对男孩特有的好动和粗鲁的表达方式也会比较容忍。

有一次，我在危地马拉城国际学校专门以男孩为主题办了一个工作坊。在这个工作坊中，一位老师问我：“为什么男孩老是打架呢？”

“你说的是哪种男孩？哪个年龄阶段的男孩？”我问。

“我的儿子们，一个11岁，另一个9岁，”她答道，“他们总是不停地打架。”

“你所说的打架具体指什么？”我继续问。

“嗯，他们老是争来争去——谁在这件事情上是第一名？谁在那件事情上是第一名？”她的话语里面充满恼怒和忧心。

“你认为那是打架吗？”我问，其实从她焦虑的表情里面，我知道她是这样认为的。

“可是，他们总是摔跤……嗯，我也不知道。”她不太确定，因为她知道不停地竞争和摔跤对我来说并不意味着打架。“我家没有兄弟——我只有姐妹，”她说道，“我们不会那样的。”当然不会。虽然姐妹之间也有竞争和打架，但是她们不会像男孩一样公开表现出竞争性和求胜的欲望，她们几乎从不摔跤。

从小跟兄弟生活在一起的经历就像是将来养育男孩的预科学校。如果你小时候曾跟兄弟们一起生活，那么你可能会记得他们对收集卡片或者昆虫的痴迷，他们对某些你所讨厌的书和电视节目的喜爱，他们的邋遢，对生活空间的漠不关心（老是霸占你的屋子），以及他们不断地逗你或烦扰你时表现出的无穷无尽的能量。一位女性告诉我说，她弟弟曾用塑料气枪子弹射她的腿，非常疼（他现在是一个公益基金的总裁，从事慈善工作）。无论你从兄弟那里曾遭受过什么样的烦扰，这些都使你准备好了做一名男孩的母亲。

或者，就像另一位母亲所分享的，从小跟附近的男孩子们一起长大也会很有帮助，她觉得玩男孩子的游戏——打仗、爬树、扮演牛仔、玩垒球——会使你觉得：“我喜欢这些……喜欢男孩的特质，并愿意鼓励自己的儿子也要富有想象力和幽默风趣”。

从小与男孩子一起长大不仅能使你了解他们粗野的行为方式，而且还能让你了解到他们的脆弱和不安。看到你的兄弟与尿床、做噩梦，或者与孤僻做斗争会有助于将来应对你儿子可能出现的类似问题。

男孩经常会害羞，躲避成人的眼睛，不愿意参加充满激烈竞争的运动。如果你将要养育男孩，记住男孩也会脆弱和不安，这非常重要。因为在文化的影响下，男人会把一个英雄式的童年时代装到记忆里面，而记住男人这个脆弱的特点会对他们的养育很有帮助。对哭泣的兄弟的记忆往往会与期待男孩坚忍的文化印象相矛盾。对于没有经历过男孩生活方式的女性来说，记住与兄弟或其他男性玩伴在一起生活的经历，将会很有帮助。

即使对于那些儿童时代与男孩一起成长因而有丰富经历的女性来说，她们从中获得的经验教训也千差万别，就像下面这些母亲的回忆所表现出来的：

我有一个弟弟，这使我喜欢男孩，并欣赏他们顽皮的、充满活力的行为方式。

当我是个小姑娘的时候，我认识的几个男孩喜欢讲黄色笑话……不是卖弄的那种。我高中时关系最好的男孩很聪明，也很和善。我希望我儿子将来也是那样。

兄弟？我们的关系很糟糕。他总是生气，有时还挺危险。

我很幸运，我上学时周围的男孩都很友好。这个经历给我带来的好处是，它使我知道了不是所有的男人都像我爸爸一样野蛮。我完全清楚我要养育的儿子肯定是不同于我爸爸那个时代的人，而这也正是我所期待的。

女性们跟男孩一起长大，一些人因此而喜欢他们，而另一些人则因此而害怕、讨厌，或者不信任他们。无论你有没有兄弟，除非你上女子学校，否则你对男孩的看法，会受到早年跟学校里或者邻里的男孩们一起生活和学习的经历的强烈影响。

文化期待带给男孩的压力

我们对男孩的所有希冀和担忧都来源于周围的文化对男孩的意象和态度，社会对男性和女性的期待和要求深深地烙印在我们的大脑中。

我们所有人心里都有这样一个关于男孩的意象，这个意象告诉我们男孩“应该”是什么样的，他们“应该”喜欢什么东西。任何一个9岁大的男孩都可以告诉你这个意象是怎样的——强壮、坚忍、爱好运动、不能哭。许多父亲，包括一些母亲，都同意这种观点。即使一些父母希望儿子生活得更加自由而不受刻板印象的束缚，他们也会由于担心儿子长得不够强壮，性格不够坚忍而打退堂鼓。他们害怕儿子长大以后不符合传统文化里的模式。

全世界所有的男性都希望他们的儿子能够在大家认可的方面表现得强壮有力并且有所作为。在美洲，这些方面包括垒球比赛、狩猎和修车，巴西则是足球等。他们希望自己的儿子能够达到传统文化中男性的标准。由于文化在我们的心里深深地植入了这样的梦想，所以在很大程度上，这些梦想就是我们对儿子的希冀，虽然有时候我们并不喜欢。

我曾有机会观察过很多国家的男孩的童年时代，看到不同的文化对男孩的要求是非常不一样的。在许多国家里，尊敬父母和老师，服从宗教教规就足以成为令人喜欢的男孩了。在美国，传统文化对男孩的期待则相对狭隘。男孩不喜欢被塑造成感性的和享乐的形象，从而导致许多男孩痛苦地觉得他们缺少男孩的某些基本特征。在这种文化里面，男孩过得比较辛苦，因为对坚忍和运动能力的要求无处不在，而且许多关于男性的观念都是杂乱的。在这本书中，我将会讨论如何理解文化期待所带来的压力以及如何应对，特别是碰巧你儿子不符合文化的期待时该怎么办。而且，我们大多数人的儿子可能都不符合。

今天，不只是电影、情景喜剧、广告在破坏男性的形象，新闻里面总有关于男孩的消息，并且用大标题把他们描绘得很糟糕，说他们可能会变得暴力、有攻击性、有自戕行为、无礼、容易冲动，并且有行为问题——越来越多的人开始担心——这是一个叛逆的、孤独的、迷失的男孩世界，一个被电视暴力和低俗流行文化所迷惑和教化坏了的男孩世界。

现在互联网提供了一个媒介，男孩们在网上可以通过访问和建立网站、聊天室以及博客的方式来表达自我；男孩非常渴望参与复杂的（但仍然是暴力的）联网电脑游戏。因此，男孩们以一种新的方式表现出充满渴望的、有控制力的，但又脆弱的形象。

为了写这本书，我做了超过700次的访谈和问卷调查。在这些访谈和调查中，几乎所有的父母和老师都提到了对攻击、暴力、色情媒体，或者当下男孩生活中男性负面形象的担忧。

男孩之间的暴力冲突和对这些主题的不断重复渲染，会使你对男孩的本性、对自我以及你作为父母对孩子的影响产生怀疑。

如何养育梦想中的男孩？

现在，让我们回到未来18年里你将会问的那两个最重要的问题：男孩需要什么？我儿子需要我做什么？

在很大程度上，这两个问题的答案在不同的男孩身上、不同的时间会有所不同；孩子个体的人格、气质以及自我体验交融在一起，使孩子每天都不一样。但是，其中有一些需要是所有男孩共有的，是所有父母都可以从中学习的东西。我想，以下四点可以作为成功养育男孩的出发点。这些建议不是详细的操作指南，而更应该是一种关于养育哲学的方法论。它在不同年龄阶段的不同方面，对男孩的每一个发展过程，都有参考作用。

下面我们依次讨论这些问题。

首先，接受男孩就是不同于女孩这个事实。

过去20年的科学研究证实，男孩和女孩的大脑在许多方面以不同的方式工作。作为父母，你将养育一个有着男孩脑的男孩。如果你是一位母亲，这个男孩的脑将以跟你不同的方式进行工作。如果你是一位父亲，你儿子的脑会以你小时候经历过的方式让你感到挫折。无论以哪一个坚定的目标作为努力的方向和以哪一种世界上最强烈的动机为驱使，你都不可能将一个男孩的脑变成别的什么东西。

这就是说，尽管男孩和女孩的脑以不同的方式进行工作，但孩子就是孩子。当养育孩子的时候，在很大程度上，他们需要相同的东西：爱、安全、照顾、挑战、理解和支持。虽然脑可能是不同的，但他们都是小孩子。所以如果你将要养育男孩，你就必须记住你是在应对一个男孩脑、男孩的激素，和与女孩不一样的发展方式。但是，请不要因为男孩脑的观点而使你忘记了小孩子真正需要的东西是什么。

在下一章中，我们将更加详细地讨论性别差异的问题。现在，你就简单地接受这个观点：你所养育的男孩有着一个男孩的脑，接受这个现实，准备好去发现其中更多的内涵。同时，不要丢掉最重要的东西：作为一个孩子，他需要的是什么。

其次，你必须爱那个长大后的男孩——男人。

如果你将要养育一个男孩，你不能只爱小时候的他。你必须也爱那个长大后的他——男人。如果你想要成功地养育男孩，你必须想象儿子长大后的模样。有时候，这比较难，因为这种愿望并不一定会实现。

一位母亲曾告诉我，当她第一次抱着儿子的时候，她低头看着孩子，觉得“他真是一个完美的微型男人”。她觉得孩子长得非常像丈夫，只是更小一些，而这使她非常高兴，因为她非常爱她的丈夫，欣赏他的人品。这是一个理想的情况，并不是所有的女性都能这样。

男人们同样如此，特别是那些对父亲失望或者与父亲不和的人，通常很难为儿子想象出一个令人充满希望的男人作为榜样。

然而，你通常是能够在记忆中找到一个你所喜爱和欣赏的男人的。是你父亲？还是你的祖父？或者可能是你的兄弟？是你读书时的老师或者教练？或许是文学作品或者电影里面的某个人物？

你欣赏什么样的品质？是他的娱乐精神，还是坚定执着的态度？你有没有一张让你觉得温暖的他的照片？如果你想要把儿子培养成那样的人，那么就留着这张“理想男人”的照片，把照片放到你儿子的房间里。这张照片将会成为你最好的启示，当儿子长大的时候，照片也会成为你们之间最好的话题：“妈妈，你为什么把那张照片挂在那里？”“我希望你长大以后成为他那样的人，他强壮而和善。”“他喜欢户外运动，也让我喜欢上了户外运动。”

好男人，甚至是有缺点的男人好的一面对孩子成长的影响是非常深远的。你希望儿子长大后成为的那个男人已经过着幸福的生活了。你了解他，他是你的家人，或是同学。在记忆里找到他，让他帮你教导儿子的成长。

再次，要把儿子当作天赐的礼物去爱他。

在我们这个竞争激烈的社会里，大多数时间都需要讲究策略，并且要重视成绩或者结果。所以，在养育过程中也需要采用同样的办法。带着培养一个前所未有的最好的男孩的愿望，我们可能会着手培养孩子具有传统中最好的男性特质（聪明、强壮、稳健、坚忍），同时通过增加情商，使其减少暴力和过多的攻击性，使他变得优秀，这样他在生活中就会更容易取得成功。许多爱操心的父母在谈到养育儿子的问题时都好像是在谈论一个培养巨人的计划：如果你起步足够快，了解了正确的科研成果，做了正确的事情，你就可以收获你希望得到的终端产品——一个优秀的男人。我不喜欢派发很多诸如“这样做、那样做”的建议，原因之一就是当孩子们迷失在这些如洪水般的好意中的时候，这些建议最终将导致令人失望的结果。有这么多的“这样”“那样”要使你的儿子成为“应该成为的样子”，他哪里还有机会告诉你他其实是一个怎样的人呢？

你作为母亲或者父亲的工作不是去发明或者创造一个更好的男孩，事实是，他将来要自己发展成一个成熟的男人。如果你非要那样做，你会失败的，你儿子也会反抗，因为他不想成为你的作品。

无论你梦想中的男孩是什么样的，你儿子已经开始成为他自己了。你的任务是全心全意地欢迎儿子来到这个世界，等着看他是什么气质、什么个性，会拥有什么天赋。在以后的每个年龄阶段，你可能很难发现这些，现在你最应该做的事情就是支持这些特质的出现。

最后，相信孩子会自然发展。

教科书中对儿童发展的定义是“随着年龄的增长，儿童所经历的生理、认知、心理和社会方面的变化”。儿童发展心理学实际上是一个交叉学科，目的是描述和解释儿童在不同年龄阶段所出现的各种现象，它是这本书以及所有儿童养育方面书籍的理论基础。虽然随着学科的发展，出现了很多著名的儿童发展理论，但是这门学科不可能为所有儿童发展过程中遇到的基本问题都提供答案。

例如，虽然你觉得难以置信，但是我们确实不清楚为什么男孩和女孩不一样，以及他们到底哪里不一样，或者父母对孩子的影响是否是最重要的。研究人员仍然在就这些基本问题相互争论着。对于某些最基本的——包括一些让人困惑的——关于男孩生活的问题，并没有确切的科学答案。为什么让小男孩安静地坐着这么困难，而小女孩却可以做到呢？这是由于雄性激素导致的生物方面的驱动力不同吗？是脑中血清素含量不同导致的吗？是由于看电视太多了，还是与男孩所玩的游戏有关？我们有理论，但是没有答案，所以，我们必须相信其中有自然的规律，我们必须相信发展过程本身。**虽然在你儿子的生命中你扮演着重要的养育角色，可是你不是你儿子人生发展的主宰，自然发展本身才是关键。**

实际上，相信男孩的发展过程本身是本书的基调，是贯穿始终的线索。既然我和儿童发展的研究人员都无法确切地告诉你儿童发展的规律到底是因为什么，我为什么还要你相信儿童发展理论呢？这是因为我作为心理学家花了很长的时间去观察儿童发展的过程，听过无数儿童描述他们成长过程中的故事。即使我们并不完全理解这些过程，但是这些过程是可靠的。而且，这个过程充满了奇迹，是生理、文化、家庭、完全独特的个人经验的复杂混合体。这个个体看起来与其他人没什么区别，可是实际上完全不同。从一个心理学家的角度来说，真正让人感兴趣的是每个孩子——每个男孩——都有属于自己发展过程的与众不同的故事。本书描述了他如何经历自己的性别觉醒，与父母关系的演变，他所看过的电视节目对他的影响，激素带给他的体验，他所上过的课程，以及他所经历的烦恼和快乐。

作为父母，通常很难做到相信发展过程本身。你可能会揠苗助长，因为发展还没开始呢。你还会粗暴阻止，因为你还没有准备好呢。你将会听说很多用特殊的益智玩具和益智活动来促进发展的事情——比如珠算、奥数、外语等。所有这些会让你产生一种印象：你是孩子发展的主宰，你可以驾驭他。事实绝非如此。你儿子的发展取决于他自己，包括他如何生活，如何结婚，如何选择。现在，如果你为儿子的到来准备好了温暖的家、可爱的家人，还有你自己，那么，你最好记住这些道理。

想象你自己：如何做男孩的父母

对大多数要当父母的人来说，想象是一个需要全神贯注的事情，并将随着儿子的成长伴随你的一生。在儿子成长的每一个年龄阶段和每一个重大转折期，关于儿子未来发展的问题都会让你对家庭、历史以及文化的方方面面进行梳理。什么迹象能够预示他将来的幸福、快乐和成功？他会成为一个好丈夫和好父亲吗？他会有知心朋友吗？他会跟妈妈感情亲密吗？还有，作为母亲或者父亲，你如何竭尽所能地养育一个最健康、最幸福、最强壮（我是说品格方面的强壮）的儿子呢？

安东尼·德·圣·埃克苏佩里（Antoine de Saint-Exupéry）——一位法国诗人——这样写道："生命要慢慢开花。"在未来的日子里，你的儿子也将慢慢开花，而你将会亲历这一奇迹。

一旦儿子出生了，那么他某些方面的发展和自我意识的形成就会受到各种社会因素的影响，包括与朋友的关系、所看的电视节目、玩的视频游戏等。当他还很小的时候，你完全有能力控制这些影响；可是以后你就只能望洋兴叹了。他可能想穿他的蓝色低腰牛仔裤，裤腰低得能看到小内裤，或者若干年后的任何其他流行样式，因为他的朋友们就是这样穿的。当他还小的时候，你可以关掉电源不让他看电视，可是将来的某个时候，他可以到别人家去看。在以后的许多年里，你可能会被红牌罚下而无法参与他的生活。

某些他想要做的事情可能有家庭的原因，比如你的父母，你的公婆/岳父母，当然还有你家那口子。在这个方面，你可能有较多的发言权，但是你不能总是让家里人按照你说的去做，你能吗？你儿子的许多早期经验来自学校。他将会喜欢上某些老师，同时讨厌另外一些老师，过多地注意同学，而不是学习。然而这些事情你都看不到，因为你不可能陪着他去上学。

最后，当所有这些生理的、教育的和社会的影响都发挥作用以后，你儿子将成为一个独特的人，而你也将会与儿子建立一种私密的、亲切的、一对一的关系。

在儿子的生命中，错失爱的机会，对你来说将是非常遗憾的事情。没有能够全心全意地爱他，并让他在缺乏关爱的环境中成长，将是一个悲剧。看着孩子长大并享受幸福的人生应该是每一个父母内心中最大的渴望。

如果你是一个男孩的父母，你就需要做好亲历这一迷人旅程的准备，就好像你是一个小孩儿，正爬上巨龙的背。他——当然，我是把这个男孩比作了一条巨龙——将带着你游历你从未想象过的地方。他将带你忽上忽下地飞翔，你可能会有点害怕。当他和朋友们一起站在舞台上面对全中学的人歌唱他们自己写的歌曲的时候，当他在迪士尼乐园坐过山车吓得半死的时候（你本来认为他应该觉得好玩的），当他组建了一支足球队，或者在儿童比赛中以优势胜出的时候，你可能会与儿子同喜同悲——体验到那些你自己从未体验过的东西。

如果你是巨龙背上的女性，那么你将像俯冲到地面一样，通过一个男孩的眼睛从一个全新的视角去看待事物。对一位母亲来说，养育儿子是跨越性别界限最好的方式。当你8岁的儿子愤怒地藏起伤口不让你看到他的眼泪时，当你13岁的儿子开始不听你话的时候，当你快成年的儿子在健身馆里练习举重，并摆出拍照姿势展示他强壮的体格的时候，你就会体验到。对儿子的爱将使你与男孩和男人产生从未有过的感情共鸣。当你教他关于女人的事情，比如女人如何思考和体验的时候，你就会学到很多关于男孩生命世界里的东西。

如果你是一位父亲，你将会从一个完全不同的视角去重新发现自己儿童时代的所有事情，这将使你迷失方向。你对所有男孩的喜好的假定（因为这些是你所喜爱的）将会被颠覆，因为他跟你不完全一样；他可能热衷于别的事情。在其他情况下，你可能完全知道他的感受，而你自己童年时代可怕的痛苦记忆也如潮水般袭来。如果你是位足够开明的父亲——就是说，你足够谦和——那么，有时候，你会尊重儿子，怀疑自己，甚至你儿子有时候会让你觉得你自己是个小男孩。他会让你重新思考关于“你是谁”这样的问题，以及所有你曾做过的事情。

本章我们的焦点问题是想象：所有对男孩的期待以及与男孩一起生活的方式，让我们开始理解这个男孩将来可能的发展道路。当然这也包括想象你自己如何做一个父母，以及你自己作为父母——特别是作为男孩的父母——的发展道路。所以，在未来的日子里，当你见证了儿子的成长，以及一些不可避免的内心挣扎的时候，你同时也能欣赏到自己的成长历程，即从想象中的父母变成你实际上希望变成的父母。

第2章

爱之初体验：依恋就是一切

0～18个月

所有的婴儿，包括你儿子，生来就是爱妈妈的。他是你最忠诚的粉丝。你要做的事情就是顺从他的浓情蜜意，然后，你就会爱上他。

每一个男孩身上都已经拥有了问题的答案，关于男孩的真理，等着我们一点一点去发现。

每位父母都有一个创造生命的故事，而每一个故事都是无比神圣的。你儿子的故事就是他降临这个世界，成为你家庭一员的过程。这个故事也同时属于你：伴随着他的降临，你也成了父母。在故事发生的一瞬，你原来关于孩子的美妙想象一下子蜕变为你臂弯中抱着的那个活生生的小生命。

当你把孩子抱在怀里的时候，这个时刻可能很安静、很祥和，甚至有点神圣。

“这就像一个梦，”格温回忆她第一次看到孩子的时候说，“我内心充满了温情。我觉得我跟他是如此熟悉。”

一位父亲这样描述那个时刻：“我很骄傲，我立即感受到一种自信。”

当孩子对我们产生心理依恋的时候，所有充满爱心的母亲们都会有这样美妙的感觉，无论她们是否是母乳喂养；最终，充满爱心的父亲们，以及领养父母、亲生父母们，都会有这种体验。

一位3岁男孩的母亲这样描述这种感觉：从她第一个孩子出生开始，“我立即回忆起了一种无法言说的情感联结，爱的体验和快乐。我们都对他喜爱得不行。这一天，这些感觉一下子迸发了出来。”

在孩子断奶（包括母乳和牛奶喂养）以后，你们在最初这几个月里所建立的纽带将会继续增强。在你儿子未来的日子里，那种纽带和安全感或依恋，将成为在不同方面滋养和支持他的无穷力量。

英国儿科学家和心理分析师唐纳德·温尼考特（Donald Winnicott）曾做出过惊人的论述：“世界上根本就没有婴儿这种事物。”然后他继续解释道：“我们必须把婴儿和母亲当作是一个联合体来看待。”当然，他所指的是最无助的人类婴儿。在所有哺乳动物中，人类的婴儿在出生时是最无助的。如果没有人喂养和整天照看他们，他们就无法生存。他们至少在6岁以前仍然依赖别人——如果没有父母或者类似父母的人，他们就无法生存。他们在18岁以前仍然在一定程度上依赖于成人。每位母亲（或者主要监护人）都知道这一点：她肩负着让某人活下去的庄严责任。

然而，如果说在哺乳动物界母亲的原始责任是提供母乳和保护幼崽的安全，那么在人类身上，这种责任已经进化成了一种更加复杂的东西。母亲与她的婴儿开始了一段长达数年的亲密关系，基于早期这些亲密的、强烈的感情联系，婴儿形成了成熟的人格特点。她响应他的需求、哭声和微笑的方式，将会对他将来变成一个什么样的成人产生深远的影响。这是我要描述的一个最重要的事实：**人类的人格是在漫长的依恋关系的基础上逐渐塑造起来的。**

不过，关于人类依恋的研究表明，**早期的亲子关系实际上对孩子的脑产生了影响，而养育经验同样也改变了母亲和父亲的脑，**这项结果来自关于受虐儿童的研究。研究显示，受虐经历可能使儿童的脑发生了持续终生的创伤性改变。关于老鼠和哺乳动物的研究则揭示，养育孩子的母亲和父亲的脑结构受到养育经验的影响而发生了改变。

这种给予母爱的行为不是一种单向的活动，而是一种相互的行为。吸引住监护人——这个人通常是他的母亲——对婴儿的生存至关重要。他必须能够叫住她并让她知道他需要什么；他还必须能够取悦她，对她微笑，为她所做的大量惊人的工作而对她进行奖赏。因为他不会说话，在很多年里也不能准确地表达自己的需要，母亲将不得不把注意的焦点放到倾听他心里的声音上面。

简单地说，母亲必须接收到他的信息。当然，她必须提供食物、舒适的环境和生理的安全以保证他的生存。但是除此以外，她还必须创造一个心理上安全和可靠的环境。所有的母亲凭直觉就能知道，母性将使她们做到只要孩子需要，就会随时随地出现。

当然，所有父母的基本工作都是照顾婴儿。婴儿完全依赖我们，只有我们喂养他们，使他们保持清洁、安全、温暖，他们才能够生存。但是你不需要一位心理学家来告诉你如何喂养你的孩子，给他剪指甲，或者给他换尿片。我所要讨论的是这种不断增强的亲子关系，这种从他在子宫的时候就已经开始，但是在他出生那一刻开始变得异常强烈，在出生后的几个月里成为他早期心理发展的里程碑式的关系：父母与孩子之间的爱。

依恋与安全感

在你儿子出生后的一年半时间里，你最重要的“工作”就是给他安全感，与他建立深深的依恋关系。你们俩将需要花无数个小时在一起相互了解、相互认识，你们将变得尽可能地和谐。所有这些过程都会很自然地发生在母亲的身上；你不必做计划，也不需要太多的建议来帮助你实现这些过程。你和你的小男孩早已经从生物学意义上注定了要建立这样密切的关系。你需要做的事情仅仅是腾出地方来——在你的生命中，在你的每一天，在你的内心深处——让这种爱生根发芽。

在你怀孕期间，无论你如何消磨时间，无论是在床上休息还是在赶工作，你都是跟他在一起的。这也许可以解释当他开始适应出生后新的生活空间的时候，为什么仍然希望与你待在一起了。但是他的世界突然间开阔了起来，而且他也准备好了扩展自己的内心世界来接纳一个可爱的老爸，一个熟悉的存在——如果这个老爸愿意爱抚儿子、跟儿子聊天的话。研究（包括简单地观察那些细心的、喜欢亲自动手的父亲如何照顾孩子）表明，8个星期的时候，婴儿能够区分母亲和父亲，并对他们做出不同的响应。大量的证据还表明，父子之间的纽带非常重要，并对父子双方都将产生深远的影响——对母亲来说也是如此。

关于婴儿需要多久才能与父母建立依恋关系的问题，并没有一个确切的时间表。与小鹅不同，人类的婴儿不会对出生时见到的第一个人产生“印刻效应”[1]；相反，他们会随着时间的推移而逐步建立起依恋关系，通过不断地怀抱、安抚、换尿片以及喂养而建立起来。这就是为什么领养的孩子，即使是在他们已经几个月大的时候才被领养，仍然能够与他们的养父母建立很强的依恋关系的原因。

所以，如果你和你的儿子在他生命的第一年里坠入“爱河”，亲密相依，同时，如果他同样也跟父亲建立了深深的依恋关系，那么你就已经为他开始建立安全型人格打下了良好的基础，这种人格将伴随他的一生。从发展心理学的角度来说，他在这个阶段的发展任务顺利完成了。

发展的八条线索

未来的发展

就像你很自然地开始了与儿子的“爱恋”关系和安全依恋一样——这些对你儿子早期的心理发展非常重要——他其他方面的发育也会令你着迷，让你沉醉。在这里以及下面的几章，我们将详细讨论与年龄有关的关键性的发育问题，然后讨论发育的基本条件，这些条件阐明了你将在儿子身上看到的更加普遍性的成长模式。通常，我们认为存在八条发展的线索，沿着这八条线索，所有的儿童都按照自己的步骤走向成熟和成年：

---

1 印刻效应：1910 年，德国行为学家海因罗特在实验中发现一个十分有趣的现象。刚刚破壳而出的小鹅，会本能地跟随在它第一眼见到的“母亲”后面。如果它第一眼见到的不是自己的母亲，而是其他活动物体，如一只狗、一只猫，它也会自动跟随其后，且不再跟随其他物体了，这种反应是不可逆的。这种现象被称为“印刻效应”，不仅存在于低等动物中，同样存在于人类中。——编者注

①身体；②依恋；③社会性；④认知；⑤学业；⑥情绪的自我调控；⑦道德和精神信仰；⑧自我认同。

虽然这种划分方式有助于成年人了解发育的进程，但是请记住，你的儿子，不管他多大，并不是这样分开发展的。他的发育是八个方面同时进行的。

身体发展

婴儿期是人类一生中生长发育最快的一段时期。当你回过头来观察一下幼小的婴儿无助的状态，同时看到他是如何快速生长的时候，你就会发现这简直是个奇迹。在生命的最初几个月里，每一天都会有进步，这些进步不只是给你，也给你的儿子带来了快乐和惊奇。他身体方面的运动能力是本能就有的，这让他能够找到乳头吮吸，并看着你，他的触觉是最重要的。当他试图控制身体的时候，他会笨拙地摆动手和脚。

但是很快，当他能翻身趴着的时候，他就想抬头，然后就会挣扎着坐起来。到4个月的时候，他的身体协调能力和控制手脚的能力就已经比几个星期以前强了很多，这个时候就可以和他玩一些有趣的互动游戏了。到7个月的时候，他能坐着了，并能摆弄玩具；他能坐起来后不久就开始笨拙地移动，然后他就能快速地爬行了。这时候，麻烦就来了。他用手指着某个东西，然后只要够得着，就会伸手去抓。这时你可以跟他玩很多游戏，从此开始，你们之间就有了越来越多的乐趣。

到了 9个月，他开始站立，他需要你在旁边，伸出手来帮助他保持平衡。他并不是每一刻都需要你。他想让你放手，并相信当他摔倒并哭泣的时候，他会没事。当他开始对环境进行探索的时候，他就开始冒险了。他想不停地活动，而要想取得进步，他就必须在自由探索和保护控制之间进行平衡。他对你的要求也是一样的：你需要在关切的保护和大胆的放手，在为他感到揪心和对他取得的进步感到高兴之间进行平衡。

在大约9个月的时候，他还会坚持自己吃东西。因此，吃饭时间对他来说是一场感觉的盛宴——颜色、质地、味道——而且，如果你不怕他弄撒东西，就看看他会干什么吧。他会观察你的表情，看你对他狂野行为的反应。此时是非常宝贵的面对面交流的机会。

在大约12个月的时候，他能蹒跚学步了。他突然（并永远）变得动作敏捷了，能够令人惊奇地快速移动了。和会走路一样突然，他现在突然间能做很多事情了，包括推、拉和倾倒东西。他能摘下自己的帽子、翻书、冲马桶。令人惊喜的还有，他能一边走一边在每只手里拿个东西。但是，他还不能很好地把勺子放到他的嘴里。

从心理学的角度来看，孩子身体方面的发育最重要的成就是给他带来的快乐。他不需要你去教他这些事情；他只需要你在他取得一个又一个惊人的成就之后，鼓掌祝贺。他还需要你在保证他不会受伤的同时，不要为他的冒险行为而过度担心。

依恋发展

作为发展的八条线索之一，在下面几章，我们将继续探讨依恋的形成问题。但是，因为在本章我们已经讨论了很多关于依恋的问题（见“最重要的是与孩子之间交流的质量”一节），所以，在这里我就简单地说，依恋不只是随着年龄而不断发展的关键内容之一，而且还是主角，是你儿子早期心理发展的必然核心。

社会性发展

在你儿子说出他的第一批词汇以前，他的笑容将是他建立社会联系的通行证。当然，首先是与你的联系。在最初的2个月，他所有的注意力都集中在你身上，但是他并不一定始终注视着你。我们知道，婴儿很早就能够认出他们的母亲，但是他们需要稍长的时间才能将你的脸与别人的脸区分开。虽然一个月大的孩子会在梦里或者吃完奶后露出微笑，但是真正具有重要意义的社会性微笑却出现在3个月的时候。当然，它并不总是确切地在3个月的时候出现。不过，在所有婴儿的成长记录中，对人露出微笑都会出现在3个月前后的几个星期里。现在，他会对着你的脸微笑，这微笑足以让整个房间充满阳光，这种社会性微笑是对你所做的所有事情的最大奖赏。到6个月的时候，他就能够在任何情况下把你的脸与别人的脸区分开了。

婴儿的微笑是一种世界通用的语言。这种微笑反映了一种普遍性的交流行为和社会性的发展。当发现了社会性微笑的威力之后，你儿子就会让其常伴左右。到了 7个月的时候，如果需要，他就会对所有的人微笑，即便是面对皱着的眉头和怀疑的眼神。

你和他都会一直留意观察对方的脸，但是他同时还会留意其他人的脸。无论是在与陌生人交流还是对他们感到担心，在这个年龄的婴儿都会隔着父母的肩膀敏锐地注视陌生人。一般来说，9个月的婴儿会对陌生人产生焦虑，但是因为现在的婴儿经常生活在有托儿所的情境下，所以他们已经习惯了成年人，他们大都不会表现出对陌生人的焦虑（在大部分情况下，对陌生人的焦虑所表达的都不是害怕，而是一种正常的依恋）。到了1岁的时候，他成了一个自信的、友好的家伙，能挥着手拜拜了。

按照自然的发展顺序，由叽叽咕咕的声音组成的孩子早期的表达性口头词语会不断扩展，直到他的第一个词语蹦出来为止。快到2岁的时候，他的词汇量已经包括了4～6个你能听懂的词。他能识别书中的物体，而且他还能用积木块建造高塔。他很快就能说出“嗨”和“拜拜”了，也能够按照严格的单向指令去执行动作，比如“停！”到了18个月，他的词汇量就比较大了，可能在8～20个。这些词语以及词语的使用，都完全是社会性的（“妈妈”“爸爸”“我想要”）。

当他的话被别人理解的时候，他会很高兴，尽管还会有别人听不懂而使他受挫的时候。此后，他会自言自语，或者跟他的玩具“说话”，就好像是在练习用口头语言思考。但是在这个阶段，言语是一种社会性的活动。

至于社会化，如果你的儿子生活在托儿所，他一旦会爬，就会找到朋友。不过，他们还不能一起做点儿什么。他们只是相互喜欢，而且大多数的时候都在相互微笑；有时候，他们会很自然地分享玩具，但是大多数时候，他们会从对方手里抢过玩具，引起“朋友”的大哭。持续性的分享在稍后一些时候才会出现，或者，大一些的孩子会先出现，而小一些的孩子则会晚一点出现。

有一些男孩可能不会这么早就准备好接受友谊；你儿子的眼睛可能老是盯着成人，这是因为他已经将对妈妈和爸爸的依恋转移到了托儿所的阿姨身上了。

认知发展

无论你是否注意到，即便是从餐盘里掉出来一粒豆瓣，你儿子也会对其集中注意力。他将带着好奇心和沉思，开始解决他的世界里的各种疑惑了。他正在掌握概念。认知发展就是指大脑解决问题的能力不断提高。这是所有婴儿的一种天生能力，与教育不同，它是由生物学意义上的因素决定的，而且有它自己的时间表。父母能够做的事情仅仅是支持并让其丰富起来；你不能在它还没出现的时候让其出现，你也没有必要这样做。你儿子将会发现所有解决问题的机会，包括在房间里、公园里，与你一起购物，这些都是他将来可能需要的。

你可以把你的小男孩看成一个努力工作的实验科学家。对于一个新生儿来说，用双手去探索和用嘴去探索是一样的，他的兴趣就是探索世界。而且由于所有的事物对他来说都是新的，所以他做的所有事情都会扩展他关于这个事物的基本原理的知识。把东西捡起来，放进嘴里，目不转睛地注视它们，试图拆开它们，把它们扔出去——所有这些都是认知发展的成绩，同时也包括身体方面的发展，而且这些探索使他们对世界的掌控能力日益增强。

需要注意的事情是，一旦你的儿子遇到某个问题，他就会对它进行深入研究，直到搞清楚为止。人生第一年中两个最重要的认知发展成绩就是在镜子中发现自我和形成客体永恒性——就是说，发现即使客体不在眼前，它仍然存在的道理。虽然他们能从镜子里面看到自己的影像，但是4个月大的婴儿认不出他们自己。你也会注意到，在早期的几个月里，当乒乓球滚出你儿子的视野，他是不会注意到的。对于他来说，球看不见了，就不去想了。

所有这些变化都发生在孩子6～8个月的时候。你儿子可能会一下子看到镜中的自己，然后被自己迷住。当他懂得了客体永恒性的道理后，躲猫猫就成为他最爱的游戏项目了。在这个游戏中，练习会让他学会忍耐；玩得越多，他就能等待得越久，并期待客体重新出现。现在你就会发现，当乒乓球从他视野里消失的时候，他会去找乒乓球了，因为他已经知道某些东西虽然看不见了，但是它仍然存在。当他找到它的时候，他该有多高兴啊！

学业发展

从前，当我们提到要在关于婴儿和学前儿童的章节中讨论学业发展的想法时，我们自己都忍不住会笑。现在，越来越多的脑科学研究成果表明，人们对男孩学习困难的担心，市场上攻击性玩具的流行，对超常儿童的宣传，以及家长之间的攀比，所有这些因素聚合在一起，使得男孩的学业发展开始成为家长们的热议话题了。

我的建议是自己决定。不要对你孩子的学业发展感到不安。不要被那些非常美妙的销售广告所迷惑，即使他们说通过给孩子玩那些经过精心设计的“学习型玩具”，能使你的孩子更加聪明；或者为了表达你对孩子的爱，为了发展孩子的智力，你需要积极地促进孩子潜力的发挥，这些都不要相信。他们是瞎说的。实际上，每一刻，你儿子都是清醒的，他都能以他最快的速度和最好的方式学习。他很自然地就能做到，通过发现带来乐趣，他对知识的好奇和创造性会逐渐培养起来。跟木头做的勺子、闪闪发亮的铝制餐盘、五颜六色的塑料碗，或者一捆咔咔响的塑料量杯或量勺一起玩耍，你儿子会很高兴，他的神经细胞也很高兴。省点儿钱吧，若干年以后你将需要这些钱来给儿子买比萨饼。

如果你真想让孩子取得早期学业发展的成功，最好的投资就是跟孩子建立良好的关系，你不必给孩子做卡片练习，还指望这些能让他在学校里拔尖甚至考进大学。如果你喜欢，可以在孩子上床的时候播放莫扎特的钢琴曲；或者，如果你觉得好玩，可以带孩子参加音乐早教课。如果你做这些是为了促进他的智商，帮助他将来取得优异的学习成绩，对他的发展进行微观管理，或者使他达到什么目标，那还是算了吧。他会了解你的这些用意的，最终这种充满压力的家长野心会让他很为难。孩子能够在游戏中通过与这个世界和他们的父母进行交流互动从而自己学会很多他们需要学习的东西。

一个例外是手势语。教他手势语不仅对你们来说都很有趣，而且如果你坚持下去的话，这将会使你们在他的词汇量足够大之前就能够进行交流。12～18个月的孩子会由于无法说出他们的需求而严重受挫。但是，此时他们能够学会手语词语中的20～30个词语。（更多的内容请参看“男孩的语言之殇：无言以对！”一节。）

情绪的自我调控发展

我们用来责备大孩子甚至成人的一种方式就是对他说“别像个孩子似的”。当一个孩子（或者长大的孩子）不能控制他的情感，完全被情感所左右，或者类似突然发怒、喜怒无常的时候，我们就说他像个孩子似的。学会控制自己的情感状态和反应是最重要的一项发展任务，它是在儿童时代一点一点逐渐发展起来的。

你儿子的面部表情跟他的情绪直接相关，所以你从他的脸上可以很容易地看到他的恐惧、惊奇、悲伤，或者愤怒。世界上每一位母亲都会去观察她孩子的面部表情的，因为这些表情是天生的和共同的。对你的孩子来说，唯一先天不具有的能力就是情感调控。你教儿子使自己冷静，教他从清醒进入睡眠，教他不要被愤怒冲昏头脑。你可以通过安慰他、抱着他、喂他、给他唱歌，让他相信这个世界比他此刻所感受到的要更加安全可靠，要以这样的方式来教他。

你儿子睡觉的方式，和他清醒时安抚自己的能力是了解他最早所具有的情绪自我调控能力的一个窗口。在最初的2个月里，随着你儿子越来越清醒，他睡得越来越深，醒得也越来越干脆。他对安抚的反应很积极，对疼痛的反应非常消极。他在愉快和悲伤之间往复。令父母气馁的是，6个星期后，也就是大约3个月大的时候，孩子哭得更多了，他们此时正在度过一个所谓的“失衡期”。你会觉得你们在倒退！爸爸们可能会更觉得受挫，因为通常在这个时候他们开始承担更多的看护婴儿的责任，所以他们可能会由于孩子的苦恼而受到责备或者觉得自己没有做好而自责。

然后，4～6个月的时候，这个过渡将会变得缓和，你儿子会变得更加放松和容易安抚。他喜欢被抱着，并变得特别黏妈妈和爸爸。这个时期会持续到第9个月或第10个月。这个经典的依恋阶段意味着，如果此时把他与父母分开，他会表现出极度悲伤。而6个月的时候，他是不会这样的。12～18个月的时候，他将对威胁到他与父母关系的事情保持高度警觉，并奋力地反抗，比如当他妈妈抱着另一个孩子的时候，他就会这样。

但是随着他逐渐长大，他的自我意识会增强，并将能够控制自己的情感以便得到他所需要的反应，因为他正在学习信任你的反应。如果他看到他妈妈试图对他的悲伤做出响应，他就会停止哭泣。如果他发现父亲反对，他就会缓和自己的愤怒。他将会跳舞和炫耀，并在观众的欢呼中沾沾自喜，这些都说明他已经具有了一定水平的自控能力。

道德和精神信仰发展

在你成为一个有爱心和同情心的人之前，你需要别人给你演示爱和同情。我觉得婴儿时期就是需要我们给孩子播撒爱，从而使他们能够从这些爱中培养起利他主义和精神信仰的时候。《品格教育》（*Educating for Character*）一书的作者托马斯·里克纳（Thomas Lickona）曾说过，一个孩子的道德生活由三个部分组成：心灵习惯、心理习惯和操作习惯。他认为，心灵习惯来自爱和道义。当我们看护婴儿的时候，当我们竭尽所能保护他们不受伤害的时候，当孩子摔倒并磕碰到下巴而我们说“哦，可怜的孩子”的时候，我们都在向他展示同情。这种经验不断地重复，不会把他变成一个富有同情心的2岁孩子——这超出了他的发展范围——但是这可以教给他同情的观念。

保护婴儿是一种固有的道德行为。当一个18个月的男孩踢打一个14个月的男孩的时候，我们会干预，因为他们之间的体格和体力都有很大差距。那个小一点儿的孩子可能不会理解我们通过干预做了什么。实际上，他可能认为这是理所当然的。但是，当他看到成人使这个世界变成了一个对他来说更安全的地方的时候，他就开始形成心灵的习惯了。

我们知道，婴儿从9个月开始体验到对其他人的同情。如果一个男孩狠劲儿地拉扯妈妈的耳坠，妈妈疼得喊道“啊！”并表现出痛苦，他会做出迷惑的表情，他会关注地看着，然后他可能会哭，特别是如果妈妈也在哭的时候，他甚至可能会笑，但是请不要因此认为孩子麻木不仁；如果他感到困惑或者被你的痛苦吓到了，笑是一种释放。

有的母亲发现，她17个月的儿子总是能理解她的表情。她说道：

“在他这个年龄，我对他的慷慨大度非常惊奇。他会把各种东西都给我和其他人——糖果、事物、玩具。而且，如果我们中某个人闷闷不乐，他会努力安慰。”

这是父母与孩子之间完美的情感同步：通过他的爱——或者，如果你喜欢，可以说是他敏感的神经细胞——他正在学习如何体验他人的痛苦。这就是道德生活的开始。

依恋在儿童健康发展中的重要作用

数千年以来，妈妈们凭着本能已经知道了亲子关系的重要性，但是科学和医学在过去几十年里才刚刚开始认识到它在儿童健康发展中的重要作用。20世纪50年代的育儿理论认为，使婴儿保持清洁，并使其得到合理的喂养要比满足婴儿的情感需求重要得多。那时在美国中产阶级家庭中，这种理论被认为是最符合医学规律的观点。父亲也有既定的职责，主要是养活家人，而在实质上其实不是婴儿主要的看护者。所以，在那个时代，将住院的儿童与父母隔离开的做法非常普遍，有时候甚至在几个星期里都禁止父母探访。

不过，即使处于那个年代，在英格兰和美国，都有一种蓬勃发展的思潮。这种思潮主张在婴儿的看护中，需要强调母亲——或者主要的监护人——与婴儿之间的天然联系。一位名字叫作约翰·鲍尔比（John Bowlby）的英国心理分析师是这方面研究的领军人物。他曾研究过一些看起来“无情”的儿童。其中有一个男孩，6岁，名字叫德里克，虽然他来自一个“不错”的家庭，却总是偷东西。他的感情出奇的淡漠，无论他的父母做什么，无论是用亲情感化还是惩罚的方式，他都无动于衷。通过研究德里克和其他与德里克类似的男孩，鲍尔比发现，这些孩子中的大多数早期都曾经历过与母亲长时间的分离。德里克在18个月大的时候曾患过白喉，住在医院并被限制探访。这9个月里，他父母一次都没有探访过他。当他回到家里以后，他母亲说，他跟她就像陌生人一样。

对分离会导致破坏性后果的发现，可能还要部分地归咎于鲍尔比自己童年期的经历。这些经历促使鲍尔比对人类依恋问题进行了终生探索，并持续进行了55年的科学研究工作来了解亲子关系的问题。如果你的宝宝在出生后立即就被放到你胸前；如果有人鼓励你花几个小时怀抱并照看育婴箱里的早产婴儿；如果有人鼓励你的丈夫留在分娩室里；如果你的宝宝已经被清洗干净并包好后送回给你，并允许你在产后恢复期跟他待在一起——如果任何一种或者全部事情都发生了，那说明现在的执业医师已经认识到早期亲子关系（包括父亲和母亲）的重要性了。研究结果清晰地表明，这种最早期的亲子联结及其后续的依恋现象对人的影响是终生的。

你为什么需要了解这个理论呢？你不需要。在过去的数千年里，父母们爱着、喂养着和照看着他们的孩子，他们从未听过什么约翰·鲍尔比或者依恋理论，也从未读过什么养育方面的书籍。

我之所以要告诉你一点儿关于这个理论的东西，有三点原因：第一，它会帮助你更好地理解孩子在1岁以前的需要、依恋和所有令你疲惫不堪的行为。某些关于依恋的知识会使你更容易理解他，在你将要失去耐心的时候，可能会让你再多一点耐心。第二，现在仍然有很多人相信男孩需要“长成个爷们”，男孩需要“历经磨炼”，我们不能让他们像女孩子那样多愁善感。只要你知道了依恋的本质，你就会明白自然规律必须被遵从。第三，最近一些研究证据发现，**男孩可能比女孩更容易受到依恋问题的影响，所以你知道这一点，并好好地与你的男孩相处很重要，他需要你，特别是在他的人生第一年里。**

不要让2岁以下的孩子看电视

如果你认为看电视对你的宝宝没什么影响，甚至有可能对他的发展有益，那么儿科专家和公共卫生方面的专家可能会有不同意见，他们的建议是远离电视。如果你还没有让他看过电视，就不要让他看了。做些别的事情吧，例如游戏、散步、阅读，或者在闲暇时间只是跟他一起待着也行。

华盛顿大学和西雅图儿童医院研究所的一项研究发现，在他们的研究样本中，有相当多的父母在孩子很小的时候就允许他们看很多电视节目、DVD，或者视频录像，以至于3个月大的时候，40%的婴儿变成了电视前的常客。到了2岁大的时候，这个比例蹿升到了 90%。

这个现象与美国儿科研究院的建议背道而驰。研究院很久以来就建议家长不要让2岁以下的孩子看电视。“虽然某些电视节目可能会对这个年龄的孩子的发展有促进作用，但是关于早期脑发育的研究表明，**婴儿和幼儿特别需要与父母和其他重要的监护人进行直接的交流……这样我们的脑才能健康发育，社会性的、情绪的和认知的技能才能正常发展。**因此，不应该让这么小的孩子看电视节目。”研究院在给家长的建议里这样说道。

为了减少对电视的依赖，或者减少你的宝宝看电视的时间，你该怎么做呢?

- 如果你在忙的时候，希望有什么东西能让婴儿或幼儿有事可做， 那么可以准备一个浅抽屉或者方便的储藏箱，里面放上足够的塑料盘子、木头勺子，或者其他安全的东西，这样你儿子就能自己玩儿而不会打扰你了。

- 跟你儿子一起阅读，或者就是一起坐着，跟他说话、唱歌，或者只是跟他玩一些简单的游戏，这些身体上的接触和社会性的交互会让他健康成长。

● 如果由于天气原因你们无法外出，那么可以尝试在室内商场里走一走。许多地方都有游乐场，在那里你可以放松，享受与儿子在一起的快乐，还可以跟其他家长聊天交流，这对你和孩子都有好处。

依恋第一幕：妈妈是儿子的一切

许多第一次做妈妈的人都担心她们不能跟孩子建立亲密关系，而且，男孩——与她们自己是如此不同——会给她们带来额外的焦虑。可是，你儿子可能并不那么想。所有的婴儿，包括你儿子，生来就是爱妈妈的。你儿子最重要的生存本能就是揪住你不放、依恋你、哭泣、吮吸、微笑，跟着你。开始的时候是通过眼睛，然后开始转头，再然后是用他的双脚。这些是人类标准的发展程序。一旦一个新生儿明白了“他”不再是“我们”了，你很快就会成为他那个世界的中心。**在人生的第一年里，他花大量的时间呼叫你、跟随你，当你没有及时对他做出回应的时候，他还会抗议，因为你是他的一切。**他将成为你最忠诚的粉丝。你要做的事情就是顺从他的浓情蜜意，然后你就会爱上他。你几乎不可能不爱上他。为什么呢？因为就像他的本能决定了他会爱上你一样，你的本能也早就准备好了爱上他。

大多数母亲都已经准备好了与她们的宝宝坠入“爱河”，所以她们的进展会非常迅速。对一些人来说，第一眼看到他，或者是刚刚从分娩的压力中恢复过来后做的第一件事，就是爱上他。

这种关系的建立不一定在所有母子之间都那么顺利。但是，轻微的并发症和短暂的退缩并不能阻止一位健康的妈妈跟她的宝宝建立情感联结，并在头几个星期里就找到适合双方的爱的步调。在这里，先天因素和后天因素共同发挥着作用：新生儿天生就需要喂养和睡眠，而母亲天生就能够提供食物和温暖的怀抱。虽然你的儿子需要食物来生存，而且他可以吃任何奶类来维持生命，可是如果让他自己选择，他更愿意吃你的奶，闻你的味道，听你的声音。在出生后第8天，婴儿已经能够区分出妈妈乳汁的味道——如果让他在两个妇女的乳垫之间进行选择，他会坚持选择自己妈妈的。在另一个实验中，实验室把一个特制的橡胶奶头给新生儿，这个奶头使新生儿能够通过改变吮吸的频率来选择他们爱听的声音。他们会坚持按照某种频率来吮吸从而能够听到人类的语音，而且，与别人的声音相比，他们倾向于听自己妈妈的声音。

无论你是用母乳还是奶粉来喂养宝宝，你都会花大量的时间注视宝宝的脸，而他同时也会盯着你的脸看，这成为他人生中最重要的景观。很快，他就能够读懂你脸上的情绪，而你也能够比其他人更容易读懂他的情绪。他将会识别出你抱他和晃动他的方式，而你凭直觉也将会准确地知道颤动或者晃动他的正确频率。虽然他可能也愿意让别人抱，但是在某些场合，当他哭泣的时候，你可能是唯一能够让他平静下来的人。接着，在某些时候，特别是6个星期左右的时候，甚至你可能也没办法让他平静下来。这个时候，耐心是解决问题的唯一途径。

你们两个所做的事情就是相互了解。你们通过心灵和动作一起翩翩起舞；你们之间建立了最深情的爱恋；你们一起玩耍，相互着迷，相互模仿。你们就像一对有自己固定节目的滑稽组合。为什么会这样呢？

最重要的是与孩子之间交流的质量

在巴厘岛，传统习俗认为，婴儿在出生后的头3个半月里，不能接触土地。所以，他从来不会被单独放到任何东西上。每一分钟，都有人抱着他，白天，他躺在大人的臂弯里，到了晚上，则睡在大人的怀里。在那里，婴儿被看作是上帝，100天以后，他将做好进入这个世界的准备。到那时，会有一个小型的庆祝仪式。在仪式上，先用水把他的双脚清洗一下，然后他就可以平生第一次接触地面了。在我看来，这个传统习俗里面包含了很多民族智慧。巴厘岛人认识到人类婴儿强烈的依赖性，知道他需要依恋妈妈，而且他们把这种早期的亲子关系看作是一个不应受外界干扰的独一无二的体验。

在西欧的一些国家，妈妈通常会有长达1年的产假，爸爸也有6个月的产假。（挪威是世界上富有的国家之一，在那里，爸爸和妈妈的产假是强制性的！）早期良好的亲子关系将会使孩子终身受益，培养出一代健康的、阳光的、坚韧不拔的儿童。这远比花费大量的金钱去开发各种所谓的课程和产品，给儿童各种奖励，或者提供良好的特殊矫治课程强太多太多了。

谋生的确是一个实实在在的问题，作为一个心理学研究者，我没法儿告诉你怎么去平衡你的时间。我所能够提供的建议就是，尽可能多地花时间陪陪你的孩子。无论你现在正在工作岗位上，还是正在做志愿者，如果有可能的话、尽量离开一段时间，至少3～6个月，直到你觉得和孩子已经度过了一段美妙的时光之后，再回去工作。

很多父母在他们的婴儿出生没多久就不得不离开家去工作。对他们来说，跟孩子建立情感和心理联系的机会只有早上和晚上，在夜间哺乳时，以及相对漫长的周末闲暇时。婴儿的适应力很强，虽然他们倾向于喜欢一个看护者，但是在他们生命的第一年里，他们可以跟三个看护人建立依恋关系。即使妈妈没办法花尽可能多的时间跟孩子待在一起，希望跟儿子建立密切心理联系的妈妈也可以做到。**研究表明，最重要的其实是母子之间交流的质量，而不是在一起的绝对时间**

数量。从实际的角度来说，妈妈应该尽可能地给孩子提供最高质量的日间看护，并从家人和朋友那里争取尽可能多的帮助来解决家务问题，以免因为家务琐事使得跟孩子待在一起的时间不够。这样，她就可以沉醉在和儿子互相了解的美妙时光里了。

在你儿子的大脑里面（包括每一个婴儿的大脑），有一种叫作“镜像神经元”的东西，他们会复制他所看到的你做的事情。如果你微笑，他也想微笑。在3～4个月大的时候，他能自发地微笑，并且只要他愿意，在任何时候都能对你做出回应。如果你皱眉，他的脸好像也变得更加严肃了；如果你大笑，他也会大笑。而且，不需要事先计划，如果他发出某个声音，或者做出个鬼脸，你就会模仿。例如，如果一个4个月的孩子喊“大，大，大大”，妈妈几乎会立即给他重复出这些声音。如果婴儿发出吐气的声音，“呸呸”的声音，大多数妈妈或者立即重复，或者会大笑，然后他们的宝宝也跟着大笑。“他的面部表情、表达方式跟我很像。”一位母亲这样描述他的儿子，并对这种镜像效应感到惊奇。

母子之间这种大量的模仿式交流是孩子情感生活的基础。

父母的脸是儿子的一面镜子

随着时间的推移，你的儿子开始能够感受到在你脸上的丰富内容。同样重要的是，你的脸也反馈了他自己当时看到的感受。如果你给他增强自信的信息，他就会乐于接纳；如果你跟他一样做出严肃的样子，他完全明白你在很认真地对他。你成为他内心生活的引导者，你能够可靠地向他传递出这样的信息：“你很棒。”

婴儿通常会对自己的感受不知所措。如果他们饿了，就会变得紧张不安或者既愤怒又绝望。如果他们受到挫折，就会变得非常愤怒。

如果他们病了或者发热，他们会感到非常沮丧。婴儿可能很小，但是他们的感受很强大。当然，当你抱起孩子摇着他的时候，当你跟他说话或者给他唱歌的时候，他会因为你的陪伴而感到很受用。同时，你平和安静和温柔体贴的脸也在告诉他，他的感受并不是可怕的洪水猛兽；它们只是正常的感受，他完全可以应对。开始的时候，他通过你的帮助来处理这些情绪，时间久了，当他通过自己的体验了解到这些的确是正常的感受和反应时，他开始认识到这世界是个安全的地方，他就可以自己应对了。

安全型依恋："我的妈妈和爸爸跟我在一起吗？"

逐渐地，当你能够凭直觉了解到你家男孩的需要，当他处于感受的风暴时去安慰他，当他想玩的时候陪伴他，他就能慢慢对这个世界形成一种印象：这个世界很安全。儿童心理学领域的先驱——埃里克·埃里克森（Erik Erikson）观察了婴儿早期自信心的发展，以及在某些问题儿童身上自信心的缺乏。他认为，**人生发展第一个阶段的任务就是形成信任。**

现在，我们知道一个婴儿要在人生中形成自信或信任，必须回答他两个问题："当我需要妈妈和爸爸的时候，他们会跟我在一起吗？他们会体谅我的感受吗？"我们现在已经知道，一个婴儿通过与他的主要看护者，通常是他的妈妈，建立安全型依恋来回答这些问题。他们的感受总是能够被理解，他们的绝大部分需要都能够得到满足，这些经历使他得到了想要的答案。如果你跟妈妈和爸爸建立了这种类型的关系，那么，这是因为：当你微笑的时候，有人也对你微笑；当你饥饿的时候，有人喂你；当你需要温暖的怀抱的时候，有人温暖地抱着你；当你愤怒的时候，你妈妈努力安慰你，并且在任何情况下她都容忍你的愤怒而不会因为你的愤怒而生气，她不会忽略你，转身离开。如果一位妈妈对婴儿能够做到这些，那么婴儿就会逐渐地对这个世界形成安全的印象。

要感谢爸爸与妈妈的养育方式不同

“爸爸不会像妈妈那样。”凯尔·普鲁特（Kyle Pruett）很确定地这样写道。在对待婴儿的方式上，爸爸和妈妈的确有一些基本的差异。我们都是通过个人经验了解到这些情况的，同时，研究人员也发现了一些养育风格上的性别差异模式。一些研究表明，妈妈更倾向于安抚，爸爸则更倾向于激发。妈妈们通过她们柔和的声音和温暖的触摸，倾向于使婴儿的心跳变慢；爸爸们则通过他们的大嗓门和动手动脚使婴儿的心跳加速。儿子和女儿都将喜爱父亲这种有点儿粗野的游戏方式，无论是1岁以前，还是整个儿童时代，都是如此。

在6个星期大的时候，儿童就能够分辨出妈妈和爸爸的声音。而且，可能与你的预期相反，比较安静的婴儿更愿意注意妈妈的声音，而吵闹的婴儿则更容易被父亲的声音所安抚。常识和进化心理学都认为，无论是男孩还是女孩，他们都会从妈妈和爸爸相互补充的天性中受益。这能够保证多样化的个人经历，并促进他的脑发育。

在传统的家庭模式中，通常是妈妈在家照顾孩子，爸爸在外赚钱，所以跟妈妈相比，爸爸对孩子的影响相对间接，但是仍然很重要。当一位妈妈感到丈夫在支持着她，她就会更加有耐心，对孩子做出更积极的情绪响应，这样她就更容易跟孩子建立良好的应答方式。关于爸爸的作用，有大量的文献报告。这些文献都表明，对孩子来说，有一个稳定的双亲家庭是最理想的状况。而且，妈妈应该充分利用爸爸的能力，来更好地养育孩子。在妈妈的眼里，爸爸的养育可能有那么一点不同，但是在儿子的眼里，爸爸和妈妈都一样好。

每位父母都需要了解婴儿发出的提示。世界上没有哪个父母能够做出完全正确的响应。然而，如果婴儿总是看到一张面无表情、漠不关心的面孔，或者他的妈妈总是把自己的意志强加于他，他就会焦虑，会认为这是个漠然的世界。研究人员也已经发现，婴儿会进行“情感偷窥”，就是说，他们会观察成人之间的互动，并根据从成人那里观察到的表达方式来调整他们自己对情感的响应方式。或好或坏的，父母之间的情感互动会在婴儿的心里留下印记。即使他没有经历过身体方面的忽视或者虐待，如果他观察到太多令他不安的成人之间的互动，他也会感到缺少他所希望拥有的那种安全感和信任感。

无论你是独自一人，跟丈夫一起喂养和看护孩子，还是从其他可靠的人那里得到帮助，**你的宝贝男孩都需要你给他提供三种保护：第一，让他相信，他可以得到足够的食物、温暖、身体方面的舒适和关切的安抚，并且不会被剥夺；第二，当你精疲力竭的时候，也要保持耐心、爱心和同情心，这样你就不会责骂他或者忽视他；第三，不要频繁地更换看护者。**换句话说，你要尽可能地自己去看护孩子。如果你必须把他交给别人来照看的话，你要尽量把他交给他认识并且信任的人，这样的话，这个人就能尽可能像你对他那样充满爱心地对他。

绝大多数妈妈都本能地对她们的宝宝表现出最大的保护意愿。妈妈们经常对我说，她们觉得要离开孩子，无论多长时间，都很困难。当某个人第一次接近孩子的时候，她们都会密切地关注，以确保那个“陌生人”——可能是她丈夫、她妈妈，或者她的朋友——的做法合情合理。如果跟孩子分开很长时间，会让她非常不安。

罗丝给我写信说，当她的儿子乔希2个半月的时候，她和丈夫陪着大女儿去了剧院，而把乔希留在了家里。她说：“这是我第一次离开他超过45分钟。”难道你还跟其他人有过这样的关系，在70天里从未离开过他超过45分钟吗？亲子关系的强烈程度是独一无二的。

请听一下杰米如何描述她快5个月的儿子："我感到跟他的关系非常亲密。他知道我是谁。我并不觉得他仅仅是个'婴儿'。"她的意思是说，他不是个陌生人，因为现在他们之间亲密无间。她了解他的心情，她接纳他的消极情绪，他们一起玩得很开心。她继续写道："我喜欢逗他笑——他非常有趣！我喜欢给他洗澡——他很兴奋！我喜欢跟他在一起，看着他光溜溜的小屁股，搔他的痒。我就是喜欢他。我就是让他知道我喜欢他。"

杰米完全进入了她儿子的世界。他们之间有持久的心灵沟通。在这种沟通中，她与他心心相印，亦步亦趋，她还能够不断地增加新点子、玩新花样。这种关系会如何呢？首先，你儿子的生理活动会很正常，通过与你的同步关系，他形成了规律的睡眠、饮食和排泄模式。更重要的是，随着时间的推移，他开始能够控制自己的情感活动了。他知道如何变得兴奋，如何使自己平和下来，因为他已经跟你练习过了。**对孩子来说，拥有安全型依恋的最重要之处在于，以后能够给他提供支撑，并且可以迁移到其他方面。**

因为有你的良好看护和及时回应，你儿子在人生的第一年里跟你建立了一种安全的依恋关系。你们将会最大限度地步调一致，但是他可能也会跟父亲建立强烈的依恋关系，或者跟另一个照看他的人。我们知道，跟主要看护人建立了安全型依恋关系的孩子，会在他生活的每一个方面都做得更好，这种积极的效应会持续很多年。在6岁的时候，他更容易跟别人建立友谊，健康状况也会更好，在学校里也会有更好的表现，甚至在以后成为父母的时候，也会更加应付自如。精神科医生和神经科学家相信，早期的亲子关系会对脑进行塑造，其影响将持续终生。"爱和缺乏爱，会对幼儿的脑产生深远的影响。"托马斯·刘易斯（Thomas Lewis）、法里·阿米尼（Far Amini）和理查德·兰农（Richard Lannon），在他们所著的《爱在大脑深处》（*A General Theory of Love*）中这样写道。

例如，安全型依恋的儿童能够把注意力维持更长的时间。安全型依恋的男孩更勇敢、更富于探索精神。一旦能走路了，只要他们仍然能够看到妈妈或者能够比较容易地回到妈妈身边，就会走得离妈妈更远；并且与其他儿童在一起相比，他们跟陌生人在一起时更加有安全感。

塑造爸爸养育儿子的方式

男人通常不太善于日常聊天，特别是跟自己的妈妈。因此，他们可能会回避跟家庭里的妇女们对话，爸爸的身份就可以解决这个问题。爸爸不仅可以跟儿子分享类似的成长经历，包括自己小时候跟妈妈、祖母和姑母等的关系，而且关于自己婴儿期和儿童早期的疑问会帮爸爸发掘出大量的信息和见识，这些信息和见识能帮助爸爸理解儿子、理解自己，并塑造爸爸养育儿子的方式。

你如何了解自己婴儿和幼儿时代的信息呢？请从那些了解你的人那里开始。

- 深刻了解你早期的气质。你儿子像你吗？他的睡眠跟你一样吗？他比你更安静，还是更容易被激怒？

- 寻找应对策略。你可以把妈妈和祖母对付你的策略记下来，并准备用在对付自己的儿子身上。

- 了解自己的早期经历，跟孩子建立联系。在有小孩子的这段时间里，爸爸通常会被边缘化，或者感到被边缘化，感受到这一点会使你更容易跟大孩子建立联系。对你自己的早期经历了解越多，对帮助你跟孩子建立联系就越有好处。

●你能做一些可行的、积极的事情，别人会感激你，包括你的儿子。无论是通电话、发电子邮件，还是假日聚餐，你跟孩子的对话都为他提供了深入体验家庭生活和深化与你的关系（有时候很直接）的机会——这就是你想要留给儿子的。

除了交谈，还可以找一些实物。搜集一些你儿童时代的照片和手工制品，这会将你的儿童早期跟儿子的联系在一起。我为什么觉得这个很重要呢？因为在男孩的生活中最常见的一件事情是父母对他们失去信心，即使只是暂时的。这些事情有助于提醒大家每个男人都是从幼小的、脆弱的男孩成长起来的。这还会帮助你对儿子当前的发育和将来的发育建立起信心。

建立安全型的依恋模式的时间

什么时候可以确定你的孩子已经建立了安全型的依恋模式呢？到15个月的时候，大多数孩子已经建立了持续性的依恋模式。他们对待父母和其他大人的方式会跟他们6岁的时候一样，甚至可能是一辈子都这样。虽然在儿童时期和青少年时期，这种依恋模式还有可能发生改变，但是有证据表明这种依恋模式的影响非常深远和持久。

在哈佛医学院任教的一位儿科医生、医学博士约翰尼·巴伦杰说，根据她的出诊经验来看，第15个月对孩子来说具有里程碑意义。在简短地描述了来就诊的孩子出现的依恋方式后，她说：“在4个月的时候，他们应该能对所有的人微笑；在6个月的时候，我想让他们对我微笑；在9个月的时候，我希望他们真的能与我建立信任关系；在12个月的时候，我希望他们打针不哭。我想，你应该可以把任何一件事情教给一个19个月大的孩子。他们喜欢你，愿意模仿你做任何事。”

巴伦杰大夫强烈建议：“在某些时候，你应该相信你和儿子之间已经建立起来的这种联系。在他1岁的时候，你可以完全放心，而不必替他感到担心——这就是说，他可以自己打针，你不用惊讶——到了15个月的时候，如果你的孩子是安全依恋型的，他就会想要自己做一些事情。如果你坚持替他做或者还会焦虑不安地想要保护他，不让他做任何事情，这对他来说没有好处。”在描述一位跟1岁儿子建立了安全型依恋的妈妈时，巴伦杰大夫这样告诉我：“她儿子打针的时候没有表现得那么哀伤。这说明，一个安全依恋型的男孩只需要你坐在那儿，远远地支持他就行了。还有一次，我劝说我15个月大的孩子站到秤上称一下体重，这花了一些时间，但是他做到了。然后，他明显地感到很骄傲。”

安全型依恋关系很重要。这样说吧，它使父母能引导儿子模仿大男孩的行为，一天天地引导他逐渐步入等待着他的大男孩的世界。安全型依恋的男孩在与你重聚的时候可能也会哭，但是这个时候的哭是一种安全的表达：我想你了，我相信你愿意听我说我有多么想你。安全型依恋的目的是达到最终的独立，虽然不能定义为与你分离，但是至少是在分离和终生保持联系之间的一种平衡。

焦虑型依恋的不同类型

如果由于这样、那样的原因，妈妈和孩子有点不搭调，孩子就可能会形成所谓的焦虑型依恋模式。有时候，这种关系很微妙，可是妈妈就是没有办法体会孩子的愿望和心境。她可能会因为他的兴奋而烦恼，当她喂他吃奶的时候慢了一点，他可能会愤怒，这时她可能会被吓着。如果这些让她觉得自己不是一个合格的妈妈，她可能会对孩子产生排斥心理，无论是有意识还是无意识的。或者，如果她心里对孩子的需求有一个固执的理解，或者有一个固执的时间表、一个目标，从而使她对自己这个孩子的需要没有适时做出响应，气氛就会变得紧张。

焦虑型依恋也有各种不同的类型。一般可以分成矛盾型、回避型（虽然二者都不理想，但是都还在正常范围内）以及紊乱型（比较严重）。有矛盾型依恋的孩子不能在跟妈妈的关系中找到像安全依恋型孩子那样的安全感。他们会变得更加依恋，希望找到他们需要的慰藉，而当他们感到没有找到的时候，就会愤怒。他们在依恋和愤怒之间摇摆，同样，他们的父母也在焦虑和挫折中摇摆。在这种情况下，妈妈和孩子很难协调互动。

回避型依恋的孩子通常有这样的妈妈：她们不愿意去关注孩子的需要，或者只有在她们心情好的时候她们才会去联系孩子。这些妈妈不能接受孩子自然出现的悲伤。这样，孩子就会明白并得出这样的结论：我不需要你，我会自己做。如果在孩子发育的早期，母子之间太过疏离，或者发生了创伤性的疏离，孩子就会变得回避。在10个月的时候他可能看起来不错，他可能看起来非常独立。但是当他妈妈出去一段时间之后再回来的时候，他不会去找妈妈；即使去找了，他也不会朝妈妈伸出双手并要求妈妈抱他，也不会与妈妈对视，他在回避接触。

当然，所有的婴儿都会偶尔出现回避型反应。通常，妈妈们需要连哄带骗地让生气的孩子回归积极的心态，并重新确认你们之间的亲密关系，这是做妈妈的分内工作。绝大多数安全型的孩子很快就能恢复与妈妈或者看护人的友好关系，但是某些孩子在这样的情况下却做不到，那么这样的孩子就是回避型的孩子。我们想象一下，这些孩子可能觉得：如果她们不跟我在一起，依恋还有什么用？

如果孩子在婴儿后期才被领养——例如，在7个月或者15个月的时候——并且在早期没有得到充分的和良好的看护，他就会形成焦虑型或者回避型的依恋模式，这将会对他的领养父母构成挑战。一致的、值得信赖的看护能够克服很多依恋方面的问题。只有当孩子已经形成了紊乱的依恋模式的时候，他们的创伤才真的难以治愈。

紊乱型依恋的孩子通常来自不完整的，有时候是有虐待行为的家庭环境。在这样的家庭环境里，依恋的压力会达到几乎毁灭性的程度。这样的孩子从来不知道还能指望从看护人那里得到什么，他们的父母对他们的态度经常从一个极端到另一个极端，从极度溺爱到极度忽视，从过度安慰到极度虐待。孩子的反应可能反映了他们为了得到所需要的东西而做出的一种绝望的努力。这种反应是在一种不确定的和可能有威胁的环境中逐步形成的。

创造一个适合养育孩子的环境

“从儿童时代最早期的脑发育开始，家庭就是我们的意识得以成长的摇篮。”心理分析师哈维·里奇（Harley L. Rich）在《此刻：拥抱美满的生活》（*In the Moment：Embracing the Fullness of Life*）一书中这样写道：“这是我们开始比较他人、定义自己的地方，它是更大意义上的家庭、历史和人类的一部分。在最深的层次上，它是我们第一次发现自己的地方。家庭模式塑造个性和人生，给我们的方方面面都染上了同样的色彩——友谊、婚姻、工作、信仰。我们欣赏自我和他人，创造价值和寻找人生意义都是从家庭开始的。”

家庭和挚友为你的养育活动提供了最好的支持，并扩展了你儿子将来能够信任的世界范围。如果你的生活里本来没有那样一群人，你应该充分利用你周围的人群，着手创造你自己的一个“环境”。它可能是邻居之间的亲子游戏团体，或者你在公园或游乐场有意无意碰到的其他人。认识许多其他的父母和他们的孩子将会给你提供重要的经验，你可以看看别人是怎么被跟你同样的问题所困扰的，而别人是怎么样解决的。这些办法你以前可能没有想过。还有就是，认识其他的孩子，特别是比你儿子大几个月的孩子，会让你对孩子的发展更有信心。

依恋对男孩的特殊含义

依恋对男孩和女孩同样重要，但是对男孩来说有一些特殊的含义。首先，研究表明，男孩比女孩更容易受到异常依恋关系的不利影响。其次，当男孩出现依恋方面问题时，他们倾向于形成回避型依恋模式，而这种模式与后来的攻击和暴力行为有关。如果我们不想让我们的男孩们染上暴力，我认为我们应该从孩子1岁以前就开始做工作，帮助他们形成安全的依恋模式。最后，我担心一些人仍然坚持传统的想法，认为男孩不需要像女孩那样多的关爱和温暖，或者你必须通过一些手段使男孩早点儿“坚强起来”。一些研究发现，当小男孩的行为不像“男孩”时，传统的父母会感到不安。这些所谓不像男孩的行为正是我接下来想要说的。

在研究人员用来检验母子关系的实验中，有一个实验采用了妈妈的“静止面孔”。在实验室情境下，一位妈妈先跟婴儿椅中自己4个月大的孩子玩2分钟，她对他笑，跟他玩游戏，或者搔他的痒。然后，研究人员发出信号，要求她转过身去背对着孩子。过一会儿，当她再转回来的时候，她需要保持一张“静止的面孔”（或者叫作“面无表情”），脸上没有任何表情。研究人员很想知道婴儿的反应以及他们如何试图与现在漠不关心的妈妈重新建立联系的。虽然他们没有考察过这方面的性别差异，但是他们吃惊地发现，男孩和女孩对毫无表情的面孔有着显著不同的反应。

当男孩和女孩不能使他们的妈妈像往常那样朝他们微笑的时候，他们都会变得悲伤，许多孩子都哭了。然而过了一段时间之后，2/3的女孩安定了下来，把目光从妈妈身上移开，开始关注实验室里的灯或者婴儿座椅了。相反，大多数男孩持续地哭泣，无法安抚。有一些男孩使劲反抗绑着他们的带子，把它们扔来扔去，生气地大哭。

如果你观察这些男孩的录像带，你就会得出这样的结论：小男孩一点儿都不坚强，他们不像女孩那样机智有策略；而且，当他们失去了与妈妈的联系时，他们就会变得愈加悲伤和愤怒，试图重新建立联系。在我有关学前儿童的工作中，我经常遇到一些老师觉得很难对付的4岁男孩。他们跟我描述说，这个男孩易怒、孤僻、难以接近。他没法结交朋友，并到处惹麻烦。像这样的男孩通常就是当他还是婴儿的时候他因失去与妈妈的联系而激烈地抗争，但是仍然无法使妈妈回来，最终他受到了挫折，从而与所有的成年人形成了隔阂。

我们知道回避型男孩在将来的生活中会遇见一些安全依恋型男孩所没有的困难。在青少年时期，回避型男孩可能无法跟师长建立友谊，因为他不允许自己充分信任成人。如果一个14岁男孩无法与成人建立友谊，他就更容易受到不良群体的影响，他不会像安全型男孩那样能够有效控制自己的感受，从而可能对受害人没有什么同情心。从社会的角度来说，为了防止将来的暴力，有一件重要的事情是我们现在可以做的，那就是对我们的孩子给予足够的重视使其形成安全的依恋模式。虽然有很多因素会造成成年男性的暴力行为，但是早期的依恋是很重要的一个因素。

说了这么多，我并不是建议你不顾一切地黏着儿子从而保证他跟你有安全的依恋。我在这里举出几个最佳的做法：欣赏他、跟他玩、看着他、喜爱他。当然，有时候他会需要自己待一会儿。一旦到了7个月，可以坐起来玩玩具了，他将需要体验一下孤独是什么样子的——

只需要妈妈在旁边，但是不需要抱着他或者跟他互动。他需要自己（安全地）体验一小会儿这个世界里的孤独。**从心理学的角度来说，他的安全感来自他与你的亲密关系，他知道你就在那儿，随叫随到。**他可能一直都不看你，因为他的世界会日益吸引他，但是他有一种感觉：你一直都在那儿陪着他。

男孩有何不同：巨大的个体差异和更慢的发育进程

随着孩子逐渐长大，性别差异会日益明显。除了明显的性别特征，男孩和女孩之间还有一些其他方面显著的身体和神经方面的差异，这些差异从出生开始就有，来自子宫环境中激素的作用。（见第5页“是什么使男孩成为‘男孩’”一节）然而，大多数差异对养育活动没有影响。如果你在生儿子前不曾养育过女儿，你可能不会注意到这些差异，因为你没有比较的对象。即使你曾经养育过女儿，但是从养育的角度来说，你女儿和儿子之间个体气质方面的差异要远远超过性别差异。

此外，性别差异在婴儿期就显而易见了，并且随着年龄的增长而持续存在。一般来讲，出生的时候，男孩要比女孩更长、更重一些。与女孩相比，他们的脂肪少一些，肌肉多一些，并且这种差异会持续终生。平均来说，男孩长大后会比女孩整体大15%。还在趴着的时候，男孩就比女孩表现出更大的力气抬头。他们的心脏和肺也更大。与女孩相比，他们的收缩血压更高，安静时的心率更低。

男孩比女孩的成长要慢，并表现出更大的个体差异。身高就是一个例子。我们都知道女孩先达到青春期，所以在6年级的时候她们长得比男孩高。直到八九年级的时候，男孩才会赶上来，此后很多年，他们仍然会持续地长高。当生长结束的时候，男孩不仅比女孩更高，而且身高的个体差异也比女孩更大。这种个体差异在其他方面也会体现出来，例如自控能力、阅读能力。男孩有很多种，当你生了个男孩，你必须先设想一下你到底生了个什么样的男孩。

在男孩的发育方面，你需要了解一个可能是最重要的事情，即**男孩比女孩发育得慢，并且他们的发育轨迹与女孩有所区别。**作为父母，你必须学会相信男孩发育的弧形轨迹和时间进程。如果你做不到，你会由于这些发育方面的差异，或者发现他被隔壁邻居家的女孩落在了后面而产生焦虑、否认，或不耐烦，并进而导致儿子生活的不幸。

这里有两个问题：一个是发育的步骤，另一个是发育的轨迹。通常你很容易就能看到男孩的发育比女孩慢，但是他们最终在某些方面赶上来了，例如青春期的一些生长发育。然而，就像小说有它自己的发展逻辑一样，从开始到结束，男性的整个发育过程也有他自己的内在逻辑、节奏和归宿。

男孩和女孩在脑机制方面的差异

男孩的脑和女孩的脑在许多方面都有区别。而且毫无疑问，在未来，心理学家和神经科学家将会发现更多的差异。性别差异的有关研究告诉我们很多关于性别差异的知识。但是无论这些发现在生物学方面有什么重要意义，我不认为这重要到值得我们去建议父母以完全不同的方式养育男孩和女孩。

我们这样做有两个理由：首先，男孩和女孩在许多方面是非常相似的。男孩和女孩并不是两个完全不同的人群，无论他们有什么大的差异，跟性别角色相比，他们都属于人类，这一点更加重要。二者之间的相似性远远大于差异性。

如果你用正态曲线来描述男孩语言能力发展的整个过程，把有智力缺陷的男孩放在曲线的一端，把另一个有语言天赋的男孩放在另一端，然后把这条曲线跟女孩的正态曲线重叠在一起，你就会发现它们大约80%是重合的。换句话说，男孩和女孩都会读写和听说，他们学习阅读，掌握语言的所有方面。至于说他们做得怎么样，要受到智力、社会阶层以及父母教育水平的影响。不过，也就是在这条曲线的尾端，在最高点和最低点，显著的性别差异会表现出来。

因此，如果你愿意讨论性别差异，你会找到支持性的论据。如果你愿意讨论性别相似性，你同样也能找到强有力的支持性论据。如果你要问“男孩真的与女孩不同或者真的相似吗？”之类的问题，这就像在问“杯子有一半是空的还是有一半是满的？”之类的问题一样，答案当然都是“Yes”。

不过，下面的研究非常吸引人，并为你了解男孩的本质提供了一个窗口。

男孩以不同的方式观察世界

男孩关心的事情跟女孩不同。在詹妮弗·康奈兰（Jennifer Connellan）和安娜·巴尔基（Anna Batki）做的一个著名的社会知觉实验中，英格兰剑桥市罗西妇产医院的一个当天出生的新生儿参与了这个实验。在实验中，实验人员给孩子直接看两种面孔：一种是一位妇女的面孔；另一种是一个机械装置，研究人员把它叫作“异形”。这个装置具有脸的所有组成结构，但是这些结构是随机分布的，看起来一点都不像脸。在这张机械脸上，有一些东西是悬挂着的，看起来更像是机械，而且它可以动。在实验中，研究人员并不知道这个新生儿是男孩还是女孩。但是通过对实验视频的分析，新生儿的性别被识别出来了。研究人员发现，女孩花了更多的时间来研究真正的脸，而男孩则花了更多的时间注视机械脸。

这个发现验证了斯维特拉娜·拉契马雅（Svetlana Lutchmaya）和西蒙·巴伦·柯恩（Simon Baron Cohen）早期的工作。他们的工作表明，在游戏的时候，1岁大的女孩看妈妈的时间比男孩更多。与关于脸的电影相比，男孩更爱看关于汽车的电影。莱奥纳德·萨克斯（Leonard Sax）下结论说：**“女孩天生就对面孔感兴趣，而男孩天生就对移动的物体感兴趣。”**他相信这种差异来源于男孩和女孩视觉系统的不同组织方式，他认为“从视网膜到大脑皮层的每一条通路的每一个阶段，男性和女性都是不一样的”。

实际上，女孩和女人确实终生都比男孩和男人更多地关注别人的面孔，成年女性比男性能够更好地理解面孔所传达的信息。在几天大的孩子身上发现的这些行为差异，可能为男性和女性的这些性别差异提供了生理学方面的解释。视网膜的厚度和眼睛里面视锥体细胞和视杆体细胞的分布差异，可能也会影响到男孩对颜色的喜好。在读了萨克斯的书以后，有一位老师对我说：“很多年来，我在艺术课上曾一直努力让男孩使用更多的颜色。可是他们似乎只用黑色、棕色、灰色和蓝色，这让我感觉很受挫。现在我明白了这些是生物学方面的差异，所以我会让男孩们按照自己的方式去做，而不再强迫他们用黄色和红色的蜡笔了。”

关于这些研究发现尚存在一些争议，其意义也尚未被科学家广泛地接受；但是它们确实提示我们，从视觉角度来说，男孩确实生活在一个不同于女孩的世界里。

男孩的听力不如女孩

在婴儿时期，女孩的听力比男孩好，特别是在人类的语音范围内。路易斯安那州立大学教授珍·卡西迪（Jane Cassidy）做的一项包括350个婴儿的研究发现，女孩的听力要比男孩敏感得多，这使女孩能够更准确地分辨人类的言语。这些发现与其他一些研究结果相一致，这些结果表明，音乐治疗能够对早产的女孩产生积极的效果，但是对男孩几乎没有任何效果，或者也可能在实验中所使用的音乐——《梵天摇篮曲》——并不适合男孩。这项研究很容易引起人们的思考，因为它表明男孩聆听世界和父母声音的方式可能会影响他们被父母教育的方式。男孩可能更多地依恋线索而不是声音。它还提示了为什么男孩不能像女孩那样能快速掌握语言。

男孩不能像女孩那样快速地学会语言

大量的研究表明，一般来说，女孩比男孩能够更好地使用语言，而且这些差异从小就有。女孩比男孩说话早。她们的拼写（书写）和阅读能力都比男孩强。与男孩相比，女孩使用的句子更长，她们的语法结构和发音更标准，她们回忆单词也比男人更容易。这些是天生的生物学意义上的性别差异吗？有证据表明的确是的，因为男人和女人分别用大脑的不同部分来完成语言任务。

在班尼特·施威茨（Bennett Shaywitz）和他的同事在耶鲁大学完成的一个著名研究中，男性和女性被要求完成一项押韵分辨任务。结果发现：有一半女性激活了左侧布洛卡区（这是一个重要的语言中枢）和右侧同源区；相反，男性只激活了左侧布洛卡区。这个令人兴奋的发现说明，男孩和女孩可能用大脑的不同部分学习语言。这项发现与其他大量的研究也相互印证，与女性相比，男性更倾向于以非对称的方式使用大脑。这就是说，他们的大脑半球更加专门化，左右半球之间的联系更少，所以男性无法同时使用他的左右两个半脑，而会根据他的需要在左右脑之间进行转化。虽然科学家无法验证这些差异完全是生物学意义上的，而不是文化的塑造作用——养育男孩会影响你的大脑结构，使你的脑结构更像“男孩的脑”——但是这种可能性是存在的，因为这些语言差异不仅在小时候有，而且终生都存在。

父母对男孩和女孩的感知差异

我们知道了很多关于儿童，特别是幼小男孩的早期发育方面的知识。但是对男孩来说，最重要的是我们如何去做：在他的人生中成人如何感知他，这种感知如何影响成人与他的互动。关于这方面的研究提示，我们对男孩的感知是有性别偏差的，即便我们自己觉得我们是客观的，我们看得很正确，也是存在性别差异的。

这些年来大量的研究都表明，父母对男孩和女孩的感知是不同的，谈论他们的方式和内容也不一样。这种差异从孩子刚出生的时候就开始了。我们不这样又能如何？我们的心里都有非常强烈的男子气质和女子气质的参照模型，这些模型是千百年来文化对我们的馈赠。它们迫使我们把对男孩和女孩的性别期待投射到婴儿身上。当人们抱起一个女宝宝，他们倾向于说：“她多甜美呀！”“她多么可爱呀！”可是，当他们抱起男宝宝的时候却会说：“他多帅呀！”“好一个健壮的小伙子！”

一位研究婴儿运动能力发展的研究者，克伦·阿道夫（Karen Adolph），让父母预测一下他们的孩子在一组爬行任务中的表现会怎么样：孩子能爬下斜坡吗？男孩的父母比女孩的父母更加自信他们的孩子能够完成任务。可是在实际做的时候，男孩和女孩之间没有差异，差异只表现在父母的预期上。

在另一个经典的性别实验中，研究人员发现成年路人对哭泣的男孩和女孩有不同的反应。在研究中，路人会让男孩哭更长的时间，然后才去把他们抱起来，并且他们安慰男孩的时间要比女孩更短。

我们对孩子的反应更倾向基于性别的刻板印象，而不是某个孩子的特别需求。这很让人担忧，因为这可能会导致我们忽视男孩的脆弱，同时低估女孩的能力。所以，在看待孩子方面，最重要的事情不是关注他到底是男孩还是女孩，而是你是否与他心心相印。亲子之间的这种心灵共舞（包括妈妈和爸爸）是孩子健康人格的基础。如果我们关于男孩的刻板印象使我们忽视男孩在第一年里对我们的依赖，结果将是非常糟糕的。

无论新的研究将会发现什么——每天都有新的发现——重要的是要记住，每一个男孩身上都已经拥有了问题的答案，每一位父母都处在科学研究的最前沿，我们所要找寻的关于男孩的真理其实就在那儿，它们会在我们面前逐步显现，等着我们去一点点地发现。我们不必等待科学给我们提供更好的解释，因为我们自己就可以做得更好。

IT'S A BOY!

第3章

冲出怀抱：蹒跚学步的惊喜

18个月～3岁

儿子从一个可爱的、甜美的婴儿变成一个任性的2岁幼儿，对任何父母来说，这都是一个最艰难的过渡。对于男孩的妈妈来说，看到儿子开始出现违抗、任性，甚至动手打人的情况，有时候会深深地震惊，甚至迷惘。

通常，男孩在18个月的时候就能够自信地走和跑了，一旦如此，他就会不停地移动。他对自己的新能力非常兴奋。他不只是走，还会攀爬和跑跳，以至于你必须时刻紧盯着他。

琳达描述说，有一次，她只是转过身几分钟，当她转回身来的时候，发现儿子丹尼尔竟然站在了火炉上！他在一眨眼的工夫，推过来一把椅子，爬到了灶台的上面。很幸运的是，煤气都没有打开。但是出现这种情况就要求他的父母必须采取更有效的办法来预防才行。

“攀爬已经成了我们生活中最大的变化，”她说，“我们的房子里到处都是门。我感觉好像丹尼尔坐在那儿，谋划了很久，然后出发去执行他的计划。他总想动，到处跑，不断地换地方。”

“而且他还用新的方式来表达自己的意见，”她说道，“他从18个月开始就好发脾气。他想到每一个地方去走走，可是从来不去我让他去的方向。当我抱他起来的时候，他弓着身子尖叫，想要打我的脸。”丹尼尔想打妈妈的行为每天都会出现吗？不，这种情绪的爆发不会出现在6月、7月和8月，这个时间正是当教师的她放暑假的时间。这个时候，她可以让丹尼尔在公园里自由地玩耍，而她只是跟着。所以，他们在这个时候会有一段蜜月期。到了9月份，他的坏脾气就来了。这与她回去上班的时间正好吻合。“我们的生活节奏开始加快了。”她说道。

在这个年纪，你儿子并不理解你的生活节奏。他只顾着做他自己的事情，关心自己感兴趣的东西，这就是他此时所有行为的动机。还记得当他第一次取得这些发展性成就的时候，你有多高兴吗？还记得当他走出人生第一步的时候，你曾高兴得大惊小怪吗？还有，他第一次拿起勺子的时候，说出第一个词的时候。然而现在他的心里所装载的就只有如何去使用自己新的“肌肉设备”了。

发展的八条线索

未来的发展

一个关于养育孩子的传闻是这样说的：一些发展心理学家雇了一位专业的运动员来跟着一个幼儿到处跑，并要求运动员准确地模仿幼儿所做的每一个身体动作。这样过了2～3个小时，运动员筋疲力尽了，但是孩子还在又跑又跳。即使这个传闻是虚构的，每一位父母也不得不承认其中所包含的道理。下面让我们仔细看一下这个时期的“淘气包”有什么特点吧。

身体发展

这个年纪的男孩总是在动。宝宝在刚满1岁的时候，胖乎乎的身子逐渐瘦了下来，从这个时候开始，他们才真正看起来像个小孩了。到了18个月大的时候，他们可以独立行走了，但是要努力保持平衡。他们能够自己上下楼梯（虽然还不能交换双腿上下楼梯），而且他们很快就能笨拙地奔跑了。他们能拐弯、原地跳，当然，还能爬高——可是还不会爬下来。

2岁的男孩喜欢大吵大闹。对这个年纪的男孩来说，没有什么比扑向父亲、和父亲闹着玩更让他们感到高兴的事情了。通常，这种活动能够使爸爸觉得跟儿子很亲近。他们还会从楼梯上跳到爸爸的怀里，他们喜欢跟爸爸玩抛高游戏。男孩们也喜欢跑向妈妈，然后扑进妈妈的怀里。他们想让妈妈抱，举起来，荡来荡去。他们能骑三轮车，荡秋千；2岁多一点儿的时候，他们还需要别人帮着他们骑上三轮车，在秋千上推他们一把；可是到了3岁的时候，他们就能自己骑车了，也能用自己的腿来荡起秋千。

伴随着这些柔性运动控制技能的发展，他们也出现了另外一些令父母特别高兴的进步：成功的大小便训练。美国绝大多数的学前教育机构都要求孩子必须在2岁9个月之前完成大小便训练。当然，如果你能集中训练他们，让他们把这当成一回事儿，他们通常都能够做到。所有养育孩子的指导手册里都建议，在这件事情上，你不能来硬的。我也同意这一点，否则，会给孩子的心理造成伤害。重要的是还要做出榜样、提出要求、给予奖励。一定要要求他们学习使用便盆，然后是学习使用马桶。人们倾向于认为，男孩形成规律的大小便的时间要比女孩晚一些。但是如果你因此就不对男孩做任何要求，情况会更糟的。

到了3岁的时候，你儿子就已经能够协调四肢了。他能踢、扔和抓住球。他们自己吃饭、喝东西，甚至还能穿上简单的衣物，例如不太紧的裤子和衬衣。3岁的孩子协调能力已经很好了。很快，他就能正确地拿起蜡笔了。

依恋发展

在这个时期，你儿子的各个方面都在发展。所以，一旦婴儿与妈妈、爸爸，或者一两个其他的看护人建立了强烈的安全型依恋关系，他就建立了进一步发展的基础。从这个安全的感情堡垒出发，他现在就开始探索世界了。不过他依然需要回到这个堡垒来补充情感方面的能量。任何的压力，例如疾病，或者小弟弟、小妹妹的出生，都可能会导致他重新黏着你，哭泣，并不断地监视你。有时候，他看起来可能对你完全失去了兴趣，在另一些时候，他又会在后边跟着你，想要和你一起做每一件事。他可能会喜欢拥有属于自己的盘子、锅和其他器具，从而“帮助”你做饭。

晚上你想要出去的时候是最困难的时刻。到了2岁半，很多孩子会对分离感到极度恐惧，因此会表现出激烈的情绪和愤怒，甚至呕吐，从而阻止你外出。这些情况可能很难处理，特别是当你确实想要去某个地方的时候。在这种情况下，最好的解决办法就是，找一个儿子熟悉的监护人来看着他，这样他就可以在你走出家门的时候，一边悲伤地哭泣，一边无助地跟你挥手拜拜了。同时，看护人还可以打电话告诉你：你走了以后，你儿子很快就好了，并高兴起来了。

社会性发展

友谊对于2岁大的孩子来说很重要，只是他们还不太善于建立友谊，他们只是被其他孩子的魅力所吸引，男孩和女孩都如此（性别分化还没有开始）：他们喜欢聚堆儿。跟其他孩子在一起有助于孩子语言能力和解决问题能力的发展。然而，真正的友谊需要同情心和谦让。2岁的孩子才刚刚开始形成同情的能力，他们还不懂得互惠。

当一个2岁的孩子打了另一个孩子，大多数时候他并不知道他已经伤害了别人，即使他知道，他也只会在别人还手以后感到委屈和不知所措。男孩可能会不假思索地从另一个正蹲下身子玩盒子里的玩具的孩子头上迈过去；他还会在撞到一个小朋友的时候，为两人的拥抱而感到高兴，他也是无意的。当然，当他真的受挫了，他会打或者咬别人。这些事情都发生在此时的“朋友”之间。

显然，2岁孩子之间的友谊需要大人的指导。开始的时候，一群2岁大的孩子会四散游走，虽然他们其实是属于一个组的。他们觉得别人很安全，也没有危险感，需要成人预先判断是否会出现麻烦。如果出现，则需要成人参与进来将他们分开或者拉走。如果你为他们提供了规则和指导建议（以及必要时候的牵制战术），男孩们将会建立亲密的感情联系，会互相表达友好、微笑和拥抱。接着，他们就会维持一段时间的“平行游戏”——虽然是自己玩自己的，但是互相离得很近。如果你做到了这些，并且成功地防止他们互相打架，那么等他们到3岁大的时候，他们就能够真正地重视他们的亲密朋友了。他们能够叫出对方的名字，想要见到他们，并且会在他们不在的时候想念他们。

到了3岁，你的儿子将会懂得如何分享，他将能够跟同组的男孩一起玩了。就是从这个时候开始，他只愿意跟男孩玩了。你可能会很希望看到他跟女孩一起玩儿，认为这会保证他将来长大以后成为一个善解人意的男人，对女人有健康合理的态度。在学前期，他的亲密朋友里面可能有女孩，也可能没有。这个时候，不必太执着于这个性别平衡的问题，这不会持续很久的。你的儿子将会花一生的时间形成某种策略和必需的情感模式，来与女孩和女人建立健康的关系模式。在这个年龄阶段对男性同伴的偏好是正常的，它是健康的自我意识发展的组成部分。

关于2岁男孩之间的游戏，有一点需要特别注意的是，男孩和另一个孩子之间的这种“社会契约”——某个时刻，游戏的时间和情境——实际上非常短暂，甚至会以破裂的形式收场。可能爆发矛盾并不意味着这两个孩子不是朋友；过不了几分钟，最多到明天，他们又会在一起玩了。

认知发展

所有的孩子都是科学家，因为他们是非常专注的问题解决者。在2～3岁的时候，你会发现，科学家实际上能在心里做实验。4个月大的孩子会抓起东西塞到嘴里，12个月的孩子仍然需要靠触摸来理解物体，18个月的孩子可以把类似的物体分成一组。到了2～3岁的时候，你会发现他们不会再胡乱地把一个物体的不同部分弄到一起，而是研究不同的部分，观察接合的部分，然后在心里进行匹配。

这种做心理实验的能力——想象物体的关系——在游戏中也会体现出来。孩子们这时开始玩角色扮演的游戏了。例如，当玩跟消防队有关的玩具时，男孩会讲一个故事，然后按照故事来玩。他们会找到一个消防帽（就像本章后面所描述的关于泰勒的事情一样）戴上，完成幻想中的故事。他会拿着两只恐龙，让它们对着杯子打架，把杯子当作是恐龙的食物。这个年龄的孩子还懂得人与这个世界上的物体是不同的这个道理。他们知道人们会思考，有意愿和感受。他们与成人的区别在于，他们的思想中有多少是合理的、有多少是不合理的，这个比率跟成人是不一样的。他们会非常确定地认为自己床下有一只巨大的恐龙，当妈妈挥着手“施展法术”把恐龙撵走时，他们就很容易安静下来了。虽然他们已经观察到了这个世界的物理规律，但是他们并不总是相信这些规律适用于他们。毕竟，要成为一名科学家，他们该接受的教育还没有完成。

学业发展

这个世界多姿多彩，乐趣无穷。有书可读，有故事可听，有游戏可以玩。你为什么把这些有趣的事情都用来为上学做准备呢？其实你可以跟孩子一起计算、命名、涂鸦、阅读、玩幻想游戏，并把这些事情当作一种享受。他对你做的所有事情都感到好奇。跟他一起做饭，一起打扫卫生，一起在公园散步，分辨不同的树木、花草和鸟兽。在这个时期，他的词汇量从20个增加到了几百个。你儿子喜欢这种自然的学习节奏，不应该把这个过程变成令他讨厌的事情。可以每天都教他一些东西，但是请不要太严肃认真。不要用电视作为教育的工具。研究已经发现，3岁以下的孩子看电视会带来后期的注意缺陷问题，使他们变得好动，难以集中在某个事情上。

情绪的自我调控发展

学会管理自己的情感是儿童早期的一项重要成就。3岁的男孩比 2岁的男孩更擅长调控自己的心境，这是因为他有很多练习的机会。在他与妈妈分开，必须由别人来照看的这段时间里，他必须控制自己的分离恐惧以继续生存。他需要通过探索世界，倾听你对水龙头排水的声音、黑夜、野生动物以及吸尘器的解释，来控制自己的恐惧。他需要克服挫折来成长，他需要明白他的愤怒是无法令你屈服的。

如果小男孩被吓到了，他会通过看你的脸来评估这种威胁有多大。他们需要看到的是你平静而自信的脸。当他的妈妈或爸爸对他的恐惧没有耐心的时候，他就会感到痛苦。他不只是没有得到安慰，而且他看到了不满。对2岁的孩子来说，父母对他的肯定很重要。如果他觉得自己没有得到肯定，他会很焦虑的。

道德和精神信仰发展

2岁的男孩经常说“不”，但是他也会说“我爱你”，他基本上来说还是挺可爱的。而且，他还努力做一个有道德的人。这从他对自己说“不”，阻止自己做不允许做的事情就可以看得出来。当你看到这些现象的时候，实际上你就看到了内化过程的开始。你可以观察到孩子精神世界中与他的动物玩具有关的每一个方面：他对它的喜爱、关心和体贴。他此时对他的玩具熊表现出什么感情，他将来就会对他的好朋友、妻子表现出什么样的感情。他通过玩具熊来练习自己精神方面的发展。请记住，你要使自己的道德标准具有启发性，而不是死板的教条。“我们在家里不能打架”并不是说你不想看到打架，只是说你不想看到无所顾忌的打架。这也就是说，道德标准要以启发的方式来提示。

自我认同发展

这个时期的一项重要成绩是发现和认同自我。男孩通过表达他需要什么和不需要什么来了解自己。“不”是自我认同的表达，所有的男孩都会使用它，但是“是”也同样重要，它表达了他们的兴趣。

男孩在2～3岁之间了解到自己是个男孩，而且他对此感到骄傲。尽管此时他会管妇女叫“阿姨”，管男的叫“叔叔”，而且他能够根据图片上男孩和女孩的服饰说出他们之间的区别，但是他们还不能根据生殖器官来区分男孩和女孩。他对这部分内容仍然不理解。不过，通过他们的行为，他显然能够区分男孩和女孩。当给他看一些图片，图片上的人在做不同的事情，比如有的在开卡车，有的在看小孩儿，这时候他通常能够根据对性别的刻板转而将图片上的人物归到不同的类别中去。在这个时期，虽然他既模仿妈妈也模仿爸爸，但是他只愿意做男孩的事情。当他快3岁的时候，他就应该能够清楚地表达他对父亲的认同了。

用著名的儿童发展心理学家路易斯·贝茨（Louise Bates）和她的同事的话来说，18～20个月大的孩子“以自我为中心的程度让人不可思议”。儿童时期放纵的攻击行为也在2岁左右达到巅峰，而且男孩和女孩都是这样。男孩在18个月大到3岁这段时间，有时候日子会过得阳光明媚、爱心爆发，而有时候，则会出现不同程度的自我中心行为。所以，这个时期的主要发展动机是独立和自主。埃里克·埃里克森认为，这是人生发展的第二个阶段，而且这个阶段的特点表现为“他想要成为他自己”。孩子在24个月大的时候，可能很清楚他妈妈想让他做什么，可是他就是不听，非要做别的事情。为什么？因为此时从身体上来说，他可以独立行动，而且他正在迅速形成一种自我感，即他与别人是独立的，他也不一定成为别人所期望的他的感觉。

儿童心理自主性的建立是一个儿童心理发展过程中阶段性的革命性变化，并促使他的发展开始加速，从婴儿过渡到幼儿阶段。虽然并没有一个确切的时间点标志他何时发生转变，开始需要独立自主，并宣告他就是他自己，不是别人的附属。但是传统上一般把18个月看作是新阶段的开始。这是因为，孩子在这个年龄的时候，在身体条件上具备了离开父母的条件——并且他们自己也清楚地知道这一点——而且，他们开始用语言来表达自己的要求。要对付这种新的“独立性”，父母需要一些与以往不同的东西。

可怕的2岁叛逆期

当泰勒21个月大的时候，我在托儿所见到了他。他的小伙伴，一个15个月大的女孩辛迪，恰好走到他和托儿所阿姨之间的位置，并站在了那里。很明显，她忽视了泰勒的存在。无论她有意无意，她现在正处于众人瞩目的焦点位置。泰勒踢了辛迪的腿两下。她既没有退缩，也没有强烈的反抗——实际上，她只是看起来有点不安——但是阿姨立即警告泰勒："泰勒，不要踢辛迪！踢人是不对的。"在阿姨的话说完之前，泰勒又踢了一下，好像是作为补充。你可以看得出来，泰勒之所以这么做，其实是因为他知道没法跟成人抗衡，早晚会被压制住。同时，他只是想表明，他是一个独立的行为人。他之所以踢辛迪，是因为他能踢。这是一种纯粹的和单纯的自由意志的体现。

在被批评了两次以后，泰勒走开了。到此为止，事情似乎已经结束了。可是，他很快绕到了辛迪的后面，然后在三个成人六只眼睛的注视下，又慢慢地很轻地踢了辛迪两下——几乎就像表演一样。这就是自由意志和自我控制的双重体现。看到这种情况，你忍不住会笑。同时，我能看出来，他妈妈和他的幼儿园阿姨对此表现出了忧虑：如果他继续踢别人怎么办呢？那样做是不对的。

你是否还记得，不到1岁的婴儿无法将自己与妈妈区分开来。因为他非常需要妈妈的照顾，妈妈能够理解他的需要、他的心情以及他的渴望。她总是能够对他的需要做出响应，跟他一起兴奋，同情他，并关注他的痛苦。虽然从生理上来说，他注定会在身体方面逐渐独立，例如7个月的时候会爬，1岁的时候会走，但是在心理上，他还很无助和贫乏，无法表达自己的愤怒和独立。即使在他可以走路之后，他仍然需要有人在旁边抓着他的手防止他摔倒，而这个人通常是他的妈妈。

她看着他，向他伸出手来，抱他起来，给他拍掉身上的灰尘。他和她之间已经建立了一种亲密的关系，使他们就像一个人一样。然而，在某些情况下，他们这种亲密的关系开始慢慢变得疏离，并在某个时刻，他们会痛苦地分离为两个独立的人。**这是因为他现在开始能够表达自己的心情、满足自己的需求了。这通常是通过说“不”来实现的。**

传统上，人们把这个阶段叫作“可怕的2岁叛逆期”。在这个时期，孩子们忽然发现了他们自己潜在的巨大（负面）能量。大多数父母不得不拿出百倍的耐心来应付这可怕的2岁。可是大多数父母又会惊奇地发现，他们的孩子在24个月大的时候其实是非常可爱的。当然，从18～21个月大的时候也会比较艰难，因为这个时候的孩子非常任性，坚决要按照他们自己的方式做事。但是另一方面，父母对此并没觉得有什么不妥，因为这对孩子来说，是一种全新的感受，所以父母们觉得2岁以前的孩子还是蛮不错的。与此相反，在2岁半左右再次出现的侵犯行为和愤怒情绪似乎更加故意和任性，甚至是“蹬鼻子上脸”。这些现象让你精疲力竭。托儿所的老师或者看护人似乎不会像父母，尤其是妈妈那样对这个时期的孩子产生如此强烈的反应，特别是那种不高兴的感受。

此时，你对小男孩的过度活动和自主要求如何应对就显得非常重要了。父母经常会跟小男孩生气，而对小女孩则不会。为什么呢？与女孩相比，男孩在父母和看护人那里会诱发出哪些不一样的反应呢？

自己动手制作孩子的益智玩具

最新的脑科学研究为儿童早期大脑如何工作、如何学习、如何发育提供了大量的、有趣的知识。同时，还有一个很明显的现象：很多父母都迫切地想要帮助自己的孩子更加健康地发展。于是，那些生产和销售益智玩具、游戏和其他东西的厂商就盯上了这些心急的父母。那些玩具之类的东西被宣传为儿童发展推进器。

已经长大成人的男孩（已经在工作和生活中取得成功的年轻男性）父母跟我们分享了如下一些小贴士。这些小贴士告诉你哪些活动、游戏、玩具在他们儿子小时候曾对他们儿子的发展（包括脑的发育）有过帮助：

- 跟父母一起做饭，打扫卫生，做一般的家务以及庭院里的工作（当孩子长大一点儿的时候，可以做一些修理的家务活动）。
- 院子里的游戏——踢球、扔球、蹦跳的游戏。在附近的街区或者公园里走走，或者跑个腿儿。
- 简单的桌面游戏、猜字谜、堆积木。
- 书籍（大声朗读，自己朗读，开车时听耳机里的朗读）。
- 音乐和乐器，唱歌。
- 家庭聚餐和闲谈，睡前聊天。
- 参加社区活动，做义工。
- 照看宠物，跟宠物一起玩。

男孩更容易受到挫折

男孩的活力要高于女孩，但是他们在语言发展方面要落后于女孩。他们更容易受到挫折（很大一部分原因是他们没有像女孩那样较早地获得口头语言）。而且他们非常专注于自己的游戏，而不像女孩那样经常查看成人的反应，所以他们显得不那么在乎成人的反应。所有这些都会令父母感到不舒服。一般来说，小男孩似乎比小女孩更容易表现出小脾气，结果就会惹父母生气。在这个阶段，男孩的生活中将会出现很多这样的爆发点。

在婴儿早期，活力的水平更多是由气质，而不是性别来决定的。然而，从10个月的时候开始，某些性别趋势开始显现：一般来说，女孩比男孩更倾向于抱怨。性别之间的这一点小差异在1～2岁之间逐渐变大，并持续扩大，直到学龄期。在学龄期的时候，无论什么气质类型，大部分男孩都比女孩好动。这种情况可能不会百分之百地出现在每一个男孩和每一个女孩身上。你们家的男孩可能非常好静、好脾气。同时，也有很多女孩非常好动。但是一般来说，这个年纪的男孩跟成人的对抗多于女孩跟成人的对抗。跟女孩相比，一群男孩在一起的时候会有更多的争吵，他们更难适应不同的情境，更容易出现紧张气氛，更愿意相互嘲讽，更加专注于他们想要的东西。男孩这种独特的专注性需要父母从单纯满足他们的需要转变到设法应对他们的活力水平上去。

没有“坏孩子”：活力显现的男孩

当我来到拉斯提的奶奶家楼下一间娱乐室探望拉斯提一家的时候，他一直都在微笑。他有23个月大，健康而又强壮。当妈妈周末出去工作的时候，他绝大部分时间都待在奶奶家里。现在是暑假里的一个周末，所以妈妈、奶奶，还有访客，都在关注他。他立即抓起一个绿色的大健身球，然后一边拍它，一边嘴里还和着拍球的节奏，念叨着“嗨、嗨、嗨”。过了一会儿，他扔下球，开始“跳舞”（他奶奶认为是在跳舞）。他有力地一上一下地跳动，显然很高兴。他跳了足足有一分钟。然后，他飞快地朝前跑去，屁股坐到了地上，下面垫着地毯和他的尿布。他继续整个舞蹈程序，而他的两位仰慕者（妈妈和奶奶）一直在看着他……不断地嘱咐他小心点儿。

拉斯提的活力水平随时都有可能突然演变成一个麻烦。他跑到我笔记本电脑亮着的屏幕前，充满了好奇，他的手指非常想触摸电脑闪亮的屏幕。他突然停了下来，说道："不碰。"显然，这是"不要碰"的意思。他妈妈解释说，"不碰"是拉斯提称呼所有电脑的名字，因为每当他想要碰电脑的时候，他就听到大人告诉他"不碰"。有两次，他就像着了迷一般，被强大的诱惑吸引过来，再次接近电脑。但是，他只是重复着"不碰"。他能够用语言表达想法。这表明，通过用词语提醒自己应该做什么，他已经开始能够控制自己的冲动行为了。然而，只是过了一小会儿，他就从屋子一端扔过来——我真的是说扔过来——一个网球，正好砸到计算机屏幕上（还好屏幕没有坏）。

拉斯提扔球的行为提醒我们，这个年龄的男孩已经足够强壮了，有时候他们能准确地做一些明显的破坏活动。幼儿还无法理解因果关系，因为他无法预见他的行为可能带来的后果，而且他非常任性，所以他可能会弄坏一些对成人来说很重要的东西，或者把手伸到烤肉架上或者伸进一盆热水里。父母必须一直看好男孩以防止他们被自己的能力所伤害（就像武侠里面的七伤拳）。父母必须努力对各种可能做出准确预期，既是为了保护那些玻璃器皿和瓷器，也是为了保护孩子的善意和好心情。

拉斯提的奶奶帕姆在这件事情上做得非常棒。在这个娱乐室里，所有可能会被打碎的东西都已经被挪走了，或者放得很高，是拉斯提够不到的地方。拉斯提能够够到的东西就是铺着地毯的地板、沙发，和几个塑料的玩具箱。房间里的这种布置并不是最完美的。虽然有妈妈和奶奶的预防加保护，他不至于伤到自己，但是因为他的胳膊很强壮，所以他仍然能把东西扔到很高的地方，打碎高处架子上易碎的东西。房间的设计以及妈妈和奶奶的预判在一定程度上能够防止拉斯提把东西弄坏，惹大人生气。

令人担心的是，我们对男孩的感知和先入为主可能会使我们对他们的意图的理解出现偏差，从而在他们本意并非如此的时候，把他们的破坏行为看作是故意的挑衅行为。当然，他们也会生气，也会搞破坏。就像丹尼尔，即使有大人看着，他也会打妈妈，踢托儿所里的小朋友。我的朋友把可爱的小家伙称作“终结者”，因为他的动作非常迅速，他对房子里各种东西具有极大的破坏性。我在PBS[1]上的纪录片《养育凯恩》（*Raising Cain*）记录了托儿所里的一个场景。在这个场景中，两个小男孩隔着墙把砖头扔向墙另一侧的另外两个男孩。砖头在墙头乱飞，男孩们大叫着狂笑。有人受伤只是个时间问题。然而，他们的意图并不是要伤害某人，对他们来说，扔砖头本身就是娱乐。

可是，在托儿所里的孩子也会厮打。虽然不是每天，但是至少有时候会。一位名叫理查德·特伦布莱（Richard Tremlay）的研究人员这样写道：“人类没有节制的侵犯行为在2岁时达到高峰，随后会缓慢地但是逐渐地受到控制。”就是说，人类先天注定了在2岁的时候要比人生其他阶段出现更多的厮打和相互攻击行为。谢天谢地的是，2岁的孩子没有1.8米高、80多千克重的魁梧体格！

我需要重复一下：**18个月到3岁的男孩不能理解因果关系，他们无法预见自己行为的后果，但是他们能够表达自己独立的和冲动的想法、需要、沮丧和胡思乱想。**当他们抓到和扔出什么东西，违抗了我们的意愿，或者更糟，一边踢别人，一边盯着我们看的时候，他们不是故意的。他们这样做只是因为他们无法控制自己一瞬间的冲动。不过，大多数时候，他们只是充满活力、愿意探索而已。

当然，在另外一些时候，挫折和真正的愤怒也会真正激发男孩的

1　PBS，全称为 Public Broadcasting Service，即美国公共电视网，也称美国广播协会或美国公共电视台。它由 354 个加盟电视台组成，成立于 1969 年，旨在运用非商业电视、网络和其他媒体所提供的高质量节目与教育服务，丰富人们生活。——译者注

行为。他们当然也会生气或烦恼，这只是因为生气和烦恼的感受完全占据了他们的内心。这个时候，任何一个父母都会感觉到自己心里所升腾起的怒火。

虽然爸爸可能会同情儿子的这种行为，因为他以前也这样过，但是他们慢慢也会发现有时无法忍受。

作为父母，你需要理解的是：小男孩所知有限，他们还不能控制自己的愤怒，他们需要训练，但是请你永远不要反击。通常来说，对小孩子的体罚源自我们报复性的冲动。“可怕的2岁叛逆期”这个说法能够提示我们：这种情况只是一个过渡性的阶段而已，它不是某个孩子特有的人格特点，它会随着他心理的发展而自然出现，当然，也会随着心理的发展而自然消失。关键是，我们要把这个阶段看作是过渡到重要的成人品质的桥梁。就像一位爸爸所说的：“我觉得他很像我，意志坚定，但是同时也会冷静观察。”你儿子需要你给他一些鼓励，同时给他一些挑战，他需要你支持他真正地独立自主。真正的独立自主就是拿掉尿布，去冒险，说“不”，在倒计时的威胁之后更强势地反弹。一位妈妈这样写信给我：“我想，倒数计时的威胁（我数三声，三！二！一！）没有用。现在他一边盯着我看，一边干坏事，完全不理会什么倒计时威胁。”好吧，我想这非常可怕。

一位爸爸对我说，在这个问题上，儿子能够开放地表达自己的想法，这让他很放心，“当他真的生气的时候，他愿意尖叫。我小时候从没有那样做过，或者至少由于害怕，我不得不叫两下就停下来”。

对这些小男孩来说，能够学会更好地控制他们的冲动并不需要太久的时间。他们会学会的，因为他们爱我们。无数次，父母会对他们进行约束、阻止，将他们抱起、提醒以及责罚。所有的父母都需要给他们2岁大的孩子提供这样的约束和规则。

对我们来说，很重要的是要理解这样一点：虽然他们的感情可能非常强烈，但是他们的意图却不总是邪恶的或者残酷无情的。幼儿只是在体验他们的独立自主或者他们瞬间的愤怒和冲动。“停下”“不”“不要那样做”，或者转移注意力，“哦，看这个！”要远远好于对孩子说“你真是个坏孩子”。**在18个月到3岁之间，实际上没有所谓的“坏孩子”这一说法，有的只是那个试图证明自己的小男孩。**

2岁男孩开始对生殖器官好奇

在幼儿时期，除了明显的性别特征，男孩和女孩之间在身体上的差异会日益明显。男孩的骨骼和肌肉比女孩更多、更大，平均高出约1千克，他们也开始展现出更高的活力水平，从而与女孩区分开来。然而，对于小孩儿来说，气质仍然起着主导的作用。所以你家孩子是外向还是害羞，是胆小还是无畏，这些特征在定义他的行为时远比性别更加重要。在3～4岁的时候，他成为“男人帮”的一员，而上述所有这些方面也都发生了改变。

男孩在婴儿的时候就发现了他们的阴茎，并经常触碰和拉扯阴茎。根据妈妈们的报告，有36%的1岁孩子会玩弄他们的生殖器官，而男孩的比率要高于女孩。但是在2岁以前，发现和玩弄阴茎通常只是不经意间的行为，也许尿布使男孩够不到自己的阴茎。但是，从2岁开始，他对自己的生殖器官非常感兴趣了，并对别人——包括男孩和女孩——的生殖器官感到好奇，这种好奇是正常的。

对男孩来说，他们经常焦虑地握着他们的阴茎。虽然大多数人——甚至是心理学家——都嘲笑弗洛伊德的观点，但是必须承认，男孩关于性别差异的第一个理论，正是弗洛伊德所提出来的，叫作“阉割恐惧理论”。一旦男孩看到了女孩的身体，他可能就会认为，女孩本来也像他一样有阴茎，但是不知道什么原因没有了——可能是什么人把它割掉了——这使他感到焦虑。而且他发现，抓住自己的阴茎会让他感到舒适和快乐。妈妈们说，在学前期，有超过一半的孩子会对他们自己的或者别人的生殖器官进行探索。性别研究者认为，这个比率实际上可能更高（一些妈妈由于担心或者对孩子的行为感到不好意思，所以不愿意向研究人员报告）。

依恋第二幕：妈妈只能等待召唤

我曾经描述过一个非常冲动的男孩。那么，在这个男孩18个月大的时候，他与妈妈、爸爸以及其他可能的看护者之间的亲密关系又发生了怎样的变化呢？妈妈与孩子之间高度协调的响应模式现在被一种时聚时散的伙伴关系所代替，孩子此时能够容忍长时间的分离。当然，亲子之间强烈的爱恋和互惠仍然在那儿没有消失，只是呈现出另一些不同的形式。

12个月大的孩子与妈妈重聚时所需要的东西跟一个18个月大的孩子所需要的东西完全不同。明尼苏达大学著名的依恋研究专家艾伦·斯洛夫（Alan Sroufe）说道："如果你思考一下……你就会发现，跟12个月大的孩子比，18个月大的孩子跟你我更加接近。"他描述了1岁大的孩子在跟妈妈分开几分钟之后再回来时，他就要求妈妈抱一段时间，他哭着爬向她，爬到她的腿上，最后当他躺在妈妈的怀里的时候，他"紧紧地抓着妈妈"。相反，18个月大的孩子只要求抱一小会儿，很快，他就从妈妈的手臂里扭动出来，滑到地上自己站着。

幼儿阶段的男孩只是需要知道，当他有需要的时候，他们可以再次跟妈妈、爸爸和其他看护人建立联系。过一会儿，他们就会要求下来并重新开始游戏。他们的游戏可能包含了妈妈，但是现在这更多的是象征性的——例如，假装给她倒果汁。需要注意的是，此时控制游戏的是孩子，妈妈只能等待召唤。

研究告诉我们，游戏的时候，与女孩相比，男孩察看妈妈的次数更少。当女孩在妈妈旁边玩的时候，她们会花更多时间盯着妈妈，需要妈妈提供更多的赞许。这是否意味着跟女孩相比，男孩对妈妈的需要更少呢？完全不是这样。他们仍然需要妈妈或者其他看护人在旁边。毕竟，他们还很小，还有很多事情做不了，但是他们不再需要与成人进行持续不断的交流互动。**他们对于依靠自己来解决问题更加感兴趣，也需要体验如何靠自己来解决问题。**

有一次，当我在托儿所观察泰勒的时候，我发现他放在桌子上的塑料消防帽从桌子上掉了下来，挤到了桌子后面和墙之间很难够到的狭小空间里。要想把帽子拿出来，绝非易事。可是，泰勒选择的绝对是最困难的一种方法。他抻着腰，使劲儿从座椅中间挤过去，想要挤到座椅和桌面之间的狭小空间里去。显然，他希望在那里能够朝下够到帽子，并把帽子拽上来。但是在他拽帽子的时候，他失去了平衡。他发现自己很别扭地被挂在了那里，进不能进，退不能退。看着他的三个成年人都想要给他一些建议。你可以看到他妈妈还有幼儿园阿姨的手都在焦急地摆动着，就好像她们想要给他演示解决这个问题的最好办法。但是他没有要求她们帮忙，即使他感到她们想要帮他，他也没有理她们，他就是想要按照自己的笨办法来解决问题。

幼儿通常需要妈妈参与他们的游戏，想让妈妈欣赏他们所做的一切，同时，他们还需要独立自主。他们可能不断地来到你身边，带给你他的玩具，把玩具堆到你的腿上，然后突然跑开，相信你会看好这些玩具。

一位研究者写道：在这个时期，看护人应该作为一种“脚手架式的帮扶者”。可是这说起来容易，做起来难。你不断地在跟孩子互动、旁观、远距离支持他之间进行切换。正常的安全型依恋的男孩会不断地让妈妈在远一点儿、近一点儿，然后再远一点儿之间不断变换。这种变化和心情的切换会让孩子和家长都筋疲力尽。

一些妈妈由于对孩子的需求不知所措，所以开始退缩了。这会使幼儿产生需求匮乏，他可能会变得更像婴儿或者发怒。这是他唯一的方式，用来告诉你他需要你更多的参与。另一些妈妈不能忍受被孩子赶到一边儿，仍然围着孩子不许他们离开。爸爸通常会对这种快速的波动产生愤怒，好像他的儿子在向他挑衅。当父母不能满足孩子所需要的依恋和独立需求的时候，又会怎么样呢？

排便训练：天性与你同在

“有一天，当我回到家的时候，我发现有人把他的名字尿到了车库的墙上。”一位妈妈给我写信时说（她有三个正处于青春期的儿子），“我问他，‘你往车库的墙上撒尿了？’他当然否认了。我又接着说，‘那你哥哥为什么尿出你的名字？下次你往墙上撒尿的时候，不要像写签名一样’。”

因为我早就知道男孩会把他兄弟的名字尿到墙上从而使他惹上麻烦这样的事情，但是我还不太确定这位妈妈是怎么知道谁是罪魁祸首的。不过，这并不重要。我之所以提到她的故事，有两个原因。

首先，这个故事表明，男孩们通过撒尿获得了一种随性的快乐，而且非常享受这种快乐。这种独特的男性艺术形式有各种变化，从“交锋式”——两个或者多个男孩一起，让他们尿出来的尿交叉在一起——到各种“射击式”（指向特定的目标）或者把他们的名字尿到某个偏僻的地方（这是个男孩的领域。在这里，男孩早期的书写技能超过了女孩）。“撒尿比赛”，被用来比喻两个对手之间毫无意义的竞争，这个词语就来源于其字面意思所显示的真实情况：男孩们互相比试看谁能尿得最远最久。如果你觉得这没有什么好玩的，那么很显然，你不是男的。

第二个原因是，这位妈妈的语调里有一种自我欣赏和推荐的富有幽默感的务实态度。

如果你的孩子还没有接受过排便训练，那么你听了这个故事之后，可能会感到紧张。但是我想要鼓励你不要紧张——不只是为你，更是为了你儿子。请相信，大多数2～3岁大的小男孩都不会拒绝排便训练，因为当他能够朝指定目标撒尿（例如马桶），并能够因此得到你的褒奖和巧克力奖励的时候，他当然不会坚持尿在婴儿尿片里，穿着那个冷冰冰、湿漉漉的东西。在这方面，人的天性是站在你这一边的。每个男孩都想成为男人，而婴儿尿片是第一个需要抛弃的东西。

你可以相信儿童的发展规律会跟你一起训练你儿子进行排便。男孩在2～4岁的时候天生就有想要控制膀胱和马桶的欲望，而且你还可以充分利用他们天生的体貌特征和爱好运动来激发他们的兴趣，促使他们成功。对于一个男孩来说，排便训练是最好的亲身实践机会。即使是最顽皮好动的男孩也能够静静地长时间等待完成这项工作，所以你可以放轻松些。

那么，你怎么知道儿子什么时候准备好开始接受训练了呢？大多数男孩在2～3岁的时候就可以开始排便训练了，而且你会发现这一点的。因为他们到这个时候想要模仿父母或者哥哥撒尿的方式。有一些男孩稍微晚一点，要到4岁左右，男孩开始的时间比女孩晚，持续的时间也要更长一些。所以不要盲目地参照他姐姐或者别的女孩的情况。下面是一些提示：

- 在两次换尿片之间，他没有撒尿，保持干爽。这表明他的膀胱和肠道已经发育成熟，准备好接受排便训练了。
- 他对干爽和清洁表现出兴趣。如果尿片潮湿或者弄脏了，他会抱怨，或者干脆要求换尿片。

● 他喜欢你买回家的带“蜘蛛侠”图案的内裤。他认为那是一种激励！

训练过程中的详细技巧取决于你个人的偏好——要选择那些对你、你儿子，还有你们的具体情况都适合的。你可能能够从传统的途径得到一些详细的指导，包括朋友、你孩子的儿科医生以及互联网。关键的事情是，你要看你儿子是否表现出做好准备的迹象——儿童在发展过程中喜欢接受挑战——否则就会陷入麻烦的你争我夺的战斗中。

无论你选择了什么办法，孩子都需要几个月才能掌握这个能力。尽量不要给他施加压力。保持宽容，提供支持，尽量褒奖，提供奖励，有意外的时候要有耐心，任何情况下都不要苛责或者贬低他。尽量让你的努力跟小男孩的发育规律吻合。下面是一些辅助的策略：

● 男孩喜欢动作胜于语言。可以解释概念，但是要尽量简短。我曾看到男孩拉着妈妈朝厕所去，动作远远快于他们找到合适的词语解释他们的目的。关键是给儿子提供一个表达他的需要的交流途径，而不是要求他必须先掌握语言。越是紧急的时候，使用语言就越是困难。

● 男孩愿意模仿其他男孩和男人。让他跟哥哥或者爸爸一起去男厕所会比跟他讨论“男孩应该去男厕所”更容易让他理解。

● 男孩喜欢厕所幽默和菜鸟图画书，例如《大家来噗噗》（*Everyone Poops*）和《我们放的屁：屁的故事》（*The Gas We Pass: The Story of Farts*）。除此以外，还有很多其他优秀的儿童读物，这些读物以形象化的语言把上厕所这件事讲给男孩听，很受他们喜爱。

● 给他一些在家里不穿裤子或尿片玩耍的机会，旁边可以放上小马桶，鼓励他坐在上面。虽然这样可能会把地板弄湿，但是，他不穿尿片的时间越长，学得就越快。

● 使他感兴趣。妈妈们告诉我，她们曾把一些好吃的，如小饼干，放到马桶旁边，以此来引诱他。

- 当训练遇到强烈的抵抗时，可以暂停一下，然后再重新开始。

2岁男孩需要独自探索

有一次，一家幼儿园的园长向我咨询，他们园里有一个2岁8个月的男孩，她充满歉意地称呼他为“宝贝休伊”。“他太胖，不成熟，而且太被动。”“他完全无法跟其他小朋友建立友谊，他似乎不知道该怎么跟他们相处。”她还说，他坐着的时候，双腿弯向后边，膝盖向两侧展开，像个“W”的形状。这从发展的角度来说，是一种不成熟的坐姿，因为这种坐姿更适合一个1岁大的孩子，而不是2岁半大的孩子。他坐着一动不动。当园长和孩子的妈妈说起这个孩子的时候，妈妈坚持说达里尔没有问题。她说他一点儿都不被动，“他在家里很聪明，有创造性”。可是，园里的老师们并没有在达里尔身上看到妈妈所说的这些特点。因为他们不知道是怎么回事，所以坚持认为应该对达里尔进行一下检查。

结果，达里尔有高于平均水平的智力，他的语言发展相对于他的年龄也是正常的。没有什么健康方面的原因可以解释他的发展滞后和情感上的不成熟。他的肌张度也没有问题。可是，他似乎没有控制肌张的神经反射基础。也许，他从未做过这方面的练习。园里的老师们这下被难住了，最后，他们只好让他妈妈跟他在园里一起待一个小时，这样他们就能观察并录下妈妈和孩子一起游戏的情况了。他们想要知道他妈妈跟达里尔在一起时是怎么做的。

录像告诉了我们什么？它显示，达里尔的妈妈持续不断地跟他说话。她说的话占了所有对话的9/10。而且，在他说了什么话之后，她笑得太过头了，她老是表扬他“聪明”“有趣”和“简直就是世界上最好的小喜剧演员”。更加令人忧虑的是，她无法理解他所传递的想要独自玩耍的信号。当他移动到左边去自己寻找玩具的时候，她会移动到他的面前，坚持要他跟她一起互动；当他转身朝另一个方向移动的时候，她就会在那个方向上阻止他。最后，他干脆放弃了，坐下来，被动地应付她，努力使她开心，虽然他看起来显然是受到了限制，不太高兴。

很明显，她觉得谈话和基于语言的游戏应该是儿童经验的核心。持续不断的口头交流，她那么多的问题和评论以及达里尔偶尔漫不经心的回答，都让她相信她的儿子得到了来自自己的充分关怀以及语言方面的充分发展。实际上却是，他跟妈妈待在一起的时间太多了，根本没有属于自己的时间。具体地说，他没有时间自己去尝试探索这个世界。不让孩子去探索可能会导致孩子成长的延迟，园长这样强调，然后园长补充道：“现在，每个人都从特殊需要的角度来了解男孩，同时，我们也在试图从身体方面，例如感觉运动缺陷方面，寻找合理的解释。可是有的时候，问题恰恰就是我们没有让孩子去做他们自己想要做的事情。”

达里尔的父母离婚了，他爸爸不在身边，他妈妈把全部心思都放在了达里尔身上。可能是源于爱，或者负疚感，又或者二者皆有，只要她没上班，就每一刻都陪着他。她相信，孩子通过与父母互动能够培养起自信和竞争力，她觉得她做了对达里尔来说最有利的事情。男孩需要与父母互动交流，这是事实。但是，这种需要在7个月大的婴儿身上和2岁大的幼儿身上是不一样的。在2岁的时候，他需要独自探索，在这个世界上留下他自己的印记。

男孩喜欢被需要的感觉

男孩喜欢被需要的感觉，他们喜欢贡献自己的力量。从很早的时候开始，当你在厨房忙碌的时候，你就可以让儿子给你帮忙了——不是形式上的，是实际上确实需要做的事情。你要求男孩帮忙，他会很愿意提供帮助的，而且他会明白这不是什么大不了的事。

当你让儿子帮忙的时候，你实际上正在教育他。在第二章我提到过托马斯·里克纳的书——《品格教育》。在书中，里克纳认为孩子的道德品质有三个部分：心灵习惯、心理习惯和操作习惯。当你形成了好的品格，你就会愿意帮助别人（心灵习惯），你知道在什么情况下需要提供帮助（心理习惯），你会顺从心灵的指引真的提供帮助（操作习惯）。家务事就是里克纳所说的操作习惯。通过让儿子帮忙你可以让儿子体验帮助别人的感觉，同时也是一个让他感受自己价值的机会。这种机会在学校里通常是不会有的。

而且，很容易就可以找到他们喜欢做的工作，例如，洗土豆、挖洞、给你递钳子或者扳手。

当然，对小男孩来说，你还必须陪在那儿指导他。这些家务事实际上可以告诉你，你儿子什么时候准备好自个儿干了，什么时候仍然需要你帮忙——不是微型管理，而是见证他的工作、他的贡献。对了，还要感谢他的重要贡献。这不只是对小男孩来说的。实际上，在早到你都想象不到的时候，男孩就希望你能够感激他的帮助，而且他们会很高兴听你说“谢谢”的。

2岁半是玩具依恋的最高峰

现在，我让你跟我一起进行一项想象练习。请想象这样一幅画面：有一支你最喜欢的职业橄榄球队或者垒球队，球队里这些高大、健硕、活跃的小伙子们肩并肩地站着，都穿着整齐的队服。接着，请想象他们的手里都拿着泰迪熊、兔宝宝和毛绒被。如果你愿意，你还可以想象他们都吮吸着手指，扭动着毛绒被，把泰迪熊贴到脸颊上的样子。我为什么让你想象这样一幅画面呢？因为大多数男人都曾吮吸过手指，而且几乎所有的男人都曾经拥有过毛绒玩具。这个玩具就是他的一切。如果在2岁的时候，他们被别人把自己和自己的特殊伴侣（玩具）分开了，他们会疯掉的。对泰迪熊的依恋——心理学家称之为“过渡客体”——是使他们成为现在强壮而独立的男人的力量源泉之一。每个孩子都会找一个——可能是泰迪熊、兔宝宝，或者毛绒被——虽然他们之间的关系会持续很多年，但是2岁半是孩子与玩具依恋的最高峰。

如果你是2～3岁孩子的父母，你会对小孩子用来安慰自己的这些事情非常熟悉，包括吮吸手指（通常是把一根手指伸进嘴里），玩某些玩具或者毛绒被，睡前的摇啊摇，睡前不断地要求这、要求那。孩子不太会调节自己的紧张情绪，因为他们找不到苦恼的来源，也无法表达需要。但是，他们需要找寻一些方式来缓解自己的压力。在很小的时候，例如4个月大的时候，他们就能有目的地把手作为安慰自己的工具，所以你会看到婴儿把拳头放到他的嘴里。此后，你会发现他把拳头改成了手指，最后变成了拇指。有一些男孩会吮吸拇指很多年，特别是有压力的时候，这使他们的父母担心这会引起牙齿变形。但是在适当的时候，他可能会换成玩具，通常可能是某个动物或者毛绒被。

在儿童文学作品中，我们最喜爱的一个人物其实就是这样的一个玩具。你还记得吗？这个玩具属于一个真正的英国男孩，他的名字叫作克里斯托弗·罗宾。创造这个人物的作家，A.A.米尔恩（A.A.Milne），让这个男孩和他的玩具熊之间的友谊被永远传诵。

爱德华·拜尔（熊）出现了，他顺着楼梯，头朝下，一跳一跳地下来。在他的后面，是克里斯托弗·罗宾。据我们所知，这是他下楼的唯一方式。不过有时候，他觉得如果能够不这样一跳一跳的，而是停下来想一想，可能确实还有别的方式。无论如何，现在他已经到了楼下，准备好跟你见面了。这就是小熊维尼。

这位作家的天赋就在于捕捉到了男孩和熊之间不可分离的关系，以及玩具如何成为男孩幻想世界的中心的。实际上，这种关系已经被小说描述了很多遍，因为孩子喜欢这些故事，而且一些理论家相信这样有安慰作用的角色对于那些希望形成独立自我意识的孩子来说有巨大的帮助。

一个有慰藉作用的特别玩具其实就是孩子第一个可以持续扮演同时又是他独立创造出来的角色。这是什么意思呢？我的意思是说，虽然我们都购买玩具（而且可能买了很多），但是孩子会选择一个他认为独特的玩具，并将自己的生活融入其中。他开始把他的泰迪熊或者兔宝宝当作一个忠实的伴侣，一个令他感到安全的存在，某个为他服务的人。虽然父母可能会尽量给儿子提供一个这样的玩具，但是他本人可能不会挑选那个长得最好看的，也不一定会喜欢奶奶买给他的那个，他只是喜欢自己喜欢的那个。他甚至会爱一个冰冷坚硬的物体，例如玩具小汽车，而不是软软的兔宝宝。这是他的选择，父母必须尊重他的选择。

很快，他的慰藉玩具就成为他的世界中第一个活生生的事物了。它既可以慰藉他，也完全处于他的控制之下。我这里说“活生生的事物”是因为男孩的喜爱和希望已经给玩具熊或者毛绒毯带来了神奇的生命。从孩子的观点来看，这种感觉就像：因为我有一个玩具熊可以喜爱，而它也喜爱我，我就不再像以前那样总是需要妈妈了。妈妈和爸爸并不总是可靠的——有时候他们不会关注我，有时候他们让我不高兴——但是我的玩具熊会一直陪着我。它温暖着我，它拥抱着我，我抚摸着它，把它扔来扔去，我还可以揪它的毛。在我们的关系中，我说了算，所以我觉得我在主宰着我的世界。

脾气不好的女孩比脾气好的女孩更倾向于用玩具来使自己平静下来，男孩则与此相反。令人难过的是，当处于较大压力之下的时候，脾气不好的男孩会倾向于丢弃玩具或者在其他物体上发泄。研究人员相信，因为女孩在认知能力上更加成熟，所以在亲子分离的压力下能够更好地利用玩具来缓解压力。

既然男孩这么喜爱他的玩具或者毛绒被，那他为什么这么暴力地对待它呢？为什么克里斯托弗·罗宾走下楼的时候让维尼熊的头不断地撞到楼梯的台阶呢？为什么男孩会让自己的毛绒被变得又脏又臭而令人无法忍受，而当你想要给他洗一洗的时候他又不让呢？你要把玩具从他身边拿走还要放到洗衣机里面揉，他当然不乐意了。简单地说，从一个男孩的角度来看，他的玩具熊是他最完美的伙伴，而且它就应该是那个样子的，因为它吸纳了他所有的爱以及他的愤怒和怠慢。幼儿明白他有能力伤害妈妈，包括身体上的和情感上的；他知道他能让爸爸发疯，虽然即使那样会很可怕。对这个年龄的孩子来说，最可怕的事情就是让父母生气，然后他们会抛弃他。在他和玩具熊的世界里，玩具熊远比妈妈好，因为你可以对它为所欲为，而它对你始终不离不弃。

在感情上，玩具对一个孩子来说会变得非常重要。重要到什么程度呢？如果妈妈把它放错了地方，他会跟妈妈大发雷霆，甚至妈妈无法抚慰儿子因此造成的感情损失。虽然妈妈的爱也有帮助，可是他还是必须把玩具熊找回来。从心理学的角度来说，孩子对失去玩具熊产生的反应的大小可以用来测量这个玩具对他的重要程度。

我认识一位妈妈，她儿子非常喜欢一床婴儿被，这床婴儿被已经碎成了脏兮兮的碎布条。她曾试着更换一个，可是他拒绝替代品。她只好尽可能地等待，不过，到了他3岁的时候，婴儿被几乎都没剩下什么了。她有办法吗？她出去买了完全相同的布料回来——的确很难找——然后做了一床新的被子给他。在新被子的一侧，她缝了一个口袋，口袋里面装着他最爱的那个已经快没有了的旧被子。只要他愿意，他任何时候都可以打开口袋，看到他那个神圣的遗迹。他开始有点犹疑，不过最终接受了这个替代品，让它来继续慰藉自己。

大多数父母都见过并理解儿子对自我慰藉的需要，尽量不去管儿子吮吸拇指或者其他动物玩具的行为以避免跟儿子发生战争。有爱心的父母凭着直觉了解了儿子第一个钟爱的玩具对他有多么重要，以及这对于儿子的独立性和安全感的培养意味着什么。即使要时刻看好它，把它放到正确的箱子里，然后再找到它是一件累到脖子疼的事情，她们也会尊重儿子对它的爱的。

每个男孩都有一个慰藉玩具吗？不。有些男孩——我也是其中之一——坚持借助于他们那可靠的、不容易丢失的拇指；其他男孩则找到了不同的方式来安抚自己；此外，还有一些男孩则靠一系列玩具——一些男孩每天换一个，甚至是一件特别喜欢的衣服——来陪伴他们，而没有形成上面我所描述的那种依恋关系。然而，绝大多数男孩在1～3岁的时候都跟某个慰藉玩具形成了这种强烈的依恋关系，然后这种强烈的深厚的依恋关系逐渐消退。玩具熊在架子上待的时间会越来越久，或者只是被用来当作睡觉用的枕头了。我经常希望父母能够理解，当他6～8岁了，或者更大的时候，仍然要保留着玩具熊或者毛绒被，甚至是其他什么东西的现象，这并不表明他不成熟或者脆弱。

如何帮助男孩克服恐惧？

无论是对昆虫、下水道、厕所的恐惧，还是对某种食物的恐惧，小孩子总会先形成恐惧，然后克服恐惧。

你该怎么做才能帮助儿子呢？

● 不要惊慌。（如果惊慌了，说明你觉得这可能会成为儿子的恐惧对象。）如果你对他的恐惧感到担心，那么他就会这样想："哇！这确实是值得担心的事情啊！"然后你的儿子也会担心起来，这更加剧了他的恐惧。

● 尽量从儿子的视角来理解问题。有孩子的一个好处就是，你可以从一个全新的视角来观察世界。比如，如果你儿子害怕下水道，你就试着用"第一次"的眼光来观察，你会发现下水道的确是一个咕咕作声的吓人的黑洞，好像要把所有的东西都吸进那个漆黑的地方，你不知道它从哪儿来，也不知道谁在下面等着呢！

● 请理解：孩子有恐惧的对象是合理的。这是他不成熟的认知能力，经验缺乏，富有魔幻色彩的想象的产物。

● 用魔幻打败魔幻。用积极的态度和魔幻的仪式来使孩子获得魔力感，从而帮助他平静下来。然后认真地做给他看，对床下进行详细的搜索，看看有没有怪物，或者盯着下水道看一会儿，确定所有可怕的东西都已经被成功地赶走了为止。

● 不要担心"屈服"于他的恐惧。有时候，父母觉得如果他们承认了男孩的恐惧，并做出响应，那么他们就"屈服"了，并会进一步强化那个非理性的恐惧，从而使恐惧越来越大。这种担心实际上假定了孩子是静态的，不会进一步长大。实际上，随着年龄的增加，你儿子很有可能会忘记这些恐惧。他所记得的就是当他害怕和需要帮助的时候你是怎么对待他的。

● 勇敢点儿，温柔点儿。这是你对恐惧的态度——既承认他的恐惧，也承认你的不恐惧——这会帮助你儿子克服恐惧。类似"你不用害怕"这样的话没什么用。试图让孩子不要害怕之类的语言真的没有什么帮助。接受并肯定，不要不以为然。

●把每一种恐惧都当作是暂时的。借用一句俗语："风雨过后总会天晴的。"

语言：不同的时间表，相同的挫折经历

有两件事情会让幼儿感到从父母那里独立了：他身体上的能动性和他的语言。男孩获得了自我表达的能力对他来说是一个重要的解放，因为这意味着他不再需要妈妈或者爸爸陪在身边来解释他的需要了。他可以说他想要什么，他可以使别人理解自己，而且他可以说"不"。语言有力量，同样，语言也会带来很多的挫折。

儿童何时掌握语言跟个体发育有关，并且有很大的个体差异。**掌握语言的时间早晚还有性别差异，女孩比男孩早一些。**一些女孩在15个月大的时候可能就会流畅地"咿咿呀呀"了，2岁的时候就能说出可以理解的3～4个词组成的句子了。有的男孩说话也比较早，而另一些男孩在2岁的时候可能仍然不能说话，只能用动作示意，他们直到2岁半都不太会说。总之，个体发展过程中有巨大的差异，这也造成了一些父母的担忧。

到了18个月，儿童平均能使用10～20个词；到了21个月，他肯定拥有了20个或者更多的词语，包括人名，并且开始说双字词了。例如，拉斯提把电脑称作"不碰"。到了2岁，他可能会把3～4个词组合成一个句子，并开始使用代词，例如我、你、他等。不过，通常代词的使用要晚一些，所以他在称呼自己的时候还是叫自己的名字，如"拉斯提要喝"。

当家长发现他们的男孩不能像别人家的女孩那样很快地掌握语言，甚至比别的男孩还慢，他们就会担心。我们都希望我们的孩子能够正常地成长，所以任何看似发育迟缓的现象都会令他们紧张不安。

但是，对于男孩来说，语言发展缓慢的问题更加特别，因为许多父母都知道男孩比女孩更容易出现诸如自闭症之类的问题，而自闭症出现的首要症状就是用语言进行交流的能力发展显著滞后。

不要因为男孩的不驯而惊慌

看着自己的儿子在操场上打别人的头，一点都不好笑。因为看到了会很难堪，而必须上前阻止，也会让你尴尬得不好受，这对你来说已经够受的了。我妻子特里萨说，她清晰地记得有一次坐在公园里听到一群女孩的妈妈在用希腊语交头接耳地评论着其他男孩的行为，特别是当男孩们冲动不驯、惹是生非，或者无法控制的时候。在日常生活中，很多人都会互相比较养育水平。令人遗憾的是，有很多父母更愿意评论别人，而不是提供帮助。对那些“不能控制她们的儿子”的妈妈来说，社会压力是真实存在的，而且这种压力会让她们感觉非常糟糕。

拥有一个朋友，特别是一个有稍微大一点儿的男孩的母亲作为朋友，对你会很有帮助。她可以很现实地评价你儿子的行为，而且还可以为你养育儿子提供支持。你不应该觉得你儿子的冲动不驯或者好动多事是你的错，或者意味着他将来长大以后会成为冷血杀手。（几乎可以肯定他不会。）如果在操场上玩打架游戏和打别的孩子是将来攻击行为的征兆的话，那么大多数男性都将成为谋杀犯，而实际上他们不是。不要受别人的影响而产生错误的想法。

当你在想办法应对儿子的活跃和偶尔愤怒的时候，你应该记住三件事以避免惊慌失措：

- 在这个年纪，不停地动不是将来犯罪行为的征兆，你不必担心这会演变成什么不好的行为。

●偶尔地发脾气和有攻击行为是正常的，随着时间的推移和理解的加深，加上你的帮助，这些问题都会得到很好的控制。

●你儿子需要你帮助他准确地分辨什么是活动（应该得到鼓励），什么是攻击（应该阻止并安抚）。如果你不能分辨，那么他就更不能分辨了。

如果你让2岁的儿子成为有修养的人，那么他就会成为有修养的人，让他学会控制自己的冲动是一件困难的事情，但是他真的想成为你眼里的好孩子。你掌握着世界的天平，要学会使用它。当他还小的时候，他的世界需要一致性，这样，这些期待就会深深地根植于他人生中这段最充满“野性”的时期。

自闭症和言语障碍

自闭症是一种严重的交流障碍和社会适应性障碍。男孩出现自闭症的概率是女孩的5倍还多。自闭症的发生率一直在上升（现在大约每250个新生儿中就会有一个患上自闭症）。儿科大夫通常在18个月到3岁这段时间开始对患有自闭症障碍的儿童做出诊断。它是在智力缺陷和脑瘫之后，第三个最常见的发育性障碍。有下列症状的男孩都应该引起医生的注意：语言程式化或者重复词或短语，语言贫乏单调，拒绝改变并愿意独处，不喜欢父母或其他人抱着，或者好像没有恐惧或不知道疼，跟别人几乎没有或完全没有目光接触，对物体着迷。自闭症的早期诊断是很关键的。对自闭症的儿童来说，早期干预会给他们的生活带来显著的改善。

许多父母认为，说话早并且语言流畅的儿童不会患有自闭症。他们基本上是对的。不过，对自闭症的恐惧仍然会让父母们忧虑。问题是，所有的儿童都曾经喜欢程式化的语言并拒绝改变。也有很多时候，幼儿拒绝大人的拥抱，并从你的胳膊中间挤出来。有时候，大多数小男孩都会回避目光接触，而对玩具着迷。所以，那些正在寻找预兆的父母就会紧张起来，以为可能在儿子的行为中找到了什么需要担心的东西。实际上，某些我们后来以为是男性特征的行为特点也会在自闭症男孩身上看到。一位英国的自闭症研究人员西蒙·巴伦·科恩，认为自闭症的男人只是具有一种很糟糕的男性特征。这就是为什么一定要记住某些男孩的语言能力会比女孩和其他男孩发展得晚一些的原因。但是，语言发展迟滞本身并不是诊断自闭症的充要条件。

在2～3岁的时候，许多儿童会出现发音困难，也会出现理解困难，某些儿童可能会口吃，这些都是正常的。通常，只要我们等上一段时间，他们的言语问题就会消除，并稳定下来。不过，口吃是有性别差异的。男孩出现口吃的概率高于女孩，女孩自发康复的概率也高于男孩。

男孩的语言之殇：无言以对！

在美国的全托幼儿园，有一句警示语每天都要被说上一百次：“用你的嘴，不要用手！”特别是当幼儿园的老师把两个打架的孩子拉开的时候，一定会说这句话。可是，如果你说不出来，又该怎么办呢？或者当你非常激动的时候，你本来能说却突然说不出来了，怎么办？当别的孩子都能说，而你自己却说不出来，你又会做何感想？当大多数语言能力发展较快的女孩在15～18个月时开始流畅讲话的时候，大多数男孩还没有什么说话的迹象呢。直到他们拥有了10个词语组成的基本词汇量，他们的妈妈能够连听带猜了解他们的需求的时候，他们在家里的生活就没有什么问题了。可是在幼儿园，情形就大为不同了。那些语言技能更加成熟的孩子如果需要什么，他们可以更容易地得到满足，并且他们可以对那些还不能流畅表达的孩子颐指气使。当孩子身体的活动能力以及自信心增长以后，孩子之间的冲突就不可避免了。很多时候——绝大多数时候——儿童没有能力用语言来解决矛盾冲突。

当我的儿子威尔（现在16岁）18个月的时候，我们把他送到一个很大的、很可爱的幼儿园。幼儿园里有大大的屋子、高高的天花板、大量的玩具，以及较好的师生比率。前4个月，他过得不错。可是，当他上了2岁的班级时，问题就出现了，威尔的言语发展有点迟缓。他不能流畅地讲话，无法让别人理解他的意思。他有一些词语，我们作为他的父母，能够听出来，可是在有压力的情境下，他就不会说了。他是一个温和有礼貌的男孩，当另一个孩子从他手里抢走玩具的时候，他不能说话、不能反抗，可是他可以反击，他开始咬人。

虽然当幼儿园的老师跟我们谈过了威尔咬人这个问题之后，我们立即开始与幼儿园的管理员合作，但实际情况是，当你的孩子在幼儿园咬人，你就开始了一场艰难的历程。我们开始给威尔做检查，我们找人咨询了他的语言发展迟缓问题，然后把他送到了一位言语矫治师那里，这还没完。有一天，他跟一个很自信的小女孩发生了冲突，他抓破了人家的脸。结果，我们的儿子被逐出来了。

很多家长给我写信描述了类似的故事。**如果一个受挫的、冲动的男孩没有足够的词汇量，无法自如地表达自己，那么他在很多学前幼儿园的环境下都会出现困难。**我问过《聪明的宝宝学手语》（*Signing Smart with Babies and Toddlers*）这本书的合著者之一——米歇尔·安东尼博士，什么样的家长会去上她的婴儿手语课程。

“了解婴儿手语的家长通常从孩子1岁以前就开始学习了，在8～10个月的时候，”她说道，“然后就是那些‘惊慌失措’的家庭，大多数是有男孩的家庭，在孩子15个月大的时候开始涌入我的课程。因为他们发现，虽然他们的孩子是这么聪明，可是他不会说话！”他受到的挫折，他们也感受到了。

她说，妈妈们经常在儿子跟一起玩的伙伴出现诸如打、咬、扔东西和发火之类的社会攻击事件之后来找她。她们不仅担心儿子以及其他孩子的安全，还有些不好意思。“那些爱说话的小女孩都在玩，而那些男孩则在互相伤害，”安东尼说道，“作为父母，你不能很好地控制这些情况，所以这令你感到很尴尬。”

在她10个星期的课程中，安东尼努力教给孩子25个美式手势语，其中一些跟孩子有关，例如“球”和“扇子”，而另一些则是父母希望孩子掌握的，例如“牛奶”“完了”“床”和“停”。她还能教孩子用手做一个微小的指向动作，然后把手指转过来朝向自己，表示“该我了”，如果指向别人，表示“该你了”。如果妈妈看到她的儿子用手势语向另一个孩子表达“该我了”，另一个孩子可能不能理解这个手势，不过他可以预感到要出事了，这样就可以提前干预一下以避免冲突。

安东尼认为，在这个年纪，你可以把所有的行为问题看作是语言问题。虽然我并不完全同意这种观点，但是至少有一部分是对的。例如，一旦一个3岁的孩子有了足够的词汇量，他的言语足够清楚并能够让别人听得懂，那么，他打妈妈的念头、发火的机会、在幼儿园打小朋友的事情就会大量减少。如果一个男孩过了3岁，在有正常的词汇量并能够让别人理解他的言语的情况下依然试图打人，那么，这时候就应该跟他的儿科大夫谈谈了，他可能需要一个更加正式的检查。

在这么小的时候，男孩过度的攻击行为可能能够通过家庭治疗或者“游戏治疗”的途径成功解决。《游戏力》（*Playful Parenting*）一书的作者、心理学家、家庭和游戏治疗师劳伦斯·J.科恩（Lawrence J.Cohen）解释道，在“游戏治疗”中，治疗师用游戏作为媒介，通过游戏男孩可以表达他说不出来的感受。科恩强力倡导亲子游戏和自由游戏在儿童生活中的重要性，他特别指出这种游戏对小男孩来说尤其重要。

“游戏是孩子跟其他人建立联系的途径，游戏还是儿童连接语言和感受的桥梁。”科恩说，“游戏是他们表达自己的途径，特别是那些他们无法用语言表达的最深层的情感体验。在他们能够‘用他们的嘴来说’之前，他们可以通过游戏象征性地表达自己。即使是口语能力很强的男孩在压力、受挫或者生气的情况下也会出现说不出来的情况——这时候恰恰是他们最需要表达的时候。”

让爸爸参与进来，不要旁观

在儿子18个月大以前，有时候，那些真诚地希望参与到儿子生活中去的父亲会发现，即使他们的工作没有忙到没有时间照看儿子的程度，他们也会被母子之间的亲密关系排除在外的。

小孩子会跟很多人建立深切的依恋关系，记住这一点很重要。虽然依恋对象的人数不是无限的，但是在1岁以前，有三个核心人物，通常是妈妈、爸爸和年长的哥哥或姐姐，此后，有越来越多的人会进入到这个圈子里。这个圈子的最里层通常是妈妈、爸爸、（外）祖父、（外）祖母，或者某个哥哥、姐姐，逐渐扩大并包括其他的哥哥和姐姐们，叔叔、舅舅们，姑姑和姨妈们，家人的朋友们，然后是老师们。但是有一点很重要，需要你记住，你儿子希望自己来控制这个圈子的范围。一旦他度过了婴儿期，一旦他可以行走了，他就想要选出他主要的依恋对象，他想要根据自己的兴致来提升一些人，而降低另一些人在圈子中的地位。

通常，在18个月到2岁的时候，他想要把妈妈降级，而提升爸爸，

或者在如何利用妈妈和爸爸方面进行区分。为什么？因为他已经足够大了，他可以做到这些了，因为这是他宣布从妈妈那里获得独立的一种方式，因为他已经发现了自己的男孩身份，已经开始以全新的方式获得爸爸认同了。

爸爸们，这是你们的一个好机会。你儿子想要模仿你，他希望得到你的认同。这时正是在他心里建立你的地位的时刻。人类的大脑天生就是通过模仿进行学习的，2岁大的孩子会模仿所有的事情。当我们很小的时候，我们看到某人拿起一个水杯喝水，这时我们的手和嘴唇就会不自主地开始模仿这些动作。随着年龄的增长，我们逐渐去除了模仿的冲动，虽然这种冲动仍然存在于我们的身体里。

莉亚这样描述拉斯提和他的爸爸："今晚，我丈夫在咳嗽、清理嗓子。拉斯提立即开始做同样的事情。他还喜欢跟爸爸并排站在浴室里，装作刮胡子或者梳头发。当他来到我父母的房子后，他就喜欢跟我爸爸坐在一起，假装在读报纸或者改文章。"

现在，拉斯提模仿爸爸和妈妈的机会差不多。如果他看到妈妈梳头，他也会拿起他的梳子开始梳头。爸爸和妈妈说过的词和短语他都会学。但是随着时间的推移，他将会更倾向于模仿爸爸和爷爷。如果爸爸欣然接受这种模仿，如果他把模仿变成一种习惯，那么，他就能为自己和儿子之间的关系创造一块牢固的基石。儿子最重要的自我认同经验是这样的：我知道我是谁，因为我妈妈爱我；我知道我是谁，因为我跟爸爸一样。

在我的职业生涯中，我接待和采访了大量没有父亲的男孩，这令我完全相信，每一个男孩都希望有一位父亲作为自己模仿的榜样。18个月到2岁这个时期就是认同感快速发展的阶段。男孩希望他们在每一个方面都跟爸爸一样。一位3岁男孩的爸爸告诉我说："我们已经形成了一个习惯。我儿子每天早上把我叫醒，希望我起床，这样我们就可以‘交火’了。” 如果你不知道什么是“交火”，那我告诉你，它就是两个男性同时朝马桶里撒尿，让两股尿交叉在一起。对于一个刚刚开始站着撒尿的男孩来说，这该有多么好玩啊！

如果你想要成为你儿子人生早期一个有影响力的人物，你就必须参与到那些创造大人物的事情里来，实际上都是一些具体的细节，例如排便训练、控制冲动、判别是非。

爸爸应该利用儿子希望模仿和取乐的特点帮助训练他排便。当你坐在马桶上的时候，让他也坐在自己的小马桶上，你儿子所做的，无论对错，对你来说都很重要。

与你父亲那一代人不同，你可能会发现有更多的男人像你一样亲身参与到了儿子的养育过程中。一位3岁男孩的爸爸告诉我说他很满意能够参与到照顾儿子的工作中。不过，这样的父亲并不多。他希望有更多像他一样的男人能够愿意交流一下诸如孩子睡眠和排便训练的问题，就像传统上妈妈们所做的那样。无论你是否找到了志同道合的其他父亲，你儿子都会感激你的重视和交流。随着时间的推移，他会成为你的好跟班，一个能告诉你他需要你为他做什么的率直的顾问。

给男孩创造独立游戏的机会

每个男孩都需要学会自己玩。游戏是儿童时代最重要的活动，儿童最好的学习方式。最近，我们倾向于把游戏看作是社会性的或者有组织的或者其他你跟父母一起进行的活动。其实不是。最纯粹的游戏形式应该是儿童独自创造一个他所设想的属于他自己的特殊世界的活动。但是，对于一个已经非常依赖妈妈的孩子来说，向独自游戏的过渡时常让孩子感到孤独，甚至有时候会害怕。他会突然察看四周，然后觉得好像被抛弃了，或者需要走到你那里给你看什么东西。那么，你怎么才能教会他自己玩呢？你做不到。他必须靠摸索自己学会。你所能做的仅仅是创造一种情境，一种虽然他是自己在玩，但是你始终陪着他的情境。

一般18个月大的男孩在很多时候都需要妈妈或者看护人陪在身边；如果你很担心2岁大男孩的安全，所以你必须陪在附近，但是你不要总是跟他互动，你可以坐在那里干你的活（读书、做饭、付账，或者在笔记本电脑上工作）。主动权在于他，包括如何设计他的游戏以及何时需要叫你。如果这个房间很安全，你就不用因为担心他碰坏东西而干扰他了。这样最好了。如果房间里没有电视，他单独游戏的能力就会慢慢地但是稳步地持续增长。

如果你希望一个5岁大的孩子不要老是打扰你，如果你希望一个10岁大的孩子专心于自己的兴趣爱好，如果你希望一个12岁大的孩子能自己做他的家庭作业，最好的预备工作就是给他独立游戏的机会。在心里的最深层，他正在逐步形成一种感受："当我独处的时候，我很好。我能找到感兴趣的事情。我是一个很棒的有创造力的家伙。"

释放天性：培养一个纯真的男孩

户外活动适合2岁男孩的发展。户外的空间足够大，可以让他充分释放自己的能量，那里的东西也不会被他弄坏。他是一个天生的科学家。请尽可能地带他出去，包括夏天和冬天。他愿意走多快就走多快，你只要跟着就行了；让他自己去探索，捡起树枝和树叶，弄碎，然后扔出去，随他把身上弄脏。婴儿车对父母来说很方便，但过多使用会限制孩子走路和探索。一旦孩子能走和跑了，婴儿车就应该只用来把他带到某个地方，再带回来，或者在他确实累了的时候再用。

彼得是我的一个朋友，他也有一个3岁的男孩。他解释为什么从小就尽可能经常地把小诺亚带到户外来，并赤着脚，也不理会他妻子开始时的担心：“我不愿意给小诺亚穿上鞋子。他到处跑，他妈妈担心他在公园里可能会踩到什么脏的或危险的东西，但是我主要是想让他体验那种真实的接触自然的感觉。人们会问，‘他的鞋子呢？’我会说，‘他今天是哈克·贝里芬（美国著名的童话故事《哈克历险记》中的主角）。’我想让他对自己和自己驾驭物理世界的能力有一种信任感，并通过他的双手和双脚，与物理世界有一个实实在在的亲密接触。”

让男孩成为独立的自我

儿子从一个可爱的婴儿变成一个任性的2岁幼儿，对任何父母来说，这都是一个艰难的过渡。对于男孩的妈妈来说，看到儿子开始出现违抗、任性，甚至动手打人的情况，有时候会深深地震惊，甚至迷惘。为什么会这样呢？难道大多数妈妈都没有读过或者听过那个“可怕的2岁”的故事吗？为什么当她们的儿子由于成长的原因出现不合理的行为时，她们这么片面主观呢？

我认为，有三个原因可以解释为什么当孩子变成一个“小暴君”的时候，父母会感到不安。

第一，孩子日益增强的独立性对于深厚的亲子关系来说是一个意外的改变。

第二，行为不端的孩子会令你难堪，并遭到其他人的非议。如果你有个行为不端的儿子，那么其他妈妈的议论会更加苛刻。

第三，因为公开的攻击行为通常是女性意识所不能接受或者无法认同的，妈妈通常很难理解和接受男孩“攻击性”的爆发。你对儿子独立性的哲学观将会决定你如何应对他成长的这个关键时期。

你跟孩子所建立的关系在某种程度上可能是你人生中最充实的

感情关系了。你是他的世界中心，他也是你的世界中心。他不仅需要不断的关爱，令你精疲力竭，而且他对你的需要和爱慕也是不打折扣的。可是，令其终结的不是你的有意为之，而是你孩子用行动做的声明：他不再像以前那样与你深爱了。这是他的独立宣言。无论那是通过从你身边跑开的身体行动还是通过动手打你的行为进行的，它都一样令你震惊，因为这是你们之间关系的一次革命，它总是伴随着愤怒的感情，有时候还会有愤怒的行为。

无论你儿子的反叛是通过发火还是通过危险的和敌对的行为表达的，你都必须接受其背后的理由，因为那是合理的，你也必须站在他的立场上看待这个问题。他相信他必须通过战斗来反抗一个更有力的权威从而获得自己的独立，即使他还很小，还有需要，还不太定性，也是如此。最后，他将会伤害你的感情，令你感到无助。父母不喜欢无助感，所以有时候他们会错误地粗暴反击，或者也许是不再对孩子投以关心了。无论是哪种，对孩子都是伤害，令他不知所措。

也许你能镇压这次“革命”。你可以遏制孩子要求独立的愿望。你可以通过不断地挫败他独立的希望，从而将他对你的爱与他自己要求独立自主的抗争对立起来。

即使在你必须咬紧牙关，安静地对自己说“他才2岁”的时候，你也要给他一些独立的空间。**当他陷入麻烦的时候，热情地拥他入怀，逗他开心，重新帮他确定目标，跟他一起欢笑。让他感到你那成人的力量和控制力，而不是不断地否定他。**

一位妈妈曾对我说：“养育儿子是我所面对过的最艰难的挑战，不过同时也是回报最大的事情，关于他的每一件事都令我着迷。”

接受挑战，享受快乐！

第 4 章

回归野性：强大的小男孩

3～4岁

4岁大的男孩喜欢受到夸奖，喜欢炫耀，喜欢自夸“我跳得最高”或者“我会数数”。他对世界充满好奇，又有点儿自我膨胀。

他还相信他可以按照自己的愿望和想法来创造世界。他生活在一个充满魔力的世界里。那里生活着恐龙，发生着荒诞不经的故事，有幻想中的伙伴，以及天大的白日梦。

我一直把莫里斯·桑达克的《野兽国》（*Where the Wild Things Are*）中的马克思想象为一个3～5岁的小孩儿。他就像一个披着羊皮的狼，不断地调皮捣蛋，挑战着妈妈的忍耐极限（虽然我们不知道这对妈妈的伤害到底有多大，但是每一位父母都是有切身体会的），妈妈只好不断地命令他回到自己的房间去。虽然受到约束，他却仍然不愿放弃反抗，甚至在有所收敛的时候，他也威胁要把她吃掉。这个年纪的男孩在体验他们的力量。有时候，妈妈会因为他们猛烈的反抗而吃不消。3岁的男孩肯定会把你惹急的，因为他这个年纪就是这样的。2岁到2岁半的那个“可怕的2岁叛逆期”还没有过去，这种特点在3岁到3岁半的时候会再次出现，甚至在整个儿童时代的不同阶段都会反复出现。父母需要在心理上做好迎接这些挑战的准备。正如英国伟大的儿科医生，后来的心理分析师，唐纳德·温尼考特在他的书中所总结的那样：

正常的孩子是什么样的？就是吃饭、长大、甜甜地微笑吗？不，不是这样子的。如果一个正常的孩子对自己的父母有足够的信心，他就会做出各种意想不到的事情。在这个时期，他对自己潜藏的能量毫不吝啬。他骚扰别人、破坏东西、威胁别人、惹人厌烦、浪费东西、说谎和偷盗。这样说吧，任何会把人送入法庭（或者精神病院）的事情都会被处于婴儿和儿童早期的孩子在家里以正常的方式演练一遍。如果这个家能够承受得起他的破坏，那么他就会安定下来做游戏；但是首先他必须进行这样的检验，特别是当他对父母的态度和家庭的稳定程度有所怀疑的时候（这里我所说的绝不仅仅是家里的房子）。所以他必须在心里获得一种肯定，他是否是自由的，是否能够玩耍，是否能够画自己的图画，是否可以做一个不负责任的孩子。

“正常的男孩”是什么样的呢？就像下面这些父母对他们3～4岁

的孩子所描述的那样：

话多、阳光、好奇、外向、非常有正义感。

随和、适应力强。人，以及人与人的关系对他很重要。他表面上并不敏感，但其实很有同情心。他不是一个多愁善感的人，我才是。这一点他跟我太不像了。他告诉我要放松，要有耐心。

当他生气的时候，他会打人和大发雷霆。

他不喜欢惊奇。当遇到意想不到的或者令他失望的事情时，他会害怕，会哭泣。

他倔强易怒。同时，他也很快乐，喜欢不停地玩。

当我读唐纳德·温尼考特引用的读者来信的时候，有时候我喜欢把他精美的英文翻译成朴实的语句：如果你的孩子是正常的，那么他会撒谎、固执、叛逆、制造麻烦、挑战你的忍耐极限，并且周而复始，不知疲倦。如果你没有通过这些检验，给他提供他所需要的心理安全感，他将会被自己的能量所伤害，他将会失去安全感。即使男孩一直都在争取变得强壮和独立，但是，没有哪个男孩想要超过妈妈。如果他觉得自己比妈妈更强大，他就会害怕，做出攻击行为，通过这些来寻找其他某个人来重建他对“父母和家庭的牢固性”的信心。

发展的八条线索

未来的发展

现在，你的儿子是一个独立的个体，他知道你也是一个独立的个体。他知道自己的喜好。他目标坚定，信心十足。他能让你欣喜，也能让你发飙。他还非常清楚地知道：他是个男孩。他对男孩和女孩身体上的差异很感兴趣。

在2岁左右的这段时间，你儿子将要培养起他对男孩的认同感。跟所有的孩子一样，他希望他的爸爸、妈妈把他看作“好孩子”。可是同时，他也对做个“坏孩子”着迷。他和他的伙伴们将花很多时间在一起讨论像超人这样的超级英雄，可是同时，他们也会讨论这些超级英雄的死对头——“坏的超人”和其他的坏蛋，他会在自己的内心冲动和社会对理想男孩的要求之间苦苦挣扎。如果你，作为父母，退后一步，仔细观察一下，你就会发现，你儿子和他的伙伴们正在向更“男孩”的方向迈进。

身体发展

男孩天生是一个行动派。他用身体思考，如果他到了一个开放的空间，他就会奔跑。在3～4岁的时候，他喜欢奔跑、攀爬，以此来检验自己的平衡性，此时他开始能够很好地协调各种细微的和幅度大的身体动作了。并且他会在他所发掘出来的任何一种比赛中跟自己竞争，经常会吹嘘自己的成绩：“我最快！”即使男孩明知道他们会输，也忍不住要参加比赛。

如果你4岁的儿子有哥哥，那么他就会尽自己最大的力量在所有的事情上跟哥哥竞争，做各种尝试，而当他赶不上哥哥的时候，就会因为沮丧而流眼泪。

这个年纪的男孩很快就会成为运动健将。男孩将会开始模仿他们所看到的运动员，并假装扮演这些运动员，就像他们玩《金刚大战》《蜘蛛侠》和其他超级英雄游戏一样。

不过，他们此时的竞争性和运动性并不意味着此时的男孩已经可以参加有组织的运动项目了。跟伙伴们疯跑和自由的游戏对他们来说足够了，因为4岁时，绝大多数男孩都还无法专注地进行运动训练。虽然运动训练令爸爸们感觉良好，因为他们觉得自己在为儿子将来的运动成就铺路，可是实际上，你总是让他干这干那通常会让他焦虑，还不如让他自由自在地玩。他们也不能很好地接受挫折和失败，而这些都是正规运动的必要组成部分，这些挫折和失败会令他们铭记于心。

依恋发展

3岁以后，一个安全依恋型的男孩不用每时每刻都看到妈妈。他已经将妈妈的形象进行了内化，所以不需要妈妈时刻陪在身边。这个时候，虽然早上跟妈妈分开仍然会令他感到不安，但是他可以上幼儿园了。这时候最需要关注的问题是，男孩如何允许其他的大人进入到他们的核心依恋对象圈中：托儿所的阿姨、常聘的保姆、姑姑或者叔叔。他掌控着选拔人生中重要人物的权利，有时候他会将对父母的依恋需求迁移到老师身上。他可能还会敞开心扉来寻找一种对他来说可能具有纠正和治疗作用的经历。一个焦虑或者回避型的孩子可能会跟另一个能够比父母更好地理解他的风格和需求的大人建立友谊。依恋研究表明，无论是安全型还是焦虑型的依恋模式，大多数都很稳定，但是在一小部分儿童身上可能会发生变化。总体上来说，依恋模式通常会朝着更加健康的方向发展。

3~4岁的男孩仍然需要他的泰迪熊或者安全的毛绒被。本章所描述的每一个男孩都有一个可靠的、可以随身携带的伙伴，而且他们会骄傲地展示给我看，没有丝毫的尴尬。

社会性发展

热衷于友谊是学前期的特点。在3岁的时候，男孩喜欢交朋友。有一些男孩已经建立了长达数个星期的稳定友谊。不过，很多男孩仍然没有固定的朋友，碰到谁就跟谁玩，所以老师仍然可以让任意两个4岁男孩结伴玩儿："这是你的朋友，他想跟你玩。"并能让他们彼此接受。不过，这种包办的友谊也不会维持太久的。

男孩经常需要别的男孩来帮助他们进行一项计划。任何幻想中的游戏——经营一个农场，或者进行金刚大战，最特别的是进行一项建造工程——都需要一个团队。你将会看到一群男孩开始在一起用砖头建造一座城市、一条赛道，或者一个复杂的大理石滑梯。起初，他们无法协调工作，可能会喊叫着互相指挥，针锋相对：“不对，车库不能放在那儿。”然而，渐渐地领导者就会显现，最终他们会平静下来，形成一支更加安静的、目标更加明确的工作团队。

当他们从3岁长到4岁的时候，他们不会再像以前一样（“你不能参加我们”“走开”）快速地或轻易地就排除某个想加入团队的伙伴了。这个年纪的男孩对团队有很强的认同感。幼儿园的老师可以利用他们的这个特点来把孩子们组织起来进行一项需要共同参与的工作。

认知发展

在认知发展方面，3～4岁的男孩最显著的成绩是他们惊人的英雄式幻想和他们已经开始将幻想与现实进行整合的能力。沃克的恐龙游戏就具有所有这些元素：幻想中暴怒的对手，他的英雄式的反击，连贯紧凑的故事情节，再加上来自古生物学和电影中的一些真实情节。男孩的幻想可以在任何情节中使用。在某些方面，这个年纪是一生中创造性最流畅的时期。

此外，还有两个认知方面的突破值得一提：一个是驱使男孩不断地问“为什么”的强烈好奇心；另一个是他对过去和未来的意识，他开始能够理解时间的概念了，并试图掌握它。

学业发展

3～4岁的孩子每时每刻都在学习，即使他们不曾接受过任何学前训练，他们也会取得大量的学业进展，他们学习计数，并能够识别一些字母和汉字。到了4岁，一些男孩，特别是生日较早的4岁男孩，已经能够写出一些字母和汉字。 也许，他们还能写出他们的全名。而且他们将会引以为豪：“我会写字了。”他们能把积木按照长短排序，也能按照轻重排序。他们记得的事情数目惊人。所有这些都很有趣，也是自然的，不要过于强调学业。在3～4岁就会写自己的名字、会数数的男孩并不意味着他就优秀，我们更不能预测他将来在学业上的成就。

情绪的自我调控发展

这个年纪男孩的幻想反映在他忽上忽下、忽左忽右的情感中，路易斯·贝茨·艾姆斯把这个年纪的男孩描述为“上天入地”：先笑，后哭，经常安安静静，接着却不可思议地聒噪。男孩会快速地从一种情绪状态转变到另一种情绪状态。这就是说：男孩的气质表现在不同的情况会有很大的差异。你儿子谨慎的气质可能意味着他正处于“上天入地”的上天状态，他快乐的天性又会将他置于入地的状态。他会随时调整。一位爸爸捕捉到了他儿子在一天当中心情的变化：“白天，他跟电影《星球大战》中的黑武士战斗；晚上，他牵着我的手，怀里抱着从出生时就一直陪着他的小浣熊玩具睡觉。”

语言的继续发展意味着他将能够越来越好地控制自己的情绪，越来越安静，越来越严肃，并以这样的方式长大。然而，有一些男孩的愤怒和挫折远远超过了语言的控制能力，结果就会继续出现暴怒发火的行为。可是所有的男孩，包括那些仍然倾向于发火的男孩，都开始明白了一个道理：一个强大的男孩需要把自己的真实感受隐藏起来。因为一个表现失常的男孩将会遭到他朋友的很多白眼，所以他会尽力让自己跟别人一样。

道德和精神信仰发展

3～4岁的男孩能产生巨大的同情心、道德思考和精神渴求。他们执着于对与错、公平与正义。当一个4岁男孩看到一场森林大火的惨况时，他会哭泣。当晚间新闻里电视节目主持人报道一个家庭的悲剧时，男孩会专注地收看，然后对他妈妈说道：“他（主持人）是怎么说那些事情的？他怎么一点都不哭呢？”如果父母打架，一个3岁半的男孩会责备他们说：“你们那样做是不对的。”

对于一个能说话的4岁男孩来说，能够表达他英雄式的幻想，他正在形成中的自我认同，以及他自己的道德标签和精神信仰，是一件非常美好的事情。

自我认同发展

你不必费力去探究一个3～4岁男孩自我认同的形成模式。大多数男孩的谈话都是关于他是谁（“我很强大”或者“我是最快的”）和一会儿他将要变成谁（“我是天行者路克——《星球大战》中的主角”）的内容。他在游戏中拥有这么多身份，有人可能就会猜想，这些都跟他自我认同的形成有关。事实当然也是这样。而且他还会幻想长大以后的样子（“我将要成为一名消防员”）。

假如儿子对当个女孩更感兴趣，那么3～4岁可能是一个令某些父母感到困惑的年纪。一位爸爸写信给我说：“在有活动的时候，他会装扮得很‘时尚’。我说‘时尚’是根据我的标准，这是艳丽的女子风格——披肩、装饰着金属片的头巾、法杖。我必须提醒自己他是我见过的最‘男孩’的男孩之一，但是我不敢把我儿子跟眼前这个要去红龙虾餐馆吃饭的戴着金属片头巾的家伙对应起来。”

这个男孩是要表达他的性取向，还是他只是像普通4岁男孩那样在扮演幻想中的英雄呢？起初，这可能不太好说，因为这个年纪的男孩通常会被那些可以用来进行幻想游戏的华丽服饰所吸引——难道黑武士的面具真的比装饰了金属片的头巾和披肩更不出格吗？事实上，有一些男孩则可能确实不太确定他们是否想要成为男孩。

没有哪个父母曾经想过他们将会需要处理一个4岁孩子的性别认同和性取向问题，但是有一些父母可能有所准备。几乎每次当我来到学前班或者小学的时候，老师们都会跟我讲某个男孩铁了心只愿意跟女孩一起玩或者只愿意穿女孩的衣服，或者有更加少见的情况，有男孩声称他是个女孩。一般来说，老师们认为，总会有这样的男孩出现。

大多数学校都要求孩子必须有明确的男性或者女性身份认同。

男孩的能量：让父母害怕，让自己受伤

3～5岁男孩最棘手的问题：渴望力量，有攻击行为。大家都知道，孩子倾向于在父母面前发飙，在陌生人面前端庄。大家也熟知男孩会听爸爸的话，却反抗妈妈的话。

依照我的经验，有时候父母会对男孩的不端行为无所适从。这主要有两方面的原因：他们没有有效管教孩子的榜样模式；或者他们不知道为什么不端行为会发生在男孩身上，他们会产生困惑。如果你在自己的人生中不曾接受过有效的管教，那么你就会对管教感到陌生。试想，如果你们两个都不知道如何教育孩子，你可以从朋友和邻居、老师，甚至是书里面寻求帮助。我认识很多老师，当3岁孩子无所畏惧地打妈妈的时候，他们会对孩子说："你不能打妈妈，我不允许你这样做！"老师对孩子所使用的威严的语气向妈妈们证明，你其实是能管得住一个3岁男孩的。

可是，有时候父母会对男孩感到困惑。为什么父母会在是否管教男孩的问题上有所迟疑呢？或者，为什么他们会错误地以为对男孩的管束太过严格了呢？他们之所以这么认为，是因为他们感到震惊、惭愧，或者困惑：他们震惊，是因为他们无法相信他们那个可爱的宝贝突然变得这么反叛；他们惭愧是因为他们觉得自己不够称职，害怕自己真的养出一个"魔鬼"；他们困惑是因为无法判定男孩做出什么样的"攻击性"行为是可以容忍的，做出什么是不可以容忍的。最后一点很耐人寻味，而且难以回答。父母应该容忍男孩的哪些或者多少攻击行为呢？而且你如何区分什么是正常的行为，什么是攻击行为呢？

男孩的活动：攻击游戏与真正的攻击行为

这个年纪男孩的妈妈最常问的一个问题就是：“我儿子为什么这么有攻击性？”我马上反问道：“你能描述一下你所说的‘攻击性’具体指什么吗？”因为在很多情况下，妈妈们所说的攻击行为其实都是一个4岁男孩正常的、活跃的、渴望展示力量的、冲动的、独立自主的游戏活动。然而，对一个焦虑的妈妈来说，她儿子的行为预示着他的游戏活动可能会导致现实生活中的攻击行为，她想要确认是否会这样。布伦达这样描述她4岁儿子亚瑟的游戏活动：

每个东西都变成了武器。我已经跟我的孩子们达成了协议：我们不能买玩具枪、刀剑，或者其他任何种类的玩具武器。他们成长过程中基本上也没看过电视，可他们还是每天打打杀杀。每个男孩的家长都说，男孩就那样，这是正常的，他们甚至会朝他们喜爱的人射击，可这着实令我发疯。

她的担心是可以理解的。没有哪个妈妈希望养育一个不会管理自己攻击性情绪的男孩，到了3岁半或者4岁，他们显然已经能够控制很多愤怒和有意的攻击行为了。同时，他们可能大多数时间都热衷于娱乐。你如何把那些“好的”活动跟那些“不好的”攻击行为区分开呢？这很难。让我们再回到布伦达，听一下她接着是怎么描述亚瑟的：

亚瑟——冲撞、打碎东西的狠角色——我这样叫他。他一刻不停地活动。他是一个非常有爱心、惹人怜爱的孩子，可是同时，他就像安了开关一样，要么干劲十足地疯跑，要么躺下睡觉。他的眼睛一睁开，嘴就开始活动，然后立即起床跑出去。他不睡午觉。他简直就是小弟弟的典型代表——他喜欢跟姐姐们作对，他非常擅长这样。

布伦达想知道如何处理亚瑟过度活动的问题，其中一些活动似乎有攻击性，但是另一些可能没有。“一方面，我觉得他不知道拥抱和亲吻的区别，另一方面他会跳上你的背，爬上你的身体，”她强调，“在他看来，这都是一样的，没有什么区别。”她必须分辨出哪些是对姐姐们真正的攻击行为，比如打碎姐姐们的东西；哪些是假装的攻击行为，比如那些假装用枪射击的游戏。对男孩来说，哪些是可以接受的正常的行为，哪些是不可以接受的攻击行为呢?

这些问题很难回答，因为不同的社会和不同的民族对“天生的”——也就是可接受的——男孩行为的定义是不一样的。当我访问中东的国际学校时，他们告诉我，在小学课堂上也门男孩特别难以管束，因为他们的家庭认为有男子气概的男孩就应该是好动的、野性的，并且有点儿反叛的。所以当他们还小的时候，他们的父母并不对他们的行为进行约束。这样的孩子在课堂上会有那么一批。相反，韩国和日本的家庭要求男孩对老师高度服从，并且有高度的自我控制。一位生活在巴黎的美国妈妈告诉我，她在儿子3岁的时候把他送到了幼儿园。第一天放学的时候她去接他，发现他跟其他孩子一起安静地坐在板凳上。当他看到她的时候，他没有像她所预期的那样跑向她，直到他看了看老师的脸，老师慢慢地点了一下头默许之后，他才跑过来。“我不知道老师是怎么做到的！”这位妈妈惊讶地说道。

美国的幼儿教师们对过多攻击行为的担心是有一些原因的。研究人员已经表明，到了4岁，与法国儿童相比，美国儿童来到操场上以后会表现出更多的攻击行为，而且美国的男孩和女孩都显著缺少身体方面的情感表达。法国儿童会更多地互相拥抱和亲吻。研究者蒂芙妮·菲尔德（Tiffany Field）认为，这是美国和法国父母养育孩子的不同方式造成的结果，特别是法国父母比美国父母更多地抚摸孩子。

琳达·达尔是一位超过20年教龄的2年级老师。她提供了下面这个简明易懂的标准：

我知道男孩倾向于好动，但是在好动和居心不良之间，在好动和可憎之间都是有区别的。当他们讨人嫌的时候，应该给他们找点事儿做。你可以积累一些小事，或者可以从另一个角度看一些事情，这样你就不会再责备他的孩子气和调皮了。但是，当他们把别人踩在脚下或者伤害到别人的时候，必须制止他们。如果不这样做，那么你就得不到尊重。

那些将会出现明显攻击行为的男孩倾向于在上幼儿园之后表现出这些行为，那些将会比较平和的男孩在上幼儿园时则倾向于能够更加自制。部分原因在于先天的气质类型不同，一些男孩就是喜欢打打杀杀，而另一些则就是淡定平和。然而气质并不总能解释一切，发育成熟度、父母预期、家教风格，这些因素加在一起，使大多数5岁男孩都能够控制他的冲动性和攻击性。

从那些成功地把活跃的、有时候有点儿攻击性的小男孩培养成教养良好的大男孩的父母身上，我们能学到什么呢？

首先，他们认识到，随着年龄的增长，孩子自然的发展将会帮助他走向成熟。一个3岁的男孩完全无法控制自己的愤怒和反抗的欲望。当他们发怒的时候，你就会发现这一点。成熟的自然过程表明，他到5岁的时候会成为一个平和的男孩，因为5岁男孩一般来说会更有自控能力。你不必歇斯底里地管教他，过度的暴力有时候会适得其反。

第二，他们明白3岁半到4岁的男孩是一个出色的运动者。他的绝大部分行为都是受到欲望和展示自己的肌肉力量这种愿望驱使的，而不是受到愤怒驱使的。他想要跑、跳、踢、叫，他行动敏捷。他想要检验自己的平衡能力、新的肌肉力量和不断提高的肢体协调能力。他想要通过冒险来证明自己有多“坚强”。所有这些都是正常的男孩行为。

第三，他们跟自己的儿子有良好的沟通，所以他们能够在儿子刚刚出现愤怒和沮丧情绪的时候就理解他，并在这些情绪发展到极端之前想办法安慰他。想要缓解一个4岁男孩的怒火可不像对付一个2岁男孩那样简单。可是，因为他有了更加复杂的语言能力，所以他能告诉你到底是什么事情让他不爽。虽然他可能不喜欢你给他设定好的方案，但是他也不必再给你制造麻烦或者跟你打架了，他能告诉你原因。如果你能给儿子留一些时间来表达，同时真的注意倾听，那么很多因愤怒而导致的危机最后都会平安无事。

最后，他们能够区分游戏和真正的暴力。拿着玩具枪和激光剑玩不是危险的攻击行为，这只是游戏。当男孩挥舞着塑料剑的时候，有人会受伤吗？当然不会。但是，这是否意味着你必须阻止男孩之间所有可能具有攻击性的游戏呢？不，因为此类的很多游戏都是所有男孩深爱的游戏。男孩在3～5岁开始形成社会性的群体，并形成不同的相互作用模式，这些将成为男孩整个儿童时代和青少年时期游戏的特点。

对体罚说“不”

当我访问学校并跟家庭——教师协会的家长们讨论的时候，我经常被问到对打屁股和体罚问题的看法。一位爸爸说道：“我是在皮鞭下长大的，但是我不会把这些用在我儿子身上。不过，我有时候还是会打他。你怎么看？”我告诉他由于各种原因，我不赞成对孩子进行体罚。另一位爸爸告诉我：“我只用过两次皮带，不过毫无疑问这比别的什么方法都更能让他引以为戒。还没有什么办法像这样有效过。”很明显，他是想激发我说出什么比“皮鞭”更有效的备选方法来。

大多数家长都曾偶尔拍打过孩子的屁股。这是他们成长过程中自己的爸爸和妈妈惩罚他们的方法，所以他们在养育自己孩子的过程中也使用了这些方法。在养育孩子的过程中，当孩子做了什么冲动的、反叛的或者有意违抗的事情，你肯定经历过想要打他的冲动。如果孩子突然跑到了街上，我们会把他们拽回来，经常会拍打他们，因为他们的行为太危险了。这使我们感到无助，我不希望他再那样做。当一个孩子极端敌对，他似乎正在挑战我们的权威底线的时候，我们感觉完全被激怒了。我们想让他尊重家长的权威。如果一个孩子进行某种有预谋的反抗行动，我们自然想要增加惩罚的力度以做到与罪相抵，这就意味着打屁股或者“皮鞭伺候”。这些完全是人的正常反应，完全可以理解。

如果父母打孩子是再正常不过的事情了，如果这种现象已经存在很多年了，那么我为什么建议你不要打孩子呢？为什么很多国家法律都禁止体罚，甚至在家里也不行呢？打男孩是“心力枯竭”式的做法。大多数父母在打儿子的时候都感觉很糟糕，这是他们自己说的。他们希望他们有其他办法，可是他们没有。我也同意这一点。

有很多理由建议我们不要打男孩，尤其是2岁以下的男孩：

- 打屁股可能教不会儿子你想让他学会的教训。当你打男孩的时候，他对你的愤怒产生的恐惧和他对挨打产生的恐惧可能会完全占据他的内心，使他注意不到你希望他学会的东西。他所记得的东西就只是你是如何愤怒和失控的，而不是事件本身的“对”或者“错”。

●2岁以下的男孩不理解惩罚与犯罪的关系。婴儿和幼儿太冲动了，在认知上还没有形成很好的因果概念，他们不理解为什么受到惩罚。

●你在教给你儿子用殴打来解决问题。当你打孩子的时候，你在给孩子树立一个用殴打解决问题的榜样，即使他们短期内可能会服从你，可是从长期来看，他们可能会模仿你的行为，在学校或者你看不到的地方打别人。男孩特别擅长模仿父亲，所以自控良好的父亲也会有自控良好的儿子，爱发火、爱生气、容易失控的父亲也会有同样的儿子。

●一旦你使用了皮鞭，你就使其他惩罚方式失去了威力。一旦你开始依赖体罚，其他惩罚方式就会失效。当你提高嗓门或者威胁从他那拿走什么东西的时候，他可能不会相信你。他知道，只有你动用皮鞭的时候才是认真的。所以你已经丧失了大量的、本来可以用来应对不端行为的工具。

●体罚可能会破坏亲子关系，特别是父子关系。虽然打屁股或者踹两脚可能会使你儿子暂时服从你，可是从长远来看，它会导致儿子对你的权力产生怨恨。你得到的是短期的服从和长期的不敬。如果你曾听过我这些年在心理治疗中所听到的男孩们的抱怨的话，如果你曾听过有多少男孩16岁的时候，等着告诉父亲“你再打我一下试试”，并渴望反击的时候，你就会停手了。

●依赖体罚可能会导致身体虐待和创伤。如果你开始打孩子了，而且你们都对此习以为常了，那么它就会在你们之间失去应有的效力。你将不得不提高强度，有可能会导致虐待和创伤。

当孩子们过于冲动或者出现反抗行为时，还有很多其他办法来令他们铭记。无论男孩多么好动、多么淘气，他们都希望父母爱他们。如果他们看到他的所作所为令你们如此不安，如果他们看到你的愤怒，他们将会害怕，并会在将来服从你。

1. 布置好你的房子，这样小孩子就不会制造麻烦了。你可以把抽屉和橱柜锁上，把易碎的东西放到孩子够不到的地方，这样你就能帮助孩子避免破坏东西或者减少违抗你意愿的机会了。

2. 管理、监督和预判。通过警觉的预判，你可以阻止很多小男孩可能制造出的麻烦。

3. 用你的语气、你的愤怒和你的义愤填膺，而不是身体的力量来传达你希望儿子学会的教训。除了打屁股，你还有其他很有威力的工具可以使用。

4. 你也可以把剥夺特权、剥夺跟伙伴的游戏时间、剥夺看电视和打游戏的机会作为惩罚的手段。有很多方法你可以用。随着时间的推移，你会越来越了解你的儿子，你就会发现什么惩罚手段是最有效的了。

5. 记住，重新引导、夸奖和培养纪律是最好的教育手段。纪律最开始的意思就是使某人成为你的弟子。你儿子希望遵从你并得到你的尊重。你不必通过打他使他遵从你。

当你有了打孩子的冲动的时候，可能你也需要让自己"缓和"一下，这很管用。一个男人告诉我他父母经常花时间教育他，他们经常会说"我们走着瞧！"然后很久以后才做出决定。他说这对他来说是痛苦的、苦恼的时刻。作为父母，只要我们自己尚且清醒并始终和孩子站在一起，我们就应该记住我们对孩子有无上的权威。

父子间共同的习惯：男孩希望被认可和赏识

很多年以来，我一直在学校进行只有父亲参与的晚间讨论活动。因为在没有家里的大管家——妈妈——在场的情况下，男人们会更开放地讨论他们在养育儿子过程中的困惑。在每次的讨论快结束、需要做总结的时候，我总是让他们说一个他们最喜爱的跟儿子共同拥有的习惯。大多数的此类习惯对爸爸和儿子来说都很自然、轻松和有趣。

有一些爸爸在早上会跟小儿子一起刮脸（男孩喜欢把肥皂泡弄到脸上，拿着没有装刀片的剃须刀，学着爸爸的样子在脸上比画），一起看报纸上的连环漫画或者在周末的早上一起煎薄饼。还有一些爸爸会在睡前跟儿子一起读书、看电视，或者聊聊一天当中的趣事。此外，还有一起徒步郊游、露营、钓鱼、下象棋或者打扑克牌，一起看他们最喜爱的球队的揭幕战，或者在回家的路上停下来回味一下儿子今天的比赛或音乐演奏。

答案都在意料之内。不过，这些习惯体现出父子之间联系感情的方式多种多样。而且即便是那些看似最微不足道的习惯，在男孩的生活中也有重要的价值。比习惯本身更重要的是，他们在这些习惯中的体验：这使爸爸觉得自己就像一个真正的好爸爸，儿子觉得自己就像一个真正的好儿子。

对男孩来说，在爸爸眼里是个好儿子无比重要。男人们可以用最简单的方式证明这一点。

在这些习惯中，父子共同度过的这段时间通常是舒适惬意的，但是需要记住的是，很多男人在回顾过去跟父亲在一起的时光时并不这样认为，特别是当爸爸坚持要跟他们一起修屋顶或者汽车的时候。

有时候，当爸爸要求儿子做一些令男孩讨厌的或者感觉繁重的事情的时候，男孩肯定会拒绝，因为这一点儿都不好玩。与做这些事相比，他更愿意去打游戏。但是，一旦他全身心地投入到任务中的时候，他就会产生一种自我效能感（觉得自己很能干，很有用）——他实际上发挥了关键作用，帮助爸爸解决了问题，或者就是陪着爸爸一起走过爸爸的世界，而无论是在工作中还是在别的时候。而且，他能看出来爸爸对他的贡献感到很高兴。

这些帮工的机会对男孩的心理有深远的影响。男孩需要产生自己有用和被赏识的感觉，但是感到对爸爸有用、被爸爸赏识，则是一种更加特别的感觉。

在团体中找到自己的位置

在我来到纽约城市学校屋顶游乐场观察3～4岁孩子在休息时间如何游戏的时候，我发现了男孩们和女孩们截然不同。与很多城市中的游戏场所一样，这个游乐场很小，所以30个孩子显得很拥挤。如果你只是随便一看，就会以为所有的孩子都在一起玩儿。实际上，他们并没有真正地在一起玩耍。有6个孩子——3个男孩和3个女孩，分别骑着一辆小三轮车从我面前的墙和楼梯之间的狭小空间骑过去。乍一看，他们就像一个小群体。可是，这是假象。当他们设法通过了楼梯之后，空间就开阔起来了，然后他们就分成两拨，女孩们绕着游乐场骑，而男孩们则折回来，骑得最快的男孩，那个3岁的“团队领导者”打头，后面跟着另外两个男孩。

实际上，我越仔细观察，就越发觉得，男孩和女孩很明显地在根据性别组成的群体来进行游戏。有5个爱说话的女孩占据着游乐场中心通往楼下的地方，她们偶尔会在绳网上荡一下。几个男孩在玩足球，偶尔会互相摔打。在一个方形小屋里面有几个长凳，几个女孩坐成一排，另一端坐着一个男孩。另一个性别混合的团队有3个孩子——2个男孩和1个女孩，在绕着游乐场的前端跑。除了跟几个女孩一起坐在方形小屋里长凳上的男孩，其他所有的男孩都在进行着某种形式的身体活动。

在这里，我所看到的是以游戏为目的的性别分化的开始。起初，分化的过程是缓慢进行的，在快到3岁的时候，这个过程突然加速。到了3岁的时候，女孩已经开始明确表明她们更愿意跟女孩一起玩了。“男孩太粗鲁了。”她们说。到了4岁，男孩成为男孩游戏最主要的拥护者，他们也将继续成为性别排他游戏更激进的践行者。“我们不喜欢女孩玩的东西，”他们声称，“男孩不跟女孩一起玩。”

这种强烈的男孩观有时候会令父母感到不安，特别是妈妈。她们可能已经形成了一种根深蒂固的观念：男孩和女孩就应该和谐地一起游戏。因为他们在18个月和2岁的时候就是这样的。对许多人来说，男孩和女孩的早期协作游戏预示着将来两性之间的和谐关系。他们在游戏中的突然分裂似乎太过突然和随意。是什么原因导致男孩只跟男孩一起玩，女孩只跟女孩一起玩儿呢？这个问题很多人都研究过，并且提出了一些理论来解释。

性别定向的社会性游戏

毫无疑问，婴儿主要跟父母一起玩，他们会选择自己喜欢的玩具，而不管玩具是男孩的还是女孩的。到了1岁，女孩比男孩更倾向于挑选一个布娃娃，而男孩比女孩更倾向于挑选一辆玩具卡车。到了2岁，这种性别定向的玩具选择倾向固定了下来。这个时候，95%的男孩会挑选玩具卡车或者传统男性化的玩具作为他们的最爱。不过，玩具选择的性别偏向似乎不是导致后来性别排他游戏的原因。作为朋友的男孩和女孩可能会并排玩各自的玩具，进行所谓的平行游戏。他们真的没有一起玩，因为从儿童发展理论来说他们还没有学会这样做。

你可能会看到一个18个月大的男孩和一个同样大的女孩站在沙盘旁边，他们把沙子填到一个漏洞里，然后沙子慢慢地流下来，流到一个转动的圆盘上面。虽然他们肩并着肩，却没有任何协作的意愿。他们偶尔会朝对方招呼一下——“看！”来吸引对方注意自己的游戏，希望令对方感兴趣。他们也许会短暂地做出一些努力来协调彼此的游戏（或者把一铲子沙子倒到对方的沙漏里面，惹恼对方），但是在绝大部分时间里，他们无法把自己幻想中的故事合并在一起。他们唯一的交互性游戏就是，采取追逐游戏或者把球滚过来滚过去的形式。逐渐地，他们将会形成一起玩幻想游戏的能力，或者跟同性伙伴或者跟异性伙伴。能够跟另一个孩子进行协作游戏是发展过程中的一个非凡成就，大多数父母看到他们的孩子跟别的孩子一起玩儿，而不是各玩各的，都会被深深地触动。

可是，在形成协作游戏能力之后的几个月里，男孩和女孩开始分裂为两个群体。而且，在此后的七八年时间里，他们大多数时候都分开玩。这种分裂非常彻底，以至到了8岁，他们已经生活在完全不同的社会环境里了。《两种性别》（*The Two Sexes*）一书的作者埃莉诺·麦科比（Eleanor Maccoby）在书中引用了一项针对8～11岁小学儿童的研究。这个研究发现“跟另一个性别的儿童待在一起进行社会活动的平均时间为零”。零啊！而且，那些促使男孩和女孩在休息和游戏时间待在一起的方案也只有短期效应。人类学家已经发现，游戏中的这种性别偏好现象在所有的文化、种族和社会阶层中都存在。

这是为什么呢？科学没有给出明确的答案。为什么他们会形成这种偏见呢？这说明他们不喜欢对方的玩具吗？他们对对方的性别有刻板印象吗？是由于激素吗？是父母的影响吗？

研究表明，父母并没有系统地引导过小孩子选择同性游戏。在操场上，妈妈倾向于对他们的男孩和女孩说：“去跟其他的孩子一起玩。”研究也表明，儿童在形成性别刻板印象之前就已经倾向于性别排他游戏了，所以尽管性别印象后来发挥一定的作用，但是此时它还不是导致这种现象的原因。所以，原因既不是父母的影响，也不是性别刻板印象的影响。那到底是什么呢？任何一个男孩都能告诉你：

“跟男孩玩儿更好玩。”

很明显，男孩之所以被男孩们的游戏所吸引，其实是因为游戏本身的特性具有某种吸引力：这些游戏比女孩的游戏更粗放、更有激情。埃莉诺·麦科比认为，其他男性的存在能够激发起男孩“内心小宇宙的爆发”。这意味着，在家里非常安静的男孩跟其他男孩在一起的时候可能会突然变成一个狂野的家伙。这种现象很容易就能观察到。当男孩们开始跟一群男孩一起玩的时候，他们的激情会被大家点燃。为什么？麦科比的结论是，有某种“胎儿期激素的启动作用”使男孩和女孩对不同种类的社会性刺激做出完全不同的反应。这就是说，在妈妈的子宫里给男孩洗脑的雄性激素会在3岁以后给男孩带来完全不同的游戏风格。

一旦学前期的男孩们开始进行性别排他游戏了，他们的世界就发生了剧烈的变化。虽然研究表明，随着时间的推移，操场上有25%的游戏是男孩和女孩共同参与的，但是绝大多数男孩的生活都是跟男孩群体一起度过的。他们遵从男孩群体的规则，而且这种情况几乎毫无例外。一个好动的“假小子”女孩可能会跟男孩一起玩，但是男孩们会戏弄任何想要跨越性别界限跟女孩一起玩的男孩。这种现象最初可以在3～4岁的时候看到。但是在随后的时间里会逐渐得到强化。我曾问过一个上幼儿园的男孩，为什么男孩喜欢跟男孩一起玩。他说：“我不知道。我们就是喜欢跟男孩一起玩。”正如事实所展现的，它非常接近社会学家对这种现象的解释。

当我的儿子威尔在一个蒙台梭利复式班上1年级的时候，有一天，他回到家里跟我说道：“爸爸，我不能跟女孩一起玩儿了。”我有点儿为他担心，因为我知道他有时候喜欢跟女孩一起玩。

“为什么不呢？”我问他。

“因为米切尔这样说的。”他这样回答。他的语气告诉我这是结论，不容置疑。米切尔是个2年级学生，也是班上年龄最大的，他说的就是法律。

所以，无论男孩是害羞还是外向，是活跃还是安静，他都会跟其他男孩一起玩，而且久而久之，他就变得更像个“男孩”了。女孩会聚合成小一点儿的团体，倾向于选择室内的游戏；男孩会聚合成较大的团体，倾向于室外的游戏。男孩玩追逐游戏，他们热衷于较多的竞争游戏。当他们骑上三轮车时，比女孩有更大的可能玩“砰砰”的撞击游戏，就是一个男孩骑车撞上另一个骑车的男孩。他们大喊大叫，他们互相扭打，他们制造出机关枪的噪声，他们互相扔沙子，他们互相用手指射击，然后倒地装死。这种游戏被全世界所有的男孩所热衷，远远超过其他任何事情。这些游戏把一个男孩变成一个真正的“男孩”。

如果男孩的游戏天生就比女孩的游戏更粗放，那么有时候游戏可能会导致男孩出现攻击性的行为。这时候，大人该如何应对呢？他们应该把这看作是正常的还是危险的？学校是否应该容忍这些？让我们回到纽约城市学校屋顶上的游乐场，集中观察一下两个男孩，他们的行为给老师和父母造成了竞争和攻击的问题。

4岁，一个充满魔力的年纪

迄今为止，我在本章已经花了大量的篇幅来讨论男孩的冲动性问题、父母恰当管教的必要性，以及男孩的游戏中所存在的攻击性元素。这就是我试图展现给读者的关于3～5岁男孩富有想象力的、有趣的和令人震撼的特点。4岁大的男孩喜欢受到夸奖，喜欢炫耀，喜欢自夸“我跳得最高”或者“我会数数”。他对世界充满好奇，又有点儿自我膨胀。他现在所生活的世界范围要比以前广阔得多。

他还相信他可以按照自己的愿望和想法来创造世界。他还没有理解因果规律，他还无法接受现实的限制，所以他生活在一个充满魔力的世界里。那里生活着恐龙，发生着荒诞不经的故事，有幻想中的伙伴以及天大的白日梦。一位非常关心儿子内心深处变化的妈妈在谈起她4岁半的儿子时说道："因为他，我的生活中有了更多的乐趣。"

如果我们不懂得如何欣赏这个年纪的男孩丰富的想象力，那将是一种遗憾。但是由于人们觉得必须教他理解现实，或者人们把男孩富有魔力的思考误解为撒谎，人们往往不懂得如何欣赏男孩们独一无二的创造力。家长们应该明白，当你儿子发展到成熟的时候，他自然就会理解现实了。现在，暂且就让他在自己的小脑袋里创建一个令他激动不已的魔幻世界吧。

有一年，我女儿乔安娜给一个叫沃克的活泼的4岁男孩当临时保姆。她经常把他带到我们家来，还有他同样活泼迷人的3岁的妹妹露丝。我经常期待着他们的到来。有时候，当我觉得工作不是太忙的时候，会被他们吸引着陪着他们一起玩儿。当我们来到公园的时候，经常会在一个魔幻的恐龙世界里进行追捕游戏。我需要做的事情就是转过身来对着沃克，他将把我介绍给他魔幻世界里的人物和危险角色。在几个月的时间里，我眼看着沃克如何努力地把他对恐龙的喜爱跟他的魔幻世界进行整合。

也许，这个年纪的男孩这么喜欢恐龙、海盗和超级英雄的一个原因就是，他们很少在街道上或者学前班里看到它们，因此他们不需要把它们当作一个个活生生的事物来应对。相反，他们可以随心所欲地使恐龙或者海盗的力量为我所用。

男孩喜欢根据自己的想象来编故事。这种对想象（而不是现实）的偏好令某些父母难以接受。听到他们的孩子说一些关于现实的或者学校的事情会让他们觉得心里踏实，似乎这是他们的孩子将来会正常长大的依据。但是，过早地领会现实不是健康发展的征兆。相反，不停地跟通过想象创造出来的意象进行游戏才是4岁男孩应该做的工作（我甚至不喜欢把这叫作工作）。就像一位妈妈曾经说过的："他天生聪慧，能看出云的形状。"你最后一次盯着云彩看是什么时候？享受你儿子此时的想象力吧。大量的现实事物会以学校教育的形式很快到来。那将是下一章的主题。

常见的退化行为：尿床、噩梦、啃拇指和手淫

你4岁的儿子想要在公众面前展示出一个强大的形象。实际上，4岁男孩经常把"坚忍"作为自己的特色，并想尽一切办法来展示自己的"坚忍"。虽然你送他去幼儿园后，要离开的时候他可能会哭，但是他会尽快振作起来，并迅速恢复活跃的天性，开始享受他愉快的一天。毕竟，他现在还只是个男孩……除非某个时候他变了。作为他的妈妈，你了解其中的内幕。他可能仍然经常（或者大多数时候）尿床，经常在睡梦中惊醒，经常向你哭诉，还经常半夜溜进你的房间要跟你一起睡，他还会吮吸拇指，吃饭还会挑食，还会对死亡感到万分恐惧。但是，只有你和爸爸目睹着这一切。

所有这些事情对于一个3～4岁的孩子来说都是正常的，因为每一天里，他们需要一个释放自己的机会。关于这种现象，有一个术语，叫作退化，儿童通常会在妈妈面前才会出现退化行为，因为他们觉得妈妈这里是最安全的，妈妈会理解他们的。你理解这些，觉得儿子只是累了，只是出于好奇，或者只是受到了过度的刺激。经过了一天的进步，他们也需要一点儿退化，这种退化的作用就是向你或者你儿子的看护人传达一个信息，他想要回家了，要上床休息了，要静一静了。

你将会了解儿子的行为习惯，以及怎样才能安慰他。一位妈妈在描述她如何设法回应儿子的哭诉的时候写道："我没法忍受儿子的哭泣。当他说'我做不到'的时候，我不太高兴。我更愿意听他说'我不想做'。当他哭得比较厉害的时候，我就关上门走开。当他累了的时候，尤其难以应付。不过，我丈夫一直做得很好。他是一个出色的丈夫和爸爸。"另一位妈妈告诉我，当她4岁的儿子从幼儿园预备课程班回到家的时候，心情很糟糕，她看出来了，因为他回来就立即去拿他的小熊，而平时他只有在睡觉的时候才会拿小熊的。他需要他的亲密伙伴来安慰自己。

我并不想简单地忽略这些情况，它们仍然需要合理地应对。让三四岁的男孩每天仍然跟你一起睡可不是什么好主意，因为他可能会认为，他不能自己一个人睡，他可能因此而更加害怕。这是个问题。你需要陪着他回到他的房间，跟他说一会儿话，坐在他身边，帮助他入睡。

值得一提的是，大多数心理症状——那些心理分析师和心理学家所担心的事情——都是常见的退化行为的典型表现。所以，有时候很难区分什么是暂时的退化行为，什么是需要担心的事情，因为这个年龄的男孩正遭受着恐惧和噩梦的骚扰。他们需要缓解一下，重新振作起来。最后，你必须信任自己的判断，要跟丈夫、妻子和儿子的儿科大夫分享你的担心，寻找问题的蛛丝马迹，细心观察和思考，不要忙于下结论。

二胎家庭如何让老大接受老二？

一位有3个儿子的妈妈告诉我，当她最小的儿子出生以后，他6岁的大哥哥第一次抱他的时候，充满敬畏地小声说："他真是个奇迹！”大多数小男孩对新婴儿的降生都怀有一种复杂的情感。实际上，对几乎所有年纪稍长的孩子来说，小弟弟或者小妹妹的来临似乎不是一个好兆头。

当然，也会有一些好处——一个潜在的玩伴、一个帮手、一个学习榜样，也许还会增加一张大床。可是，这些都只是抽象的概念，除非实际利益有所落实，否则现实情况会急转直下。

一个新婴儿会跟你争抢你最重要的资源：妈妈。孩子很快就会明白，他将不得不跟别人分享这个世界上最重要的资源了：妈妈的爱，妈妈的怀抱，还有妈妈的时间。

这个新成员会在大孩子的心里制造出怀疑和竞争。可以用婚姻做一个类比：假设你丈夫向你宣告，因为他太爱你了，所以他将找到另一个你。你会怎么想？我可以告诉你，那简直糟糕透了。每个孩子都在想：“等一下——我自己就够了！我就是全部，如果你认为你需要另一个，也许这是因为我不够好。”想象一下吧，这些（退化的）想法会使他表现出怎样的孩子气，而且他自己的感觉也会非常糟糕。

这会搅得所有人都不得安宁。这就是二胎婴儿的影响。每个人都会被母子之间的这种排他性所影响，这很容易让大孩子感到自己被排挤了，甚至爸爸有时候都会有嫉妒的感觉。

另一方面，男孩也会接纳新婴儿引起的变化，并在哥哥的角色中找到一些乐趣和机会。为了培养这种积极的倾向，你需要做到：

- 在你怀孕的时候就让你儿子做好迎接弟弟来临的准备。让他知道有个婴儿就要降生了，让他帮助做一些准备迎接婴儿降生的事情，这样他就会在助手和哥哥的角色上进行尝试，并体验责任感。

- 体谅他的复杂感受，包括负面的。告诉他你了解他的艰难处境，同时也了解他的乐趣，让他知道有时候出现既高兴又生气的感受是正常的。当他帮助你，表现得很听话，或者很体谅的时候，你要及时地对他表示感激，让他体验到他在家庭中的新角色给他带来的尊严和自豪。

●不要说“不要”，就像不要说“不要那样想”一样。当他说他恨弟弟的时候，不要说：“不要恨你弟弟。”你要说：“是的，有个弟弟确实不太好过。有时候他们要求太多，太麻烦。”然后，留点儿神听他怎么说。

●小心攻击性行为。有时候，两三岁的小男孩会想要通过拍打弟弟来证明谁是老大。每个家庭都会有这种事情发生，这并不意味着哥哥是个坏孩子。你需要看得紧一点儿，并帮助哥哥培养起自我控制能力。到了哥哥6岁大的时候，他可能就可以形成自控能力了，并且开始享受自己的新角色了。

●让他知道，你仍然百分之百地爱他。一位妈妈曾告诉我，她自己就曾经有一个疑虑，怀疑自己是否有能力同时爱两个孩子——她无法想象怎样才能像爱第一个儿子那样爱另一个孩子。不过，让她高兴的是，她发现她可以做到同时深爱两个孩子，只不过，她对第一个儿子的爱稍长了一些（因为出生得早些）。

●稳固你们的情感联结。花点时间主动关心一下大儿子——一起玩儿、做饭、读书，或者在花园里除草。这些活动将会让他感觉到跟你的情感联结，而且因为男孩在活动中更容易产生情感体验，所以这些活动会为他提供一个舒适的情境，跟你一起分享他的感受，并乐于接受你鼓励性的话语。

如何欣赏与男孩的亲密关系？

对妈妈们来说，你在这段时间里仍然是儿子的世界中心。虽然儿子比以前走得更远了，可能整天都待在幼儿园里，他不会再像以往那样把你当作唯一的快乐源泉。他想要跟你开玩笑，跟你要贫嘴；他想要跟你一起看书，一起下棋。他不想让你离开他，也不想让你改变。他会研究你，对你的穿衣搭配，甚至是耳坠品头论足。但是，他这样做只是为了让你成为他的唯一。

如果他爱着你，毫无疑问，你也完全爱着他。一位妈妈说："我儿子爱我，我也爱他。我们之间的关系独一无二。我真的很乐于知道他到底是个怎样的人。你总是知道你跟他心心相印，因为他会给你很多直接的提示。"另一位妈妈说道，她对自己与儿子之间的关系最满意的地方就是那种"纯粹的爱，这种爱里面没有任何杂质"。嗯，当然，他的爱里面没有杂质，不过很多时候他仍然渴望亲密、关注和褒奖。

另一位妈妈告诉我："我三个儿子都觉得我是他们那个幸福世界的中心。他们喜欢在我的卧室玩闹，当我坐在床上看书的时候，他们也喜欢挨着我看书。他们好像觉得我了解他们的感受。"她说的是多大的孩子呢？当然是4岁，还有一个10岁的和一个13岁的。这样，你就不必担心将来会失去跟儿子的亲密关系了。

本章的开头，我们曾描述了《野兽国》里一个很暴躁的、需求比较多的男孩，当他不如意的时候，他会发怒，非常愿意伤害妈妈的感情。在这里，我又描述了该如何欣赏你跟深爱着你的男孩的亲密关系。这看起来有点儿矛盾。不过，实际上并不矛盾。它们是同一个问题的两个方面，因为你儿子会越来越复杂。**他迫切地希望跟你保持浓情蜜意，同时，又希望摆脱对你的依赖。他希望取悦于你，也希望你欣赏他。他希望尊重你的权威，也希望有自己的权威。这些是人类无法回避的矛盾。**

当你自然地建立起权威，形成一些可以应付他的技巧，从而解决了他的管教问题之后，你们就会安定下来，享受一段儿美妙的时光。

到了4岁，很多男孩都成了小小评论员，他们会喋喋不休地对你们的生活进行评论。到了4岁，他的词汇量已经从20个飙升到1 500个了，很快，到了5岁，就会达到2 000个。他能够理解你说的话，他将跟你讨论很多很多你们一起做的事情。

我把这段时间看作是你们之间能够相互心领神会的时期。他会成为一个非常好的伙伴。**弗洛伊德认为，这个年龄的男孩有强烈的恋母情结，为了独占妈妈，会跟爸爸竞争。**有很多三四岁的男孩会宣称，当他们长大之后，他们想要跟妈妈结婚。

养育男孩的过程中爸爸的特殊贡献

就如何参与到孩子的养育中来的问题，每位爸爸都必须不断地做出选择。为什么他妻子不需要选择，而他需要呢？爸爸通常有来自各方面的压力，包括社会的、生理的，这些压力迫使有小孩子的父母分别进入各自的刻板角色。如果妈妈用母乳喂养婴儿——并且绝大多数人都这样——她们就会从生理上跟孩子的健康联系在一起，并能够熟悉孩子的脾气秉性、生理节奏以及特殊习惯。她们跟孩子待在一起的时间要比爸爸们长得多。即使那些本来打算一起分担照顾孩子的重任的夫妻也会发现，他们终究会回归到一个喂奶一个“挣面包”的传统角色中去。所以，当爸爸下班回到家，他就面临着一个选择：是跟孩子玩一会儿，还是自己去看报纸和电视。研究表明，绝大部分爸爸们选择了看电视，同样也上班的妈妈们下班回家则会比爸爸们花更多的时间来陪孩子。

不过，不是所有的爸爸选择旁观。他们承诺将会加入照看孩子的工作中去。他们这样的选择通常与他们对自己爸爸的不满有关。有一位爸爸曾给我写信说道：“我小时候爸爸对我不太关心，也不太爱我。他就是不知道该怎么做。他并不是那种冷酷或者霸道的人，他就是旁观。他自己也没有意识到这一点。但是，有一次他曾带我去钓鱼，我无意间听到妈妈这样责备他，‘你儿子就要长大了，可你甚至都不了解他！’”

另一位爸爸有两个儿子，一个3岁半，另一个1岁半。他说道：“我爸爸是个十足的酒鬼，在他的影响下，我决定要做一个完全不同的父亲。我要亲自照顾孩子。我希望他们从我这里得到所有的一切。我会跟他们一起享受乐趣。我想要让他们知道，我有多么爱他们。我一定要参与进来。”

即使一位爸爸已经做出了承诺，可是要优先履行承诺，并调节自己的感受，对妻子的工作提供支持，却绝非易事。我曾让一位爸爸描述一下在当爸爸方面最艰难的一件事情。他说道：“下班后找时间陪孩子。我下班后，小孩儿还是愿意找妈妈，我感觉很受伤。”另一位爸爸则说道：“我的工作非常费神费力，有时候当我回到家，如果不‘放空’一会儿，我真的一点儿精力都没有了。可是，我儿子不理解这些。”

但是，如果能够花时间陪陪孩子，得到的回报也将是巨大的。那位有个酒鬼爸爸的男人写道：“我觉得我跟儿子们的关系非常亲密。每当周末结束，新的一周要开始了，我不能再花很多时间跟他们在一起的时候，这种感受就越发强烈。不过，跟他们在一起的时候我同样能够感受到。我一直都在想着我的家庭，以及我对他们的爱。”

研究人员已经发现，父子之间的纽带跟母子不同。**一般来说，妈妈比爸爸更倾向于从感情上与儿子沟通。**在一个基于视频分析的研究中，当爸爸们想要参与到孩子的游戏中去的时候，他们倾向于打断孩子游戏的兴趣。妈妈们则观察着、等待着，通过天生的好奇心来引导他们的游戏。如果妈妈们比爸爸们花了更多的时间来陪伴孩子，并且与孩子更加心灵相通，那么爸爸们的特殊贡献又体现在哪里呢？当然有很多，爸爸更倾向于儿子玩刺激性的游戏。

妈妈和爸爸跟男孩一起追逐、打闹、嬉戏，甚至摔打的机会要比女孩多得多，但是爸爸更擅长这些游戏。学前儿童的爸爸通常会跟孩子玩那些包括大运动的游戏，而且，孩子，特别是男孩，对这些游戏的回应也会更强烈。在我的调查中，有一位爸爸向我描述了他跟儿子在晚上做的事情："当我们一起玩他的玩具、满屋子疯跑、摔跤、跳舞以及讲睡前故事的时候，他都非常喜欢。"另一位爸爸的游戏则包括"骑车、看火车、逛公园、吃冰激凌、给他讲故事、去散步、做鸟笼等"。

然而，摔跤不是父子关系的全部内容。强调跟儿子一起活动的那位爸爸曾说，在跟儿子一起做的事情中，他最满意的一件就是："抱着他们，告诉他们我爱他们，并听他们说'我们也爱你'。"

爸爸手记：有其父，必有其子

保罗是一对4岁双胞胎男孩的爸爸，关于养育问题，他有着非常实用的看法：

"我的两个儿子可能是典型的4岁孩子。他们很野，也很好玩。他们有着丰富的想象力，整天跟他们的玩具和伙伴们一起玩。他们喜欢跟我和我妻子一起看书。他们是最好的朋友，同时，也是竞争对手。

"我妈妈说我是'一个脏兮兮的大嗓门'——一个小坏蛋，总是脏兮兮的，吵吵闹闹，麻烦不断，让人忍无可忍，是班上的捣蛋大王。我的儿子也一样。我支持他们这样。我喜欢看他们挑战自己，而且好处也是显而易见的。他们无所畏惧地探索周围的环境，有时候会把身上弄得瘀青，甚至割伤，当他们成功的时候，自信心会得到显著增长。我觉得他们在学校里可能也会不错，不过我现在还不知道。我不会强求。我愿意让他们玩。他们随时随地都在学习数字和字母，因为当他们扮演‘幽灵终结者’的时候，跟我们一起读书的时候，会用自己的方式来吸收信息。

“我们一起大声说笑，互相斗气，我们一起摔跤、互相追逐、一起去海滩。我会参与他们的游戏，会想出新奇好玩的东西——坐在长滑雪板上，就像坐雪橇，一起从小路的缓坡上慢慢地滑下去，直到我们的速度变得很快，并到达尽头，然后我们会再来一次。

“睡前，我们会一起唱《小星星》之类的歌，就像我小时候和我妈妈那样。我们睡前还会读书。他们会帮我整理草坪和树篱，我还曾经小心地用梯子把他们带到屋顶上去清理落叶。他们喜欢往木板里面钉钉子，或者戴上我的摩托车头盔在房间里跑。毫无疑问，无论是否有实际的贡献，他们都喜欢帮忙。

“我已经给儿子们讲过怎么用一些基本工具跟别的工具进行配合，并且当需要这么做的时候，我会提醒他们。但是我发现如果我干预得太多，他们就学不会。如果我放开手让他们自己折腾，他们反而经常会令人惊奇地找到解决问题的办法。只有当他们绞尽脑汁也无计可施，并开始搞破坏的时候，我才会介入。

“就这样，我们合作得越来越好。还能比这更好吗？ 4岁的年纪简直太酷了。我想我在他们16岁的时候，我也能这样说：‘16岁的年纪简直太酷了。’”

体谅学前男孩的恐惧

从爸爸那里得到赞美是学前男孩对爸爸的期待之一。我们已经知道，4岁男孩希望别人认为他们是“坚韧的”，他经常用这个词来形容自己，他希望自己能够做到这一点。当然，他还没有这么强，只是不是所有的时候都这么强。他会沮丧、会哭泣、会经常感到弱小和无能。他也有很多恐惧：对黑暗，对陌生的地方、陌生的事物，对人群，对独处。有时候，爸爸会因为小男孩自然的恐惧而感到窘迫，而妈妈似乎比爸爸更容易理解和接受他们的恐惧。

当我儿子3岁的时候，我们一家去了迪士尼乐园。我们事先定好了去两个“提供早餐”的地方。在那里，有大人穿着服装扮成迪士尼电影里面的著名人物：阿拉丁、救难小福星、白雪公主，当然还有米老鼠。那个装扮成阿拉丁的人足有一米八高。当他兴高采烈地来到我们的早餐桌旁的时候，我们的儿子威尔，只看了一眼就爬到桌子底下去了，无论阿拉丁如何劝诱和保证，就是不出来。两天后，威尔仍然没有准备好走上去拥抱米老鼠，虽然其他很多孩子都已经这样做了。他站在远处谨慎地观察着。

我不记得我是否曾因为他的恐惧而感到过窘迫，但是我确实记得我当时真希望他不要对他们反应如此过敏。有一部分原因是为了他着想——害怕一点儿都不好玩，还有一部分是因为……嗯，为什么？为什么我希望他不要害怕迪士尼的人呢？我觉得这是因为我就像其他所有爸爸一样，会不自觉地就此得出错误的结论：3～4岁时的恐惧可能会延续到8岁或者13岁。荒谬！**恐惧是发展的一部分，恐惧会来，也会消失。在3～4岁时，恐惧非常强大，因为这个时候孩子的想象力非常生动形象。**对他们来说，如果恐龙真的存在，并且可能在任何一个角落里逡巡，那么一个巨大的阿拉丁就不值得信任了。谁知道他会干什么呢。

我们可以对3～4岁孩子的恐惧一笑了之，但是男孩对别人的耻笑会非常敏感，他们尤其在意爸爸的想法。爸爸要理解儿子的恐惧，明白这不代表他将来也会恐惧，这很重要。有没有这种情况，有的男孩在先天气质上就勇敢大胆，而有的男孩在先天气质上就小心谨慎呢？当然，这种特征会持续终生，但是在学前期，即便是最勇敢无畏的男孩也会有所恐惧的。

不必刻意地磨炼男孩

有一件令妈妈们觉得很痛苦的事情，就是她们的丈夫总是想要磨炼他们的儿子。妈妈会对我说，她丈夫比他强势得多，或者采用比她粗鲁得多的方式管教儿子，或者当儿子焦躁的时候，她试图安慰儿子，而丈夫却对她的行为颇有微词。当妈妈安慰儿子的时候，爸爸会这样说："你像对待小孩儿一样对他。"研究表明，爸爸一般会采用更加强势的管教方式，当然，他们靠的是他们的大块头和低沉的语气。爸爸不会像妈妈那样迅速对儿子的需要做出回应，很多爸爸以此为豪。"她想要保护他，不要让他摔着、磕着、碰着，而我想让他偶尔摔一下，并从小痛中吸取教训，以避免将来的大痛。"一位爸爸这样写道。

我不反对任何一方——包括爸爸——所做的，即要求儿子更多地依靠自己，和对儿子有更多的体谅。但是，小男孩对爸爸看待自己的方式非常敏感。如果爸爸认为小男孩需要接受粗鲁的管教或者磨炼从而使他们坚韧起来，我是反对这样做的。生活会让所有的男孩坚韧起来，他们在社会群体中的经验、竞争的经验以及努力实现理想过程中的经验，都会给他足够的磨炼。如果某位爸爸想要刻意磨炼一下学前儿童，无论是通过恐吓还是羞辱的方式，都会使男孩对爸爸的恐惧持续终生。**要想培养一个强大的、"坚韧的"男孩，没有什么是比来自父母的理解和关爱更好的支持了。**

第5章

准备好了吗？ 要上学啦！

5～7岁

对他来说，现在最困难的事情就是如何控制他体内的能量。由于这些能量，他在学校里惹出了很多麻烦。他必须学会正确地应对这些麻烦。安静地坐着、书写、画画，学校里现在就要求这些。可是，他仍然在不停地活动、蹦跳、打滚儿。

父母在提及儿子上幼儿园的时候，通常脑中会浮现出一幅特别酸楚的画面：一方面，小男孩可爱、有活力、渴望学习和掌控世界；另一方面，却面临着巨大的转变。根据男孩的发展与学校课程和老师之间的契合程度，男孩在向学前班过渡的过程中要么很成功，开启了兴奋的、有时候会有点儿挑战的新生活；要么很失败，在挣扎中关闭了新生活的大门，并给他生活的各个方面都带来了阴影。一位妈妈这样描述了他5岁儿子在上学前和上学后的情景：

在开学前，他一直都情绪饱满、多愁善感。现在，他看起来怒气冲冲、心情沮丧、充满敌意。他过去愿意告诉我们他的感受，可是现在，他上了学前班以后，好像对我非常生气。我很困惑，他总是对我无礼，跟我顶嘴。学前班把一切都搞砸了。

另一位妈妈总结了父母们通常的担心：

我最大的担心就是他的活力和表达方式，这些会令他感到羞愧的——他为了凸显自己会恶搞，而且他想要当老大，他会奋力地反抗权威。

最后，儿子在学校的困境与挣扎会令父母和儿子都精疲力竭，并开始动摇父母对儿子、对自己以及对未来的信心。一位妈妈描述了她6岁的儿子最令她记忆深刻的事情："他对很多事情都很热衷，我很喜欢这一点。我也很喜欢他总是与众不同。他有想象力，是一个出色的艺术家，他喜爱别人，喜爱动物，甚至物体。他聪明，记忆力超群。这些我都喜欢。我还能列出其他很多很多。"然而，她接着表达了自己的无助，因为儿子对适应出现了很大的困难：

我感觉他被困住了——他被老师误解，老师觉得他很笨——我在想我怎么能帮助他。我希望他能遇到更多的男老师，能找到一个男子学校。我希望他能够正常地、幸福地长大。

发展的八条线索

未来的发展

“他总是疯跑。”一位5岁男孩的妈妈说，她继续描述儿子在这个年纪时身体和情绪上的暴风骤雨，“他爱我，并且愿意表现出来，而无论是在哪儿，想靠着我就靠着我。他还像小时候一样拨弄我的头发来安慰自己。但同时，当我需要他干点儿什么的时候，他不仅不干，还不告诉我为什么，也不告诉我他到底想怎么样。我对他的表现很失望。他没有控制地疯跑，管不住自己，动不动就跟其他孩子摔摔打打，或者突然把别人推倒，或者自己被绊倒，不停地说着‘对不起’。”下面让我们看看究竟原因是什么吧。

身体发展

到了5岁，普通男孩比女孩跑得更快、跳得更高，把球扔得更远。男孩会在需要力气和体能的身体活动中胜出。女孩则会在需要精细运动技能的活动上，例如画画或者写字，或者需要协调四肢动作和身体平衡等柔性运动技能的活动上（例如滑冰）胜出。所以男孩的动作看起来会比女孩笨拙，男孩的字迹相比女孩通常显得潦草，难以辨认。另一方面，男孩和女孩也有共同的地方，那就是他们在自己擅长的事情上会非常努力，而在不擅长的事情上则倾向于不感兴趣，所以在投掷垒球和书写方面的性别差异在未来的若干年里会日益明显。

5～7岁的男孩有很多运动能力，从令人目眩的运动到不够协调的、需要细心的运动都有。男孩们出现了很大的分化，一部分不仅准备好了，而且迫不及待地想参加有组织的体育运动项目，而另一部分则不希望参加这类项目。那些玩得不好的男孩仍然会声称自己是组里面的头几名。很难说清楚他们到底是在自欺欺人还是在说谎。唯一可以肯定的是，体育运动中的地位和成绩对他们来说很重要。

如果有很多男孩一起玩游戏，虽然他们可能分成不同的群体，但是挨得比较近，这样男孩们就可以不断地加入进来和退出去。所以，那些不太擅长的男孩就能通过补空而加入进来，从而也可以玩到游戏。所以男孩和他的家人被迫面临着一系列的问题：他适合运动吗？如果他加入了一个团队，他能帮助团队取得成功吗？他情绪上是否有足够的韧性来接受其他男孩激烈的竞争以及失败的可能？如果他打算退出，那么，他算个失败者吗？

类似的问题还有很多。总而言之，人们会根据男孩在运动项目上的表现来评判他的能力。在面对竞争压力的时候，你永远都没办法确定男孩会做出什么反应，所以我会倾向于尽可能地不让男孩参加竞争性的运动，除非你儿子非常渴望参加，并且能够应付得来。一位爸爸曾写信给我说，他儿子在运动项目上的表现非常糟糕。他是篮球队里唯一一个站在那儿一动不动就想用绝地武士的力量赢得比赛的队员。有时候，他会受到更粗鲁的孩子的欺负。在10岁以前，我更愿意让大多数男孩参加娱乐性的、需要多种能力配合的团队，从而保护他们免受激烈竞争的压力。但是当班上其他男孩都参加了运动，而只有你没参加的时候，这种压力就非常巨大了。

依恋发展

妈妈可能会觉得儿子这个时候跟自己越来越疏远了。因为5～7岁的时候，他会变得更加独立。妈妈产生这种感觉还有一个原因，他现在开始强化自己与其他成人的关系了，包括爸爸和老师。在这个年纪，爸爸可能会觉得自己有了一个爱好相同的忠实伙伴。我认识一位父亲，从儿子上幼儿园开始，他就把自己保留的从儿童时代开始看过的所有漫画书都拿给儿子看。他妻子对这些漫画书感到很恼火，并把她认为有暴力内容的部分拿走了。儿子对分享爸爸小时候的最爱感到非常高兴。跟爸爸更加亲密的关系还可以使男孩解决他4～5岁期间恋母情结留给他的失望。那时候，他曾那么爱妈妈，并想要独占妈妈。

现在，在你儿子的生活中有很多成年女性，主要是他的老师。其中，有他喜欢的（“她很好”），也有他不喜欢的（“她很坏”）。如果幼儿园小班和中班的男孩有一个喜欢男孩的老师——他们很快就能看出来——他们会带给她与妈妈相处时的爱和活力（“妈妈，看我做的！”）；如果他们有一个不理解男孩或者喜欢惩罚他们的老师的话，他们对她就像一个愤怒的、失望的情人一样。

社会性发展

到了5～7岁，男孩们相互成为朋友和玩伴已经有很多年了，他们都非常了解男孩社会的规则：男孩群体的排他性，男孩不能跟女孩一起玩，在群体活动中应该一起协作，在奔跑、自夸以及炫耀过程中相互竞争，在某些男孩之间有密切的、排他的情感联系。

男孩不会像女孩那样经常说自己有个“最好的朋友”。有时候，这种情况会令妈妈感到困惑。因为有个好朋友通常是学前班和小学1年级时女孩们的生活特点。通过回想自己的经验，妈妈们能记起这种友谊的力量，所以也希望她们的儿子能够拥有这种友谊。男孩其实是有密友的，有时候，如果两个家庭关系很密切，那么两家的男孩关系也会很密切，甚至好过亲兄弟。

男孩群体中某个男孩的受欢迎程度取决于谁最符合理想中的男子气概。男孩们以非常公开的方式进行竞争：吹嘘自己的运动成绩，穿上自己最喜爱的运动队或者运动员的队服，或者给别人讲述他们看过的电影里面精彩的镜头。

认知发展

在认知方面，男孩在这些年里发生的最大变化就是抛弃了3～4岁时魔幻般的幻想，变得更加有逻辑性，并开始关注物体实实在在的属性了。他们的脑开始受到额叶的控制，表现为这个年龄的儿童开始以更加现实的方式解决问题了。这个年龄的儿童有一个很关键的认知发展叫作“守恒性”。心理测验对守恒性的检测是这样的：给儿童看两个同样大小的杯子，杯子里面有同样多的液体，在儿童确认了两个杯子有同样多的液体之后，其中一个杯子的液体会被倒入第三个杯子，这个杯子更高、更细，当他们看到第三个杯子里面的液体更高时，较小的儿童只会看到问题的表面，认为第三个杯子里面的液体比原来两个杯子的液体更多。只有儿童能够理解虽然液体的外在形状发生了变化，但是液体的容量并没有变的道理，他们才真正掌握了守恒原理。

每个心理学家都知道这个实验，虽然这对父母可能没有什么实际意义。但是我认为，这对父母理解儿童此时思维方式的重大转变很关键，5～7岁时思维方式的转变将把你儿子从一个胡思乱想的思想者变成一个务实的科学家，然后他就会迫切地想要了解世界。这个年龄不仅是科学问题大爆发的时候，也是创造力大爆发的时候，这个时候的男孩能想象出很多东西，并想要把这些东西制造出来。

学业发展

5～7岁最关键的学业发展是设法适应学校和学校的要求，学会阅读，掌握数字。做好入学的各种准备是男孩学业成功的关键，因为如果他准备好了，那么他就有可能转变成一个“学者”。所以，男孩的学业成功与否取决于他是否做好了上学的准备。

情绪的自我调控发展

从5岁到7岁，男孩对自己的情感有了很强的控制力。你在这个年纪的男孩身上会发现，他们发脾气的次数越来越少了，偶尔的情感爆发——这是儿童时代不可避免的事情——也更容易控制了。这种发展有一部分是因为儿童在其他儿童面前的自我意识增强了。那些不能忍受挫折，因为自己的要求而造成游戏中断的幼儿园男孩会在同伴的脸上看到不耐烦和恼怒的表情。对被驱逐的恐惧跟成人的介入一样能够有效地帮助男孩控制好自己的行为。正是因为同伴压力非常强大，所以，如果某个男孩对压力无动于衷、继续爆发、自夸、说谎和发怒，那么就只能说明，可能由于家庭的原因，他异乎寻常地生气，或者他有某种精神疾病，例如对立违抗性障碍、品行障碍，或者严重的多动症。

只要跟其他男孩一起待在教室里，男孩都会尽力控制自己不要哭。这不是说只要男孩一哭，他就被鄙视，而是说，一群男孩能迅速地评估哭的男孩是否有正当的理由（并因此保留自己在必要的时候哭的权利）。

对所有儿童来说，学会管理情绪和避免情绪爆发是成长的一个重要组成部分。但是如果男孩迫于压力而不得不在任何情况、任何时间和任何场合都避免哭泣，他们会因此付出高昂代价的。当男孩被完全禁止哭泣的时候，他也就失去了必要的、健康的表达情绪的机会。如果他不能通过哭泣来释放紧张的情绪——疼痛、悲伤和愤怒——他就需要花费巨大的精神力量来克制自己。久而久之，未解决的创伤和未释放的眼泪就会累积，并需要更大的努力来克制。以任何方式跟他谈论情绪问题都会导致闸门大开，所以似乎最好什么都不要谈。你可以让他愤怒地大叫，或者进行身体攻击，但是就是不能说伤心事。

游戏治疗师拉里·科恩的来访者中也包括成年男子。他说，他在治疗中曾问过这些成年男子，当他们还是孩子的时候，是怎么控制自己的哭泣的。他们的故事很让人心痛。即使被遗弃、被忽视、被虐待或者丧失了亲人，无论如何，这些男人也必须保持克制和坚忍，即使是个小男孩也必须如此。他们记得自己如何关闭心扉，转向暴力或色情读物，迫使自己参加运动或者其他任何不会让他们感到痛苦的领域，拼命地工作。有时候，这些大男人一说到这些事情的时候，都会泪流不止，泣不成声。

对男孩来说，健康的情绪自我调控允许流眼泪，允许讨论伤心事，允许释放艰辛生活所带来的压力，并积攒智慧和勇气，继续前行。

道德和精神信仰发展

学校生活是对男孩道德的一个严峻考验，因为所有的孩子都要分享教室里的有限资源：老师的时间、第一排的座位、在课余活动角选择自己喜欢的活动的机会（没地方容纳所有的男孩）。在低年级，公平的问题和“那不公平”的叫喊会成为教室里的核心话题。如果大人只是把这些讨论当作是抱怨，那么他实际上错过了儿童之间关于道德问题的激烈争论。他们尝试给自己定义什么是“好的”什么是“坏的”，然后尽力践行这些标准。

男孩的这些道德评判很像是指责或者闲谈。有时候，大人会反对儿童用大人的口吻跟同学说话——会让人烦的——可是其背后的动机是渴望知道什么是道德的，并使自己成为一个有道德的人。每个男孩都希望做一个“好男孩”。如果他的冲动或者脾气使他在学校里陷入很大的麻烦，以至于他搞不清楚怎么做才会被看作是好孩子，那你要小心了：他会陷入绝望，或者转而认为自己就是一个暴躁易怒和无法无天的人。

自我认同发展

在5～7岁的时候，男孩的自我认同开始固定下来，他知道自己的性别、名字、皮肤颜色都是终生不变的。此时，性别对男孩来说比以往都要重要。很多事情的决定都要取决于该活动是属于男孩的还是属于女孩的，你儿子在很多公开场合的身份认同都依赖于他对自己男孩身份的肯定。这涉及很多男孩式的幽默，包括嘲笑放屁、谈论小马桶以及开始说有关性的话题。你无法阻止这些，你能做的仅仅是明确规则。

然而，这个年纪的男孩通常按照他们所不喜欢的方式来定义自己。在3年级过后，有很多事情会让他们形成悲观的世界观。很多父母发现，他们7岁的儿子心绪低落，受到很多委屈：学校里其他孩子如何“憎恨”我，老师如何“憎恨”我，每件事情都如何不公平。很多男孩子的父母自豪地声称他们相信孩子说的话，他们可能会因为自己7岁孩子所表现出来的消极悲观感到备受打击。7岁男孩的抱怨与5岁男孩的幻想和6岁男孩的成功形成了鲜明的对比。但是，这只是暂时的退化。在未来的3年里，8~10岁将是他们的注意力最专注的3年。

学前班对男孩们产生了什么影响？

现在，父母都意识到学前班不再像其德语名字所暗示的是“儿童的乐园”了。由于考试升学的压力，对高考的期待（全世界都这样），以及小学低年级日益增加的家庭作业，跟以前相比，上学第一年就好像变成了一个向高考冲刺的地方。一位学前班老师给我写信说，上学对孩子们构成了挑战，包括“准备好流畅的阅读、规范的书写以及解决现实生活中的数学问题”。天哪！

一般来说，男孩在阅读、听力、精细运动技能方面落后于女孩，而这些能力在学校里都是非常重要的。上面提到的学前班老师也说过：“我想，那些上学后运动能力仍然不足的男孩提示我们，他们仍然需要玩积木、火车、砖头，他们还没有准备好从事那些需要精细技能的活动。”

学前班里普通男孩和女孩在发展进程上的差异并不是什么秘密。孩子自己也知道这一点。就像有一次一位6岁的女孩告诉我的：“幼儿园的所有女孩都能阅读，但是不是所有的男孩都能。一些女孩能读章回书（她自己就能），没有一个男孩能做到！”一个1年级男孩向我解释道：“男孩经常惹麻烦。”儿童凭直觉准确地捕捉到了这些差异。老师和研究人员也认为，这些重要的发展性差异可以预测男孩早期学业是成功还是会出现困难：阅读（认知发展）、自控（情绪自我调控的发展）、适应学校群体生活、接纳学习目标（学业发展）——这些是学校生活中每一天的基本内容。

阅读、安静地坐着、认真上学等，都强烈地依赖于发展的进程。所以，虽然所有儿童都会受到学业的压力而不得不加快发展的进程，但是那些在发展进程上稍显稚嫩的男孩在强调学业的学前班里最有可能出现困难或者失败。

类似“我不应该让孩子去上学前班吗？”这样的问题是我所听到的父母最常见的问题之一。可是，这个问题并不那么简单，因为涉及很多因素。

在芬兰和挪威，他们国家孩子的学业测验分数是世界上最好的。他们的孩子通常7岁才开始上学。虽然挪威和芬兰的学生在刚上学的时候学业成绩不如欧洲其他国家和美国的学生，但是他们很快就能赶上来。

对很多男孩来说，上学前班的时间是他们学会控制自己的情感和行为，学会如何与其他孩子进行社会性交往的时间。学前班是他们成长并接受学校的方方面面现实要求的地方。无论家庭财政如何支配，也无论政策制定者采用什么原理来增加学前班的学业内容，去除传统的游戏内容，成人施加的各种影响等，都不能摒除男孩的发展对游戏和自由发展的需求。

如何帮助你的儿子顺利踏入学前班？

在大多数国家，当你把孩子送到学前班的时候，都会有一个小小的仪式。在俄罗斯，他们会为新生召开一个开学典礼。去学前班是很特别的一天，人们对这一天都很期待，讨论很多与之有关的话题。为了纪念这个时刻，并帮助你儿子顺利度过，想一些办法让他熟悉上学是怎么回事，熟悉学校的环境，并把它当作成长的一部分。

- 提前讨论，但是不要过度。通常，父母自己对儿子上学的焦虑会使他们过多地谈论有关的话题。可以带着孩子去学校看看，这样你的儿子就可以在操场上，或者教室里——如果可能的话——亲身体验一下。很多学校都欢迎大家经过预约后，到学校进行体验，让你儿子跟那些已经上学的男孩一起说说话，或者一起玩玩。

- 很多男孩很喜欢上学，不要把他偶尔的退缩当成他的学校恐惧症。

- 一旦上学后，在早上去上学时，养成固定的程序。确定儿子有足够的时间穿衣服，不要急匆匆。早上保持开心。

- 如果可能，走着上学或者鼓励他进行一些活动——这会帮助他调节他的体能水平以适应学校生活的需要。

- 从他的老师或者其他家长和孩子那里获得信息。如果你担心他的适应力，可以问一下老师他在学前班怎么样。

- 跟儿子谈一谈他的一天，或者如果他愿意，允许他谈除了他在学校的一天以外的任何事情。倾听他的恐惧，不要诱导。表达对他的信心，用你的语气安慰他、鼓励他。

培养规则感的关键期

吉夫，很担心他的儿子伊恩。伊恩是一个上幼儿园的5岁男孩。虽然对于上学前班来说，伊恩已经足够大了，都5岁零10个月了，可是“他明显不愿意去”。他爸爸认为对伊恩来说最大的挑战就是将要“服从规则”。“他叛逆。”吉夫说。他觉得自己了解伊恩：“他满脑子胡思乱想，精力旺盛。在这一点上，学校几乎不能提供任何他感兴趣的东西。”

伊恩也有反击父母的办法：他极其固执、故意噘嘴、会躲起来，也会激烈地反抗。

“我给他穿上衬衣，其余的衣服他却不让穿。”吉夫说道，“当我出去一趟再回来的时候，他就光着身子了。”

伊恩不愿意讨论他对学前班的恐惧。当父母提起这个问题的时候，他会转移话题。“这是否认和回避。”吉夫说道。

吉夫和伊恩的妈妈安妮塔，在伊恩上学的第一天早上都哭了。“他把我们的心都带走了。”吉夫承认。只有当看到另一家哭着的父母把他们儿子的空自行车带回来的时候，伊恩的父母才忍不住对自己的表现笑了起来。把儿子送去上学终究不是一件生离死别的事情。但是对伊恩来说，还真有这种感觉，从家里那舒适安逸、游刃有余的环境中被人突然带走，失去了拥抱和亲吻，一下子坠入学前班的深渊。对他来说，这是一个未知的世界。

虽然开始的时候很艰难，但是到了年中的时候，像其他大多数男孩一样，伊恩适应得非常好。实际上，伊恩上学的过程体现了典型的、富有挑战性的上学经历。他必须设法应付跟父母一整天的分离，而且每周有5天。他必须跟比幼儿园里更多的儿童共同分享老师。他必

须学会如何化解社会性的矛盾冲突，应对每天跟其他儿童在一起时的压力，遵守规则，掌握合作的技巧。他必须学会如何处理受到伤害时的感情和挫折，如何遵守学校的时间表，实现老师的期待。最特别的是，他必须学会情绪的自我调控。学前班是一个很有挑战的地方，特别是对一个精力旺盛、不够成熟的男孩来说，更是如此。

伊恩一直过得比较辛苦。但是到了第二年春季的早些时候，他的父母终于松了口气，因为他们看到伊恩在处理与朋友之间的关系，了解朋友的含义，明白这一个小组和一个大组分别意味着什么等方面取得了显著的进步。

“第一次课间休息对伊恩来说简直是个灾难。”吉夫说道，“我就在那儿看着，他变得非常不安，因为体育老师向孩子们喊口号让他们排队站成一圈。他无法忍受那种命令式的训练，央求我带他回家。现在，他适应了。而且，他开始喜欢那个原来让他流眼泪的老师了。他变得坚强了，不会对学校教育中包含的些许暴力感到受不了了。”而且，他不再挣扎着不去上学了。“每个月只有2～3天会退化一下。”吉夫说道。他认为，这要归功于学前班的发展性课程，而不是学业课程。一直到学前班毕业，这里都没有阅读方面的要求。

另外，伊恩的社会性交往技能也得到了显著的发展。“在上学前班之初，他在班上没有朋友。”吉夫说道，“现在，他有了4个朋友，每天放学后还有一个玩伴。在上学之初，如果他的一个朋友想要跟别人玩，他会不知所措。现在，他可能会不高兴，但是会从容应对，问对方他是否可以把对方的电子游戏机带回家去玩。

安妮塔发现，伊恩还对合作游戏，以及他在这种社会情境中的角色有了进一步的认识。在年初的时候，伊恩总要在创新游戏活动中发号施令，例如，为一个假想中的游戏故事编造出故事情节。稍有不如意了，他就会抹眼泪，并拒绝继续玩游戏。“当他们不按照他指定的戏剧情节玩下去的时候，他就会发飙。”安妮塔说道，“现在，我在游戏进行过程中看到很多妥协和让步，如果某个小朋友坚持按照《星球大战》中的某个人物那样演或者应该具有某种特点，而伊恩不同意的时候，他会争辩几次，但是这种僵局不会像以前那样导致他退出游戏。之后，他会告诉我那个小朋友说的话，以及为什么他不同意。他显然在寻求别人的肯定。当然，他通常都是对的，因为这些电影他已经看了无数次。但是他没有让类似那样的争论影响游戏的继续进行，这表明他已经足够成熟了。”

改变正在缓慢而坚定地进行着，吉夫认为：“我觉得这种变化正在逐渐地朝着正确的方向前进。”

儿童时期的发展就是这样的：逐步递进。特别是当男孩开始正式上学，发展才慢慢地显现，并在个体之间出现较大的差异。如果处在一个要求同样速度和统一步调的环境下，这种发展的方式就会显得有问题。从婴儿期和幼儿期生长发育的巨大变化中走过来，我们在幼儿园到2年级这段时间所看到的成长会显得非常缓慢。只有在学期末的时候，父母才会想起孩子第一天上学跟他们说“再见”那一刻，并将那一刻的他跟此时跑出门去到夏日的阳光下玩耍的他做比较。直到这个时候，父母才会发现，他真的长大了。

发展中的自我调控：学会自我控制和协作

苏琪·沃克曼在马萨诸塞州伦诺克斯市开了一家艺术馆，专门收集和珍藏儿子丹尼尔上学前班时老师寄到家里的卡片。这些卡片有7.5厘米×12.5厘米那么大，描绘了丹尼尔每一天的进步。她在名字叫作《学前班笔记》的书中公开了这些卡片。卡片印刷的时候就是老师当初在卡片上做记录时的样子，上面用不同的颜色做了标记，并带有小笑脸或者皱眉的脸。当你看这些卡片的时候，你会感受到男孩上学后第一年所面对的各种挑战。

丹尼尔，你今天表现很不好。由于你讲话，而且你在座位上把铅笔放到耳朵上逗大家笑，所以被罚出去了。在休息的时候，你管乔纳森叫傻瓜什么的；午饭的时候，你把足球踢到了奥利弗的脸上。我提醒你注意你的行为，但是你好像忘记了。

丹尼尔，你今天早上的表现非常棒！（笑脸，“非常棒”的贴纸和小红星）今天下午除了你在玩10个问题的游戏时有点过度兴奋和大声喊叫之外，你做得都很好。在练习音乐的时候你做得非常棒！！（笑脸）

接着，某一天，他父母收到了一张严肃的卡片：

我需要让您知道今天在学校的时候，丹尼尔使用了不恰当的语言和体势动作（骂娘并竖起中指）。所以，今天他被惩罚减少5分钟自由活动时间。我告诉他下次再这样就要送他去办公室。他希望我告诉您他今天帮助老师发小点心了。

当我访问丹尼尔的妈妈时，她告诉我班上并不是只有他才有这样的卡片。“很多人都有。”她说道。他的小朋友奥利弗曾收到过老师的卡片，上面这样写着：“今天奥利弗朝丹尼尔身上撒尿。”“他们当时在浴室里，互相愚弄。”苏琪说道，在回忆20年前的这些事的时候，她忍不住笑了。

这些搜集起来的卡片反映了每个男孩在上学第一年里所经历的从不适应到较好地控制自己冲动的过程。你可以从老师的评语中听出她的愤怒和耐心。这本令人动容的书献给“丹尼尔和他的老师”，准确地表明，男孩学会管理自己的冲动行为这个过程需要男孩和他们的老师们在学前班的教室里共同努力才能实现。

到了上学年龄，跟同龄女孩相比，3/4的男孩在任何课堂上都会更加活跃、更加冲动，在发展上也更加不成熟。像丹尼尔这样与尼克在同样年龄（5岁9个月）开始上学，可是明显过于活跃的男孩到底出现了什么情况？开始上学时，与尼克不同，丹尼尔不是那种严肃认真、安静平和的人。

丹尼尔有注意缺陷障碍吗？如果他现在在上学前班，他也会被诊断为有障碍并接受治疗吗？家长和老师经常问我关于学前班里“活动过度”的男孩的问题，我的答案是，我非常不愿意把一个5岁的男孩诊断为活动过度，因为他还没到7岁，特别是当他周围有“一群”像他一样好动的男孩的时候。他每天都受到男孩们的刺激，他还没有经历学前班的社会化过程，或者还没有成熟到可以每天跟老师密切配合，最重要的是，他还没有完成5～7岁的转换。在他还没有品尝这些重要发展阶段的成果之前，我绝不会对哪个男孩进行诊断的。

在《学前班日记》一书的结尾，我们了解到，丹尼尔现在已经24岁了，是一个“温和的、有爱心的、专注的、独立的，以及富有想象力的人”。他成了一位音乐家、打击乐器乐手。现在，跟他爸爸一样，正在制作音乐。他妈妈说：“他现在非常幸福。”

在面对学校的规章和培养目标时，男孩在自我控制方面的问题很常见。高活动水平和冲动性是无数学前班男孩的共同问题，当他们上中学甚至高中的时候，他们中的很多人仍然会有这样的问题。但是学前班是一个特别的地方，1年级和2年级同样如此。从儿童发展的角度来说，在这个时候，看似“不成熟”的行为或不平衡的发展可能都在正常的范围内，随着年龄的增长，这些都会逐渐改变或消失。

培养男孩的专注力

如果你在养育儿子，就不可避免地会不断听到“专注”和“注意”之类的词——在我们忧心地讨论男孩和学校的话题时，这两个词成了流行语。这两个词通常的含义是：“为什么我们不能让男孩把注意力集中到我们认为重要的事情上呢？例如注意听老师讲、安静地坐着、看拼音识字等。”答案是男孩经常难以在学校里集中注意力。然而，他们在长时间专注于自己喜欢的事情时，从没有问题。实际上，那才是男孩自然形成专注能力的地方。

如果你想让你的儿子上学时具有良好的注意能力，你所能做到的最好的事情就是给他时间安静地待着，让他在幻想中玩他最爱的玩具。这就是说，有意安排一个可以让他独处的空间，你可以这样做：

- 关掉电视。
- 找一个安静的玩游戏的地方，你可以陪在儿子旁边。
- 跟你儿子一起玩游戏（定期）。
- 保证这个宝贵的时间不受过多的课后活动的影响。

也许，提供游戏时间的想法曾是一个常识，或者是一个家庭晚间生活的自然组成部分，可是在这个“喧嚣的”现代世界里，就像作家爱德华·哈洛韦尔（Edward Hallowell）所描述的，独处很难。在家里，很难找到一个不受大众传媒影响的地方。

我曾访谈过很多男孩和他们的家人。男孩玩的地方通常不在他的卧室，而是在客厅，临近厨房。在那里，有一个沙发、几把椅子，一张桌子上面有电脑、扬声器、橱柜、玩具箱，和一个巨大的等离子电视机。当电视开着的时候，独处是不可能的，它使男孩无法专注于他的游戏。然而，游戏是他的圣殿，是他天生的归宿。

当我到家里访问一个叫作麦特的7岁男孩的时候，开始，他对接受访问非常热情，在我向他父母不断地问问题，问了30分钟之后，他开始厌倦了大人们的对话。我发现，当我跟他妈妈说话的时候，他坐在了地板上，开始玩他的《星球大战》的战舰、《圣魔战记》中的千年鹰号。开始，他向我描述这些东西——例如，“这是钛战机”——并模拟着电子R2D2（《星球大战》里面的人形机器人）和乔巴卡人的声音，但是这一轮讲解一结束，他就从对话中抽身，开始专门玩游戏了。他妈妈和我就坐在离他不到2米远的地方。但是麦特沉浸在自己的世界里，完全被他自己想象中的故事情节吸引住了。

这种想象游戏对孩子来说非常宝贵，需要得到保护。然而，需要安静的专注才能创造出想象丰富的情境。电视泛滥是最大的威胁，家人的忙碌是第二个威胁，电脑或手机很快就会成为第三个威胁。如果电视机摆在了麦特家的客厅里，那么麦特将没法专注于他的《星球大战》游戏了，至少，他需要在电视屏幕和玩具之间分配有限的注意力。已经有大量的研究表明，电视可能会降低注意广度。

研究证实，给孩子读书，带他去博物馆，给他讲故事这些活动会提高他的注意力。根据我的经验，儿童一天中最专注和安静的时候就是他们独自游戏和跟父母看书的时候。

现在，太多的父母担忧孩子将来的学业，太少的父母能够认真思考一下什么才是真正合理的——也就是说，对他们的儿子来说，最好的学业发展基础可能是在家里安静的、持续的游戏和一个强调社会化、游戏和户外活动的学前班。

不要为早期阅读而恐慌

很多识字较晚孩子的父母会担心自己儿女的阅读发展问题。特别是有儿子的父母，早晚会担心的。在这个全球化的时代，教育的高速列车已经离站始发，所以，几乎不可能不为男孩的“落后”感到恐慌。几乎每位父母都听过这样的说法：男孩不喜欢阅读；即使男孩长大了，他们也不会主动去阅读的。所以，在你还能够影响孩子的时候，就会非常希望能够早一点儿让孩子努力学习阅读。我可以理解这种想法。我也有个男孩，而且，当他还小的时候，我就担心他的阅读问题；即使是现在，我依然担心——他已经16岁了——因为有电脑和游戏机的干扰，他阅读的时间太少了。

当你的孩子5岁或者6岁的时候，你必须相信阅读的发展将是更大的发育进程的一部分。每个孩子都有自己的时间表来确定何时开始阅读，任何父母，无论多么热心，都无法显著地促进这个过程。在任何情况下，阅读早晚都无法预测未来是否拥有光辉前程或者取得学业的成功。

如果你对儿子的阅读早晚问题有所担心，那么，你儿子就会对你的焦虑有所察觉，从而会或外显或内隐地从你那里接收到如下信息：（1）他有什么地方做得不对；（2）阅读比他做的其他任何事情都要重要；（3）阅读是一件非常艰巨恐怖的任务。如果你继续紧张焦虑，那么，他也会变得焦虑。一些宣传促进阅读课程的广告商正是利用了你的焦虑来销售他们的产品。上学的儿童需要接受大概每天20分钟的看拼音识字和全语言学习，从而学会阅读，看拼音识字和全语言学习活动是大多数学校课程的一部分。如果教育工作者在负责这个事情，我不建议你把看图识字这样的活动也搬到家里让孩子做，或者让孩子参加课后阅读辅导班。

你在家里能做的事情就是为孩子提供一个宽松而丰富的语言环境。当你晚上送孩子上床的时候，读书给他听。实际上，我希望你从他很小的时候就已经开始这样做了，因为你的声音能够使他平静下来，并帮助他入睡。我希望你一遍又一遍不断地给他读他最喜爱的故事，直到他记在了心里（而且，你可以把书随便扔了，因为你已经讲了这么多遍了）。重复会使他变得自信，因为他会觉得他已经在心里掌握了整个故事，所以他也能够掌握语言。

大体上来说，我希望你在他1年级结束之后继续这样的睡前读书活动，继续读，直到他10岁或者11岁。在某个时刻，他会主动结束，对你说道："我可以自己读了。"在此之前，不要停下。

当你儿子3～5岁的时候，他很喜欢词汇，在这个时候，你需要跟他一起编造一些无聊的词。只要你还可以忍受，就要带着他一起跟你玩哑谜打岔游戏（"开门，开门。""谁呀？""橘子。""橘子是谁？""橘子你高兴见我吗？"）。换句话说，就是在词汇和语言中寻找乐趣。鲁道夫·爱克斯坦和洛克·墨托在他们的书《从学习到爱学习》中提出，我们的学习动机形成于我们早期温馨有爱的家庭关系。他们说得并不完全准确。有语言相关学习困难的儿童虽然也得到了最好的关爱，可是他们仍然面对着巨大的困难，当学习阅读的时候，他们会感到深受挫折。不过，如果你儿子把跟他爸爸和妈妈在一起最温馨、最快乐的时间与词汇和语言的学习联系了起来，那么他未来的阅读发展就有了一个非常好的开端。

学前班里男孩面对的社会性挑战

跨文化研究已经表明，所有的儿童，包括那些小于5岁的儿童，都会通过互相揶揄来试探对方，从而了解对方是否坚忍，是否有幽默感，并据此判断对方是否可以成为好朋友。感到受辱和被排斥的儿童可能会哭泣、退缩、向老师告状，或者以牙还牙；而一个愤怒的、冲动的男孩可能会打人。在这段时间里，儿童们不断地结交朋友，又失去朋友，还会找到自己在班上的地位。他们都必须学会合作，甚至是跟那些他们不喜欢的孩子。这就是学前班的社会化作用。

在学前班里，男孩的社会化经验会跟女孩的稍有不同。虽然男孩会在建造项目上进行合作，他们还会为了社会地位而打斗，从而在教室里建构起一个等级制度，最受欢迎的男孩处于统治地位。有时候，男孩会受到有权力和地位的男孩的欺凌。一个男孩是否会受到揶揄取决于他是否捣乱、讨厌，以及烦人——或者班上的男孩领袖是否需要一个替罪羊。学前班里明显缺少同情心和社会敏感性，而且，随着男孩渐渐长大，这种社会性的冷酷只会变得更加系统化和有针对性。

有一位老师曾咨询我，说她班上有一个男孩非常具有领袖魅力，所有的男孩都抢着跟他一起玩。他的两个最亲近的“副官”向这个最受欢迎的男孩提议说，他应该通过准许或反对的手势来指示他想跟谁玩，这个手势标示着社会性意义上的生或死。基于这个信号，他们将会请入或者逐出某个男孩。这是一个极端的例子，在学前班并不常见。但是研究显示，男孩比女孩更倾向于建立一个社会化的等级制度。而且，他们在第一次一块儿游戏的时候，就会立即着手建立这样一个制度。

凯瑟琳对学校文化的观察突出了两种个体差异之间的重要区别：即在能力发展方面的个体差异——这种差异会影响男孩在学校环境中的成绩，和在兴趣和表达发展方面的个体差异——这种差异与能力无关，但是可能会导致一些被看作是不成熟的或者不适当的行为，学校里不提倡这些行为，并将会通过教育手段将其去除。

男孩之间在言语和身体上的竞争贯穿于他们的整个学校生活之中。在幼儿园里建立起来的等级制度与3年级时的相比更加多变和不稳定。但是这种现象是确确实实存在的，不容忽视。一位父亲曾描述了他1年级儿子和他的小伙伴之间的这种典型对话：“他们谈论谁是最棒的、第一、最大、最快，如此等等。他们谈论喜欢的科幻小说、最爱的玩具、幻想中正义与邪恶之间的战斗。”

男孩们谈论谁是老大，谁不是，谁最棒，什么最关键，无论话题是关于运动的、动作影星的、打斗游戏的，还是男孩群体中的成员的，这种谈论无休无止、你争我夺。有时候，这种言语争论太过快速以至于似乎他们其实都没有听对方在说什么，在试图压倒另一方之前，他们几乎不会停下来。但是他们的确是在听，因为每个发言者的发言内容都是基于前者的。

男孩之间的这种竞争性谈话通常会令女性感到不安，尤其对他们的妈妈来说，这种谈论似乎太过粗鲁和有攻击性。而且，没有哪位妈妈希望自己的儿子处于社会的底层，被其他男孩驱使。妈妈们通常将这种习惯看作是“不好的”或者不成熟的，并不由自主地想上前打断、阻止，或者转移话题。相反，爸爸们（以及男老师们）倾向于观望，因为这种讨论他们在学校里已经听过无数次了，他们自然明白其中的隐情，而研究人员也已经发现：学校里男孩之间言语和身体上的竞争是为了建立一个等级制度，一旦这种等级得到男孩的认可和尊重之后，就自然会减少他们之间的攻击性行为。

但是，这不否认有时候确实有针对班上某个好欺负的男孩的真正的欺凌。当这种欺凌发生的时候，那个受害男孩需要大人的介入和保护（而且，这种欺凌要监护、限制，也许还需要治疗）。但是，认为绝大多数男孩之间的竞争都是危险的和有害的是错误的。它们并没有害处。**尊重男孩之间的这种竞争是非常重要的，所以大人们不用非要让他们的对话“成熟一点儿”——更加彬彬有礼，更少竞争。**

男孩的故事：残忍、奇妙和有趣

监牢、坏蛋、棍棒打斗，以及谁是《星球大战》里面的老大——

这些都是健康的男孩游戏和男孩故事的经典主题。研究表明，**到了4岁，男孩们假装的攻击行为是女孩的2倍，到了5～6岁，这个比率会更高——达到6：1！**而且，在幼儿园、小学1年级和2年级，我们会看到男孩和女孩阅读兴趣的分化，这种分化将会贯穿整个小学时代。我们对这些与性别相关的主题做出的反应将会告诉男孩和女孩们，我们对他们的兴趣是否保持信任，以及我们是否对他们保持信任。

女孩们讲的故事集中在社会关系方面，而且通常是圆满的结局。让我们看一下埃里卡讲给她的幼儿园老师珍·凯奇的故事："从前有一只熊猫，接着来了一头大象，他们在一起快乐地生活。"

那当然不是符合男孩风格的故事。跟埃里卡同班的男孩塞斯讲了一个经典的男孩故事："有一匹马，它被一个老头给杀了。然后，一只独角兽又杀了那个老头。从此以后，那只独角兽幸福地生活着。"

你现在可能觉得，从此以后幸福生活的故事可能应该包含两个冷血杀手，但是这是塞斯的故事，也是很多男孩的故事。当学前班里的女孩们对这样的故事表示不满的时候，埃里卡声称："我住在农场。我喜欢马。"我们正在教室里拍摄PBS的纪录片《养育凯恩》。这一天，围绕着塞斯的故事，男孩和女孩出现了观念上的矛盾。老师如何应对这种困境，将对回答性别差异的问题产生有意义的启示作用。她所做的是不去禁止此类所谓的暴力故事，她明白奇妙力量（包括杀手）的幻想对男孩的生活来说有多么重要，男孩可能会觉得脆弱无助，而这些故事对他们来说有安慰作用。她允许他们按照他们的方式讲他们的故事，为其他儿童创造出一个平台来真实地表达对这类故事的反应，虽然这类故事时而会令她们感到不高兴。

无论他们写故事、讲故事，或者一边上演故事，一边大声地、兴奋地讨论或者相互评头品足，**男孩们总是对英雄历险有无尽的热诚，对恶人有生动的想象，而且在他们的故事里，恶人总有恶报。**很多大人都有一种冲动想要让男孩们阅读或者说点儿别的东西，因为他们担心这些故事会对他们将来的发展不利。可是，这些故事对他们将来的发展会有什么影响呢？为什么大人会打断5岁男孩的幻想呢？我觉得有三点原因使男孩们的幻想令我们感到不舒服。第一，听到这些故事的大多数成人都是女性——妈妈和小学老师——男孩们的幻想几乎与所有的女性话题的基本原则都相违背，故事里包含了太多的冲突和战斗，太少的温情或友谊。第二，我们生活在一个充满暴力的社会，我们不知道为什么一些男孩长大后会变得暴力，所以我们对那些我们认为可能会导致暴力的任何事情都反应过度，甚至都没有检验过我们这个逻辑的因果关系。第三，这一点同时适用于老师和父母，就是说，我们担心其他成人听了以后会觉得我们“允许”孩子有攻击性，因此我们可能跟孩子在某些方面串通一气从而可能会导致真的暴力。

如果你将有一个男孩，即便你不喜欢，你也必须学会信任他儿童时代的幻想和故事，以及幻想和故事中出现的他的朋友们。

当然，区分游戏暴力和真正的攻击行为很重要，但是我觉得大多数大人和儿童都有能力对二者进行区分。我甚至都不喜欢“游戏暴力”这个说法，因为这个说法会不可避免地让人将游戏和暴力两个词并列考虑。游戏就是游戏，暴力就是暴力。当学前班的儿童们在假装结婚或者生孩子的时候，我们不会担心这会导致孩子性早熟，是不是？这是因为我们明白这是纯而又纯的儿童游戏。

如果老师和父母的直觉无法让他们了解其中的道理，那么，他们就必须对自己进行训练。关键是，如果我们不能欣赏男孩的游戏——这是5～7岁男孩最重要的表达形式——男孩们会觉得我们也不欣赏他们。而且，他们实际上就是这么想的。当我问小男孩们，老师反对他们的游戏，他们怎么想时，他们经常会消沉下来，变得悲伤，并说道：“她不让我们那样玩。”语气中透露出学校不让他们做男孩之意。

如果我们带着成人暴力的有色眼镜观察此类男孩游戏的话，我们会失去通过这些游戏了解男孩隐秘的情感世界的机会。

有些人可能会辩解说，男孩们用手指当枪相互射击会导致过度兴奋并引起痛苦的感受。我同意这种说法，我已经看到过这种情况了。但是学前班里的很多事情都会导致过度兴奋和眼泪：排他，男孩们相互大吼，拿自己的《游戏王》卡片吹嘘，以及就谁是最受欢迎的运动员、超级英雄，和对家庭用车的大小和类型进行争论。女孩会进行女孩版本的揶揄和争吵，也会导致很受伤的结局。对这些事情，大人们倾向于用谈话的方式来纠正，而不会害怕并胡乱预期和施以惩罚。你必须教所有的孩子学会自控和同情，你不能通过禁止某一种性别特有的特定游戏来实现这一目的。

1～2年级男孩的挑战是什么？

无论什么时候，当我问2年级的老师们，他们年级的学生所面对的最大挑战是什么，阅读和书写总是排在前面。安娜是一所公立学校的老师，她在1年级担任了18年的老师。她写道：最大的挑战是“使所有学生的阅读成绩能够在1年级结束的时候达到本年级的预期水平”“使所有学生都能够在1年级结束的时候书写成绩达到我们地区要求的预期水平”，以及“学生在1年级结束的时候能够每分钟阅读38～40个词”。

无论对安娜来说，还是对无数的1年级老师来说，很明显，他们班上会有相当一部分男孩无法达到这个目标。很多上了1年级的男孩都有阅读技能方面的困难，所以他们已经被看作是显著落后的了。我的问题是：落后于什么？他们落后于女孩、男孩中最好的，还是教育部门所设立的标准？有没有一种可能，我们在为男孩设立标准的时候没有考虑到他们的发展轨迹？就像另一位老师所说的，“很多有困难的男孩说明，他们其实就是还没有发展到这个阶段”。

毫无疑问，那些一上小学1年级就被看作显著落后的男孩会在学校生活的一开始就有一种无法胜任的困苦感。我能看得出来布兰登在为自己2年级前3个月的阅读能力进行辩护。因为他不能流畅阅读，所以他显然担心自己会有什么问题。

男孩如何应对这种感受？最好的情况是，他们只是暂时感到悲伤或难过；如果他们开始形成对学校的敌意，并变得捣蛋或者退缩，变得麻木不仁，那么情况就比较糟糕了。**可能最好的方案就是，为有阅读问题的男孩找一些他们擅长的其他事情。**“大多数男孩喜欢数学。”安娜告诉我，“每天，他们都反复地问我，现在是不是该学数学了。”

数学可能是很多男孩最喜欢的科目，但是对另一些男孩来说，数学可能跟阅读、书写或科学一样无法忍受。男孩的心可能属于艺术——他可能是个天才的艺术家，在他的数学本子上尽是涂鸦和绘画；他喜欢动手，钟情于木工或雕刻。当一个男孩说他就是为休息和体育而生的，他觉得其他的课都很痛苦的时候，我们会认为他在开玩笑，而且，他也可能就是在开玩笑，但他吐露的也许是实情。这个实情就是：他在学校里有一种无助感。

如何解决男孩的阅读和书写困难？

“我觉得男孩的牢笼从1年级开始形成。”芝加哥公立学校的顾问，芝加哥埃里克森研究所负责教师培训的吉莉安·麦克纳米（Gillian McNamee）教授这样认为，“男孩自己才不会发明学校这种东西呢。不过，我认为学校的任务是让男孩对它感兴趣。”

她认为，性别差异很重要。这个问题需要老师和父母们认真进行讨论。她详细阐述了她所看到的男孩和女孩对学校所做出的不同反应：学校的节奏跟女孩的幻想更加切合，女孩能很好地社会化，她们能一起围着桌子坐。当老师让她们做一些“坐着完成的任务”时，她们能很好地适应。可是，男孩不行。“他们想要说话，他们想要活动。”从纪律的角度来说，男孩会受到更多的约束。“当他们焦虑的时候，他们就会干坏事。”她说道，“而且，他们就像磁石一样吸引着老师的注意，老师需要从他们那里获得控制感。他们受到的惩罚使他们对学校的好感荡然无存。”

这是否意味着男孩在学校里的前3年永远都不会对学业内容感兴趣呢？麦克纳米教授相信他们会感兴趣的。

“阅读和书写就像听说和讲话一样。”她说道，“男孩对阅读和书写并没有本质上的抵触，我们只需要吸引他们。学校里有很多事情是男孩们感兴趣的。”

在当今社会，学校里男孩的成绩不良是一个很突出的问题。而且，他们在高中的辍学率远远高于女孩。我们的男孩们在学业上或者跟女孩的成绩持平，或者滑到了后面。我认为，问题是从学前班、1年级和2年级开始的，因为在男孩的发展需求和学校低年级的教学内容和方式之间存在不匹配的问题。

在我们认识到问题的严重性之前，很多父母都无法解决在小学低年级如何对男孩进行教学的问题。男孩和女孩之间成绩的差异是不可避免的吗？虽然男孩的学业不良在大多数工业化国家里都有，但是，并不是全世界都有。

我相信，为了满足我们对早期优异的学业成绩的虚荣，我们无休止地要求男孩们早点儿学会阅读，这些做法正在将小学低年级男孩们逼到疯狂。很多男孩被弄得气急败坏，在早期教育阶段就开始反抗学校。

在对男孩进行诊断并将其送入特殊教育课程或送去医治方面，我们还有没有别的选择？**答案就是，我们需要在入学前3年创造一种认可男孩缓慢的发展轨迹的环境，为男孩优先提供社会性的相互交流和游戏的机会。**

艾米·沃仁伯格在幼儿园老师和小学校长的岗位上工作了很多年。她现在是费城一家小型私立学校的校长。她声称："你需要一种课堂环境，在这种环境中，不是根据阅读和语言技能来定义'聪明'的。早期阅读除了它本身以外不能预测任何东西。"接着，她描绘了一个男孩（和女孩）可能会喜欢的课堂：

> 好的1年级甚至是2年级课堂应该有建筑活动角和戏剧活动角，在那里，孩子们可以进行所有这些重要的思考任务——计划、谋划、协作。但是，那里不能太窄，否则活动不开。我们需要认真考虑如何促进孩子之间的交流，以及如何加强群体的动态相互作用。

难道这不正是在本章的开始，当尼克给我看他和他幼儿园那群伙伴们一起建造的监牢时，他为之骄傲的东西吗？难道这不正是经验告诉我们的男孩很容易就能获得并将助其——也包括女孩——日后成长的那些相互协作和讲究计划性的建造技能吗？我们应当鼓励这些技能的培养。

接受男孩的能量和智慧：有效的课堂环境

琳达·达尔的2年级教室非常紧凑——里面有工作坊、拼在一起的课桌，老师的办公桌在一个狭小的角落里，靠近窗户的地方有一个又长又深的土黄色皮沙发。每到阅读时间，"5个小书虫"就可以泡在沙发上，沉浸在书的世界里。

达尔是一个有20年教龄的老教师，有两个已经长大的儿子。今年，她的班上有很多学生：14个男孩，9个女孩。有9个男孩被认为有行为问题。在这里，他们的发展正在进行中，就跟其他任何课堂一样。但是大量的男孩，以及“有问题”的男孩的存在，使这个课堂更容易出现发展的个体差异。

“作为男孩的妈妈，我的经历使我成为一个相当不错的老师。”达尔说道。她的课堂并不偏爱男孩，但是她尊重他们，尊重她认为的男孩对空间和活动权利的特殊需求，当然也包括承担学业学习和掌握群体生活所需要的基本礼节的责任。

在2年级，阅读对很多男孩来说仍然是一个障碍，达尔已经将原来要求的90分钟阅读指导实践拆分成很多时间较短的小组块，有一些活动的自由，和选择在哪里以及跟谁一起阅读的自由。他们可以选择在地板上、椅子上和沙发上阅读。一些孩子（大多数时候是好静的女孩）喜欢坐在沙发上。男孩们几乎总是选择坐在或者趴在地板上。有时候阅读时间就像是在野营，孩子们可以带来他们喜欢的毯子、枕头和布玩具，使他们看书的时候姿势更舒服。一些男孩会带来柔软的玩具，但是其他人带的可能是某个陪伴他们的动作明星海报，他们阅读的时候，会在不同的书页之间跳跃。

在这个放松的环境中，男孩们经常三两成群、相互依靠，或者腿胡乱交叉着。有些姿势看起来就像个大写的“L”，后背躺在地板上，脚高高地搭在墙壁上。一些孩子安静地阅读，另一些小声地读给对方听。如果他们一个姿势累了，会换另一个姿势，有时候会卷起自己的东西移动到屋子的另一个地方。但是，大多数孩子都能坚持看书并完成指定的任务。他们知道奖励就在眼前：很快他们就解放了，可以冲出门去休息了。如果你问他一天之中最喜欢的部分是什么，某个男孩会回答：“午饭、休息，再休息和体育。”

在课堂内外，达尔鼓励努力学习和自由玩耍。“我们害怕让这些孩子玩耍。”她这样批评一般人的态度，这种态度使孩子们的休息变少，对团体体育项目日益高涨的期盼受到打击，**“他们需要自由的游戏。自由游戏有很重要的价值。减少休息时间是一个巨大的错误。他们需要把能量释放出来。”**

在另一所学校，科罗拉多丹佛的道格拉斯小学，当负责人凯莉·金从数据中发现男孩和女孩之间学业成绩上的惊人差异之后，迈出了大胆的一步。她把男孩学业不良的问题当作她的头等大事。“我们可以放手不管，因为很明显，过去没人能够在这方面做点儿有意义的事情。或许，我们应该选择做点儿什么。”她说道，“我们决定做点儿什么。”

她和她的同事开始着手研究这个问题的方方面面，并“坦诚地讨论我们对男孩的期待”。她说：“如果我们的期待就是希望男孩跟女孩一样，那么这种态度和期待就不会有任何收获。”

反之，她们问道：“男孩的什么在课堂上既是挑战也是幸事？我们如何将他们的力量当作一个机会加以利用，从而促进他们的学习，而不是当作障碍？”金补充道：“我是说，小男孩就是小男孩。在5岁之前，当女孩坐在餐桌上用画笔乱画的时候，男孩却在踢球。”

最终，她在学校里采取的措施带来了显著的效果。女孩的分数仍然很高，男孩的分数在短短一年时间里取得了巨大的进步。“我们必须确认这是对所有孩子——包括女孩——都有效的方法。”她说道，“这些改变是要改善对所有孩子的教育。缩小男孩跟女孩的差距。而且，这些措施见效了。”

第6章

男孩的使命：竞争和对抗

8～10岁

这个年纪的男孩会用他们所喜欢的东西——能够体现他们活力的事情，能够为他们赢得尊重的事情——来定义自己。当这些男孩选择运动、视频游戏、电脑游戏或者其他能够受到主流男孩所推崇的兴趣爱好的话，他们的发展就是适当的。

一位4年级老师告诉我，她的班级曾按印第安人的部落名称划分成不同的小组，她让每一个学生都给自己起一个怀旧的印第安名字，如像鹿一样奔跑的人或者静静的河流。女孩们起的名字让她觉得很美，富有诗意；而男孩们起的则几乎是清一色的与运动有关的名字：擅长垒球的人、喜欢冰上曲棍球的人。她觉得这些名字毫无创意。但是，任何一个4年级男孩的父母都不会这样想。实际上，如果你跟一个十来岁的男孩一起生活的话，你就会明白他需要掌握一些“男孩”的东西，并获得别人的认可和欣赏。

真实情况是，这个年纪的男孩会用他们喜欢的东西——能够体现他们活力的事情，能够为他们赢得尊重的事情——来定义自己。他们的认同感与传统男性化概念交织在一起，所以当这些男孩选择运动、电脑游戏，或者其他能够受到主流男孩所推崇的兴趣爱好的话，他们的发展就是适当的。

埃里克·埃里克森将8～10岁的男孩描述为“有目标的、自豪的和坚定执着的”。这是我听到过的对这个年纪的男孩最好的评述，它捕捉到了从小学低年级的小男孩到自信十足的大男孩这个过程的典型特点。

如果你是这个年纪男孩的父母，你可能会听到你儿子自豪地向你通报自己所取得的成绩。在7岁的时候，他可能总是抱怨学校的规章制度、各项要求，吐槽这些制度和要求给他造成的痛苦，也许在心里还希望你介入并为他带来一些改变。但是在8～10岁，他正在努力掌控自己的世界，他希望你明白这一点。他不再像以前那样希望你帮助他解决问题了。而且，如果他希望你帮助他解决学校里的人际关系问题，他会因此在同伴中付出高昂的代价。3年级学生会自豪地将父母和老师排除在他们的某些社交活动之外。

此时的男孩有自己的独立世界。在他的世界里，充满了无数个人物角色，其中大多数角色的名字你可能从未听说，如《神奇宝贝》和《游戏王》中的怪物。这个年纪的男孩会为记住很多名字而感到自豪。他还可能为各种魔法卡而着迷。虽然不是所有男孩都喜欢搜集卡片，但是所有的男孩都强烈认识到卡片搜集者在学校里的崇高地位。这些卡片会引来激烈的竞争，老师甚至会在班上禁止玩这些卡片。

当这个年纪的男孩开始团体运动的时候，比赛踢球会成为运动项目之一。这时，他会考量自己的表现以及队伍里其他人对团体的贡献。

有时候，学校里可能会有乐器的独奏表演。在这个过程中，你儿子可能学会了某种乐器，并有了第一次表演的经历。如果他做得没有自己想象中那样好的话，他就可能会养成完美主义的性格，并产生挫折感。“当他做得不对的时候，他就会变得非常生气”，此类描述通常反映了父母们的担心。其实，无论他在做什么，他都在预演自己在未来世界中将要扮演的角色，都在预先练习着自己的竞争力——他希望某一天能自食其力，能够有所作为。在注意力分散、脾气变幻莫测的五六岁小男孩身上，你几乎没法看到他将来可能会成为什么样的人。可是现在，你肯定能够在你八九岁儿子的身上瞥见未来飞行员或者股票经纪人的影子。搜集魔法卡片并记住《神奇宝贝》中怪物的名字是需要一些技能的，这些技能会自然地使他掌握未来的商人、金融分析师、研究者所需要的技能。在很多非工业化文化中，这个年纪的男孩已经开始耕作、狩猎，或者跟大人一起经商来养家糊口了。在工业化世界里，孩子们进入成人工作场所的时间要晚得多。所以，男孩们只能创造出让自己具有竞争力、体现卓越和获得认可的领域——搜集卡片和记住名字。

有一天，一个4年级男孩没有按时完成家庭作业。他解释说，他没有时间写作业，他在忙着画画。在他的笔记本背面，他翻出了一些身着战斗服装的圣斗士画作。他解释说，他画的日本风格动画是当下电视和漫画中流行的，已经成了学校里同学们最流行的艺术消遣。接着，他解释说：“这些是典型的日本动画。当你画得足够好的时候，别人会管你叫‘先生’的。这样，你就可以教他们了。”

无论这是一种绘画游戏还是其他游戏、爱好、兴趣，这些事情都需要专注和付出，男孩们能强烈地感受到这一点。

在这个年纪，男孩对外部世界的兴趣非常浓厚，并因此把更多的时间和精力投入这些兴趣中。所以，在这个时候，男孩的内心世界可能会被这些兴趣所掩盖，且表现得不是很明显。但是，从心理学的角度来说，他的内心世界同样丰富。此时，他需要形成自我认同感。自我认同感的形成不仅需要别人的认可，而且也需要建立起对家庭的爱和忠诚。当学校和家庭中的事情都比较顺利的时候，他对生活的信心就会高涨。如果他在学校里出现问题，他父母成天打架或者就要离婚了，或者他有一个有问题的兄弟姐妹，他就会感到深深的苦恼，并使他产生“不如别人”的感受。为了对抗这种感受，他会变得郁郁寡欢，但表面上装着一副漠不关心的模样。他不会让任何人知道他的焦虑，因为他觉得如果他承认了，他的内心世界和对自我的认同感就会彻底瓦解。

忧郁型男孩经常被大人们误解。因为在大人们的眼中，男孩对人对事的态度应该更加积极主动，或者更加外向，更加愿意表达。这里的关键是，要记住忧郁并不总是外部环境对男孩施加的消极影响；其实，它是他们自己创造出来从而使自己感到自豪和成熟的方法。它通常是独立性的一部分。你希望靠自己的努力度过某些困难的时候，通常都会有一点儿忧郁的，而且你会听到男孩们对自己说：“我能办到。”“能办到”背后的驱动力不仅是不屈不挠的精神，还有忧郁。这个年纪的男孩就是这样的。

对男孩不能过度论断

我曾在医院工作过，结合现在在学校里的工作经验，我发现一个现象：有很多关心男孩的人都认为他们有病，想要为他们提供帮助。而且，毫无疑问，确实有很多男孩受到精神疾病的困扰，如注意缺陷多动障碍、对立违抗性障碍、焦虑障碍、强迫障碍以及抑郁，而诊断和治疗会对他们有一定的帮助。同时也不可否认，我们已经形成了一种对男孩进行诊断和病理化的习惯观念。很多时候，对好成绩的要求——在课业上、在体育项目上及音乐、情绪、主动性等方面——将男孩逼入了死角，以至于正常发展过程中的一些奇特之处会被视作并迅速标定为有病。

除了对不必要的药物治疗所带来的副作用的担心，对男孩做出有病的诊断会对我们看待男孩的方式，以及他们看待自己的方式产生破坏性的影响。当我在学校或因为私事跟男孩见面时，他们经常基于这些诊断来介绍自己，似乎这些诊断就是他们名字的一部分——“你好，我的名字叫作汤姆，我是个多动症患者。”他们痛恨这种标签，好像这种标签能够代表他们的一切；然而，他们又对其顺从，同意这个世界就是这样看待和理解他们的。我们用来定义男孩的标签只会让他更烦乱，这对男孩毫无帮助，对我们也是一样。

这个世界上有一种能够诊断男孩正常的行为和不正常行为的东西吗？汤姆·索菲亚可能会得到三四个这样的诊断：他注意广度狭窄，无法集中注意力上课；他总是跟其他男孩打架；他夜里偷偷摸摸溜出房子；他撒谎不脸红。马克·吐温希望我们明白，此类的行为对男孩来说，是他们把自我建构成勇敢的和独立的个体所必需的东西。一旦我们对此神经兮兮，老是以为他们有病，那么，我们实际上是在阻止男孩建构自我。在某些情况下，对男孩的过度诊断使我们无法理解男孩的勇于尝试、创造性及冒险精神给他们带来的益处。我对目前国内总是对男孩判定有病的习惯观念很担心，因为如果我们把这么多男孩的特色都标定为有精神疾病，他们又怎么能把自己看作正常人呢？

发展的八条线索

未来的发展

男孩在十来岁的时候不会有什么令你感到惊奇的发展。从生物学意义上来说，这其实不算是一个“阶段”，因为这期间并没有发生什么显著的生理转折。最大的转折发生在5～7岁，而8～10岁是一个巩固的阶段。这个阶段的主要变化是社会性的和文化方面的：你的儿子在生活中日益增长的能力，以及他跟朋友们的关系。

身体发展

在8～10岁期间，男孩在身体方面没有什么大的变化。这个时期实际上是从6岁开始直到12岁左右的青春期的一部分。在这段时间里，男孩的身体在稳步发展。在美国， 6岁男孩的身高普遍在1.43米以上，体重是20千克；青春期前的12岁男孩身高接近1.52米和体重40千克。你儿子每年都会一寸一寸地长高，一斤一斤地增重，而且他身体的协调性会越来越好。但是，生长是一个缓慢的过程。变化是日积月累的，你和他都会发现这一点的。

这个年龄的男孩几乎会抓住每一个机会来检验自己身体的力量和能力，如攀爬、跳跃、奔跑和相互追逐。有时候，他们会通过挑战比他们身材高大的男孩来检验自己。我曾看到过一个3年级男孩跳到足球门前，然后让8年级的男孩们朝他射门（8年级男孩这样做了，但是并没有使出全力）。我经常听一个5年级男孩说，身材高大的3年级或者4

年级的男孩曾试图挑战他，但还真的会被他吓到了。

在美国，也许这个年纪的男孩所面临的身体方面的最大问题是肥胖。从20世纪70年代开始，肥胖男孩的数量翻了4倍。接近16%的8～10岁男孩有肥胖问题。而且，这个百分比正在飙升，几乎跟其他工业化国家，如澳大利亚——有1/4这个年纪的男孩体重严重超标——持平。这对每位父母来说都是个挑战，因为男孩的肥胖问题会对他们的健康、工作和生活质量产生终生影响。有太多的男孩很早就受到严重的与肥胖相关疾病的困扰，像2型糖尿病、心血管疾病。肥胖和不健康的男孩实在太多了。

依恋发展

在儿子上小学的日子里，妈妈们有时候可能会有一种感觉：她的儿子“爱上了”他的老师。男孩过去曾与妈妈独享的那种信任、仰慕和深厚的感情现在已经开始蔓延了，并指向了另一位女性。他过去对爸爸的无限景仰可能也开始波及他的棒球教练。这是完全正常的——实际上，这是非常健康的。如果你儿子永远无法喜爱他的老师，或者从没有遇到一个让他受到鼓舞的教练，那么，你就应该担心了。然而，看到男孩将这些强烈的感情迁移到另一个大人身上，你的心里可能不太好受。对父母来说，这种感觉就像被伤心地抛弃了一样。其实不是的，你儿子只是扩大了依恋的范围。

一个安全依恋型的男孩会比不安全依恋型的男孩更加有探索精神，有更好的社会关系。记住这一点非常重要。当你儿子跟老师和教练建立了这些感情纽带的时候，说明过去你曾给他的感情发展提供了一个良好的开端。令你感到更加难以接受的可能是，他对自己的朋友群体的忠诚明显高于他对家庭的忠诚，他会毫不犹豫地表明，他的朋友远比你所提议的家庭活动重要得多。虽然有时候他对家看起来不以为然，但是你仍然是他的全部，是他生命的中心。一个安全依恋型的孩子会把你的爱当作理所当然。以前曾有一位心理咨询老师说过：“好的父母就像地板，孩子们站在上面，从来不会去想是谁在支撑他们。”

社会性发展

无论什么时候，当我问一个5年级女生，男孩的哪些特点最受人欢迎时，她会说，“他讨女孩们喜欢”或者“女孩们觉得他聪明”。女孩们已经准备好跟谁“出去约会”了，而此时大多数男孩对此却毫无意识。

当女孩们热烈地讨论上面这个问题的时候，我瞥了一眼男孩们，发现他们在晃头，似乎在说“对不起，我们不感兴趣”。男孩有自己的小社会，看重男孩间的友谊。他们从幼儿园开始就倾向于性别排他的游戏，这种倾向稳步发展直到5年级。11岁，在公共的游戏场合，大多数男孩仍然选择只跟男孩一起玩儿，甚至从不跟女孩玩。有时候，父母和教育工作者出于性别平等的考虑，反对老师称呼“男孩们”和“女孩们”，因为这种称呼随意地将儿童划分成不同的群体。但是，我不同意这种看法。男孩群体和女孩群体不是大人任意划分或者创造出来的，他们是天生的和自发选择的。

无论是体育运动、电子游戏，还是关于电视剧或电影的热烈讨论，这些活动都是将男孩群体团结在一起的游戏形式。即便是男孩之间关于电视剧或电影问题的讨论，也会让他们有一种竞争的感觉。在讨论过程中，每个男孩都争先恐后地表达自己的意见。一般来说，男孩的群体都是有包容性的。对于任何想要加入游戏的男孩来说，他随时都可以加入进来。即便有时候该群体的核心成员对这个不受欢迎的男孩感到不快，他们也不会拒绝。随着优秀的体育运动者渐渐脱颖而出，这种包容模式逐渐发生了变化，80%的男孩与另外20%被忽视的、有争议的、被拒绝的、处于阶级底层的男孩开始分开了。

你可能希望你儿子有一个好朋友。有一些男孩确实有一个或者几个好朋友。但是，只有一个亲密朋友——这种模式在女孩中很普遍——的情况在男孩中很少见。他们倾向于在更大的群体里面玩儿。并不是所有的男孩都渴望有一个好友，这似乎更多取决于个人风格或者地理因素。如果男孩有一个住在近处的朋友，这个朋友跟他比较谈得来、玩得来，那么，他们就会经常在一起玩儿，他们之间会建立起互惠的和深厚的友谊。虽然男孩不会像女孩那样用爱之类的词来描述他跟另一个男孩之间的感情，但是除了爱，还真没有哪个词汇能够准确描述他们相互之间表现出来的强烈的忠诚。

很多大人觉得，男孩群体有点儿吵吵嚷嚷，不求上进，看起来有点儿叛逆。就是说，他们远离成人、经常冒险，而且很明显，他们不太关心大人的想法。这都是事实，但是其实不全是那样的。对于能在没有大人监督的情况下玩自己喜欢的游戏，他们感到非常自豪，珍惜独立自主的体验。如果你总是反对他们正在做的事情，他们会被你惹恼的。如果你看到老师和教练成功地跟男孩们一起合作，你就会注意到他们虽然细心关注，但是大多数时候只是微笑地看着，或者跟男孩们一起欢笑，而从来不会去指手画脚。

认知发展

8～10岁男孩最显著的变化之一就是他们知识面的拓宽及记忆力的增强。他们对这个世界的了解开始增多。对这个世界的了解给他们提供了知识框架，基于这些知识框架，他们能够吸收新的知识。他们能把信息组成有意义的集合，他们的记忆力惊人，这使他们能够精通各种游戏。米切莱娜·智（Michelene Chi）通过让10岁儿童和大学生回忆刚刚下完的棋步来比较他们的记忆力，10岁儿童的成绩好于大学生（虽然大学生在随机数字上的记忆成绩好于10岁儿童），8岁儿童的成绩又好于5岁儿童。你会发现，虽然你儿子仍然会忘记他的家庭作业，但是他已经能够帮助你记住一些事情了。

这个年纪的男孩也比以往任何时候都更有逻辑性和策略性。他们的思维也比以往任何时候都更加敏捷，他们对策略的使用也更加具有一致性。如果你曾跟儿子玩过“井”字游戏，你就会感受到这种变化。当他还小的时候，你必须让着他，因为他会冲动地不讲逻辑，胡乱填上错和对。到了9岁，他就能像大人一样理解游戏的逻辑了，如果你走神儿了，他就会击败你或者至少打个平局。他会主动要求跟你玩游戏，而且你也会发现，这个家伙现在有点不太好对付了。

搜集卡片的时候，需要根据不同的标准对卡片进行分类，所以，男孩对事物进行分类和判别的能力也会得到提高。他将不仅为收藏而自豪，还会为他整理好的文件夹和超强的记忆力而自豪。他能立即说出棒球或足球运动员的一些信息。当然，这个时候，很多男人可以跟儿子一起分享看棒球比赛的回忆了，还会交流谁是他们最爱的击球手这样的话题。

学业发展

对于教育工作者和父母来说，他们希望绝大多数3年级儿童都顺利学会如何阅读，而进入通过阅读来学习的阶段。对大多数男孩来说，他们可以做到这一点。虽然跟女孩相比，他们的阅读技能仍然落后。随着阅读能力的提高，他们不仅能看懂教科书，还能解应用题。虽然大多数男孩仍然不能像女孩那样阅读复杂的内容，但是，他们已经成为熟练的阅读者了，没有落后。他们可能不喜欢阅读，必须比同龄女孩更努力才能满足老师的要求。他们一直在发展中，在进步中。

遗憾的是，很多男孩到了3年级的时候仍然达不到基本的阅读水平。他们中的很多人都被诊断为学习困难，虽然他们的智力正常或高于平均水平，但是他们的阅读成绩落后于年级应达到的水平，或者某个特定科目的要求。如果你儿子出现了这样的情况，你就会担忧，并花很多时间跟老师一起努力，想要找出他学习困难的原因，以及应该通过什么方式来解决这个问题。

最常见的学习困难就是阅读困难了。当老师发现某个儿童在阅读方面有严重问题的时候，无论其智商是正常还是更高，都会做出阅读困难的诊断。到了9岁，阅读能力发展较好的儿童已经形成了语音加工技能，这个技能使他们能够自主阅读了。但也有一些学习困难的孩子还没有养成良好的阅读习惯。通过特殊的补救性训练，学习困难的男孩和女孩能够改善阅读技能，但他们并不都能成为熟练的阅读者。如果你儿子的阅读还是有困难，他的自信心就会受到威胁，你就必须在此后的很多年里一直为他提供帮助，避免让他在学校里受到严重的挫折。

所有的父母都希望他们的孩子自己愿意学习，他们都对孩子的教育问题感到担心。如果你儿子已经带着对学习和学校的热情成功度过了学校生活中关键的前三年；如果你儿子在大多数时间里都愿意完成他的家庭作业，而没有出现对家庭作业产生头疼、肚子疼之类的逃避行为；如果他喜欢他的老师，在学校里也有朋友，那么就一切顺利。他可能仍然会说“我讨厌上学”。虽然这话听起来仍然让你有点担心，但是很多男孩都会这样说的。一方面，男孩这样说是因为其他男孩也这么说；另一方面，他们这样说是因为他们学习目标不明确，缺乏自信。

情绪的自我调控发展

男孩逐渐成熟，自我控制的能力就会提高。男孩已经习惯了学校：他们不再想念妈妈，不再担心会尿湿裤子，不再害怕学习和学习中的挫折了。不过，更重要的是，他开始从朋友那里获得情感支持了。小男孩需要大人为他们调控情绪。如果他们过于兴奋或过于焦虑，他们会被迫求助于大人。但是到了小学3年级，如果他过多地求助于大人，他会得到这样的称号：“小不点儿”“打小报告的”，或者“马屁精”。

男孩8岁以后，当他有烦恼的时候，他会尽力避免求助于大人；男孩不愿意被其他男孩认为像个孩子似的。只有最焦虑的男孩才会寻求大人的帮助，而且他们会为此遭到大家的批评，付出很大的代价。当男孩焦虑的时候，其他男孩会通过假装没发现来帮助他，从而给他时间恢复，或者劝告他“哦，不要担心，事情没那么糟糕”或者“别理他，老师是个笨蛋”。这些安慰的话试图弱化男孩所感受到的威胁，并借助了幽默的方式。当男孩们看到另一个男孩正在焦虑，而想要安抚他的时候，会对他稍加揶揄，并想办法逗他笑。过于认真的大人会误解他们的好意，认为他们在嘲弄那个脆弱的男孩。我并不是要否认这种情况有时可能会发生，但是更常见的情况是，男孩的群体在尽力帮助他找回勇气。

道德和精神信仰发展

所有的儿童都是道德哲学家。从很小的时候开始，他们就执着于一些大道理，如对与错、好与坏、生与死。我们并不常听到男孩对这些哲学问题的思考，因为我们可能被表面现象迷惑了。在小马丁·路德·金的纪念日，美国所有学校的儿童都在讨论那位伟大的公民权利领袖的生死问题。当一个4岁男孩听说金被暗杀了，他可能会问：“很疼吗？”因为他把暗杀跟自己偶尔的疼痛和无助联系在了一起。一个6岁的男孩可能会问：“他们抓住杀他的那个家伙了吗？”因为他的道德感是基于权威力量的。直到八九岁的时候，男孩才会问：“为什么有人会暗杀小马丁·路德·金呢？”这时你就可以认为，他理解了那个男人的善良和暗杀行为的邪恶了，因为他的道德感是基于公平交换的：以牙还牙，以眼还眼，你敬我一尺，我敬你一丈。

在青春期以前，他们的想法都跟大人有所不同。男孩和女孩在任何一个年龄阶段都会尽力做“好”孩子，只有很少的孩子热衷于做一个“坏”孩子。因为他们爱自己的父母，所以他们希望自己是好孩子。然而，上幼儿园时，“好”意味着不要惹妈妈和爸爸生气。在2～4年级，“表现好”可能意味着在你喜欢的老师面前好好表现，而在

“坏”老师面前则不好好表现。只有到了8年级时，才有一半学生的行为不是为了“避免惹麻烦”，而是用自己所属的男孩或女孩群体所认为的“好男孩”或“好女孩”这样的内在标准来度量自己的行为。现在，重要的就是记住，男孩可能不会听从你想要传达的东西，因为他还没有发展到这个阶段。实际上，当我们跟他们讲规则，谈到教室里面的社会性交往问题时，男孩们可能在想：“哇，老师简直疯了。她就是想留住我们，不让我们出去活动。”

小男孩基于自我的喜好来做推理，8～9岁的男孩则基于“公平”建立道德感。只有到了10岁，男孩才开始基于社会期待、相互尊重和忠诚，而形成道德感。也许，在男孩的道德思考中，最重大的变化是他能够基于个人意图，而不是客观的结果来理解一件事。例如，如果有人不小心把盘子打碎了，那么三四岁的儿童会认为这个人应当受到惩罚，就因为这个盘子摔碎了；另一个大一点儿的儿童则会注意到他是不是故意的。

在10岁以前，男孩可能会经历宠物的死亡或者祖父母的去世。他将能够理解死亡的现实性和永久性，因为他的认知发展水平已经达到了这个程度。在5岁的时候，他能理解死亡是永久的，但是他无法理解有关自己和死亡的问题。他仍然认为自己是无坚不摧的，他爸爸妈妈会让他一直活下去。心理分析师安东尼（E. J. Anthony）曾写道，当8岁孩子知道了不仅他爸爸妈妈无法让他永生，而且他们自己也无法永生的时候，他会面对一种“存在危机”。当他们从受到保护的幼小儿童时代过渡到更加现实的儿童中期和青春早期的时候，他们会变得非常焦虑。你可以安慰他，但是这些发现带给他的情绪冲击是不可避免的，谁也帮不了他。

自我认同发展

这个年纪的男孩渴望成为团体的一员，并根据大家共同的兴趣、热情和态度来定义自己。当然，某些男孩是“不同的”，但是如果让他们知道这一点，他们会反驳的。对一个10岁男孩来说，如果他朋友不喜欢阅读，而让他说喜欢阅读，这是很困难的。男孩认同感所带来的最大的好处是，男孩会喜欢自己，而这又证明他的发展一切正常。

愤怒是小学阶段男孩最常见的心理问题

在小学阶段，男孩之间最常见的心理问题就是愤怒。在个人或者家庭方面遇到困难的男孩可能会在上学之前就已经开始生气了。然而对另一些男孩来说，在学校里遇到的挫折则会激发其内心深处郁积的问题，并成为其他问题的导火索，从而导致在学校和家里出现易怒、好斗或竞争意识过强等行为问题。

男孩的愤怒可能出于对其他人的怨恨、与大人的争辩、过于敏感、对挫折的容忍度低以及失去朋友等原因。最糟糕的情况是，当一个男孩不断地跟大人争辩或说谎，变得暴躁易怒或怀恨在心，拒绝对自己的行为负责的时候，他可能会被诊断为对立违抗性障碍（ODD）。这种障碍在男孩中的发生率远高于女孩。各种研究都表明，9%～20%的男孩患有ODD，但是一般认为，不同的文化标准对男孩行为的理解会导致诊断结果的不同。请注意，儿童心理分析师爱德华·M.哈洛韦尔（Edward M. Hallowell）博士，《无辜的挣扎》（*Driven to Distraction*）一书的作者，认为ODD的诊断就像是中彩票，其定义含糊而且几乎不可能做到准确。他认为，ODD就是精神健康专家们认为男孩都有病这种错误观点的绝好例证。话说回来，无论那些愤怒得失去控制的男孩的比率是9%还是20%，这个比率都比较惊人。是什么原因使他们如此疯狂呢？他们的家庭缺少什么东西吗？是学校使他们变得疯狂吗？我们该如何理解他们的愤怒，我们该如何有效地应对这个问题呢？

发现“捣蛋鬼”的闪光点非常重要

研究人员已经发现，在一个典型的小学课堂上，15%的儿童都非常受欢迎，45%可以接受，20%“不太明确或者无法归类”——按照他们的同学的看法，他们既不能归为受欢迎的，也不能归为不受欢迎的——还有20%面临社会性危机，因为他们的同学忽视他们，觉得他们有争议，或者干脆拒绝接受他们。

一些男孩——难以控制情绪冲动的男孩，有ADHD（注意力缺陷多动障碍）的男孩，特别是经历了很多家庭矛盾的男孩，很可能会发现，他们属于被抛弃的那个部分，因为他们在社会关系中表现出较强的攻击性。一位叫贝蒂的妈妈描述了她儿子韦斯的窘境。韦斯早在幼儿园时就被老师和其他孩子贴上了“麻烦制造者”的标签，而且自从那以后，就永远无法洗掉这个称号了。他看起来就属于我们所谓的“被拒绝的有攻击性的孩子”，他有时欺负或者惹怒幼儿园的小朋友，而且他总是充当煽动者或者替罪羊的角色。他母亲说，在学校里，“他总是被看作做坏事的罪魁祸首”，结果就被他的同伴们所排斥。这令他和他妈妈都很受伤。

韦斯是一个不错的运动员，而且协调性好的男孩即使有错也经常被其他男孩原谅，因为每个人都愿意跟一个拥有天才运动员的团队一起玩儿。不过，令人遗憾的是，韦斯在3年级时得罪了太多的人，所以，即使他有高超的运动技能，也无法弥补糟糕的过去了。

韦斯属于那种非常骄傲的男孩。对于这样的男孩来说，被别人拒绝可能会使他更加愤怒或者觉得自己受到了冒犯。他会奋起反击，向同学们（以及老师们）证明，他们其实看错了。可令人遗憾的是，由于男孩们的等级异常分明，一旦各自所属的社会层级确定下来了，男孩就很难改变他所处的位置。所以，韦斯的妈妈担心他在现在的学校里可能永远都无法恢复与同学们的关系了。她的担心是对的。可是，在转去新的学校前，他必须去治疗一下自己的易怒和怨恨心理——他现在正在接受特殊教育的治疗——否则当转到新学校以后，他仍然会表现出这些问题，导致新学校的老师和同学也疏远他。

韦斯的妈妈认识到，韦斯需要一个能够了解他的能力、拥有耐心和爱心的老师。她承认她的儿子现在不信任大人。如果这是真的，在他对学校的愤怒和报复心理消除以前，即便老师对他表现出接纳、宽容和理解，他也很难与老师建立良好的关系。他是个好学生（B级），在妈妈的提醒下，他能按时完成家庭作业；他在学业上的能力最终可能会使老师注意到他，从而降低他情感防御的等级；同时，他必须在学校以外，在他那支常胜无敌的足球队中，找到朋友。韦斯的妈妈安慰自己说："虽然他现在还不是'那群男孩里面的一员'，总有一天他会成为那群男孩的领袖的。"

不要只关注男孩的学习成绩

毫无疑问，在经济全球化的今天，教育是非常重要的。这个无须争辩。不过，虽然控制男孩学业的发展，当他在某个科目上遇到困难的时候给他提供支持，如果他有学习困难，帮助他进行诊断和治疗等这些问题都很重要，但是，通常学习成绩代表不了他的全部。

很少有哪个男孩特别喜欢学校。不可否认，有一些男孩确实如此，我把这些男孩叫作"学习的好苗子"（并不只是IQ），但是大多数男孩都在学习的某些方面有困难：学习需要大人陪伴、不能安静地坐着、无法注意听讲，需要别人帮助、催促和监督做家庭作业。男孩可能非常努力了，但仍然无法得到他想要的结果。马克·吐温提醒我们说：“汤姆越是努力强迫自己看书，他就越是走神儿。”

我已经看到了太多的父母完全沉浸在儿子的学习问题中，而忘记了他生活的其他方面。对父母来说，重要的是要记住学校不是一切的起点，也不是一切的终点。有很多成功人士过去并不是优秀的学生，也有一些对学业完全放弃的人在工作岗位上或者在运动领域实现了自我价值。所以，即使你儿子在学校遇到了困难，也不要因此而一叶障目。

保证男孩们玩耍的机会

自由玩耍在男孩的发展中有特殊作用。没有什么东西可以代替，没有什么人可以代劳，没有什么比男孩们离开大人，找到一个或一群朋友，享受一段自由玩耍的时光更加惬意的了。现代生活不利于男孩的自由玩耍，我们几乎把所有的事情都变成了工作，包括玩耍。

男孩天生就知道玩耍的真正含义。玩耍就是你想要全身心投入所做的事。玩耍就是你父母从未教过你，而且还可能不愿意让你干的事。如果说工作是某个人被强制去做的事情，那么游戏就是某个人不由自主地去做的事情。

马克·吐温曾绝妙地解释了为什么虽然有组织的体育运动也对身体健康有好处，但是仍然跟真正的玩耍不是一回事儿：当你注册并加入一个团队，承诺帮助团队实现预定目标的时候，你就已经受到强制了。一旦你被强制去做这件事，它就不再是游戏了。哦，是的，当然，其中也会有一些快乐和兴奋的时刻，但是大人组织的活动绝不是真正的玩耍。大人能陪在旁边吗？可以。大人要随叫随到吗？是的。大人能为男孩组织真正的玩耍吗？不能，永远不能。

一个朋友，也是一位经验丰富的父母，劝告其他试图干预儿子自由玩耍的人：“有怀疑，就闭嘴。”如果你想听听更详细的解释，那么就读一下美国儿科学会（AAP）最近在一份强调玩耍对健康发展的重要性的报告中所总结的：

- 玩耍能让儿童创造和探索他们能够掌控的世界，在执行类似成人的任务时，可以克服恐惧。
- 当儿童能够掌控他们的世界了，玩耍能帮助儿童形成新的能力，并进而提升未来面对挑战时所必需的自信心和坚韧度。
- 自由的玩耍能使儿童学会如何在团体中合作、分享、协商、解决矛盾，并学会自我管理的技能。
- 当儿童能够在玩耍中自己做主，他们就能够练习决策技能，按照自己的节奏进行，发现感兴趣的领域，最终全身心地投入到他们所追求的东西中。

竭尽所能让男孩们一起自由地、无拘无束地玩耍吧！帮助他们建立一个安全的邻里环境，跟其他父母谈一谈这个问题，为了能让男孩们一起玩儿，贡献出你所有的力量。可能这有点儿难，但是过度忙碌的、过度管束的、过度竞争的生活是不会培养出一个真正的男孩的。

教男孩阅读和书写更困难

对于很多男孩来说，在3～5年级学习阅读的时候会遇到与幼儿园、一二年级时同样的问题。很多男孩在学校里都会遇到困难，特别是在阅读和书写方面。这是因为小学课程中有大部分都是基于语言的，所以阅读是学习的核心科目。很多男孩都回避阅读，甚至“憎恨”阅读。父母想要知道为什么会这样，他们能做点什么来帮助孩子。在整个小学阶段，男孩出现的阅读问题是一个全国性的普遍现象。

实际上，与教女孩相比，教男孩阅读和写作要更加困难。4年级只是个开始，在更高年级时仍然如此。

有四种理论也许可以用来解释这么多男孩在阅读和书写方面不如女孩的问题。第一个理论强调神经生物学方面的差异；第二个强调社会学习方面的差异；第三个强调文化的作用，特别是学校的文化及其对男孩的影响；最后一个则关注阅读课程和教学方法。

简而言之：神经生物学差异的解释主要依赖于日益增加的大量研究成果（这些研究仍然是初步的，而且并不是结论性的）。神经生物学理论认为，男孩的脑不像女孩的脑那样适合阅读，或者说，因为男孩脑中的5-羟色胺少于女孩，所以他们更加躁动不安，这导致他们在小学阅读课程中处于不利地位。

社会学习理论认为，因为女孩跟同伴的交谈更多，所以她们有更多的机会练习语言。而且，因为女老师比男老师多，所以女孩在语言和阅读方面有更好的学习榜样。女孩们会相互扶持并取得好成绩。相反，男孩团体则是抵触知识和学业的。如果一个男孩花很多时间看书或者取得好成绩，他就更有可能会受到朋友们的嘲弄。

对学校文化的批评者们则认为，学校对男孩的期待与发展轨迹之间并不协调，而且学校里的女老师不能接受男孩的行为方式。文化批评者总结说，男孩相对更顽劣一些，所以男孩受到了太多的惩罚、诊断、被贴标签，或者被认为“有病”。在那里，他们失去了道德信仰和自信。

最后一个理论关注了男孩在课堂上的体验。该理论认为，在过去30年里，学校已经不再使用阅读材料和书写作业了，这些本来能吸引男孩的手段。结果，男孩就只能到学校以外去寻找令他们感兴趣的有趣故事了。

父母没法等待研究人员搞清楚哪个理论是正确的。我从父母那里听到的看法是，当他们的儿子在学校里待了三四年以后，他们自己就能自然而然地得出这些认识“他们的脑就是不一样的。”

新罕布什尔州立大学的英文教授托马斯·纽柯克曾对从学前到大学所有水平的读写能力都进行了研究。他认为，如果我们想要成功教会男孩读和写，首先必须明白，男孩对阅读和书写的体验是怎样的。“男孩经常觉得读写活动毫无吸引力，缺少活力。”纽柯克写道，“它阻碍了男孩们的活动、说话、玩耍和体验身体力量的需求。”

纽柯克认为，对男孩来说，不是这样的；对很多男孩来说，默读是一种痛苦。阅读是一种将男孩与真实世界的交流阻断的东西：他从中得不到反馈，他无法跟朋友们交流，而且阅读也没有什么产品生成！如果男孩用木头搭建什么东西，他立即就知道自己做得好还是坏，而且他还能跟朋友分享自己的体验。在一个男孩看来，成为一个好的阅读者意味着他必须做一个孤独者。男孩为什么要选择那样的命运呢？而且，为了成为一个好的默读者，他还必须坐着，控制自己的身体，还要保持安静。如果这些要求还不足以让阅读在男孩的心中留下恶名的话，那么，别着急，还有呢。女孩似乎比男孩更容易做到这些要求，这就使阅读更像个“女孩的”事情。最后，就像纽柯克所指出的，教育工作者用椅子上的工作——就是必须坐下来才能完成的工作——来控制不服从规则的学生。所以，阅读和书写经常被男孩看作是一种惩罚。

在我的网络在线调查中，我问老师们：“课堂上最不适合男孩的活动是什么？什么事情令他们沮丧和抱怨？”下面是他们的一些回答：

写作和记笔记。

默读。

让他们在纸上写下他们的想法。

自己安静地读，然后写篇总结。

坐下来听。

持续阅读。

任何需要他们长时间安静坐下来完成的事情，特别是写作。

坐着，把脚放到地面上，排成整齐的行列，书写。

当我要求老师们写下最适合男孩的活动的时候，几乎没有人在答案中提到某个特定的科目，如数学或科学；相反，老师们提到的则是在所有的科目上都通用的调动男孩学习兴趣的技巧：

- 从一个让他们产生疑问的问题开始（引他们上钩），给他们提供材料，然后让他们自己去找。说得越少越好。
- 需要动手的事情，带点儿幽默，吸引他们参与讨论。
- 让他们自己选择，给他们活动的机会。
- 让他们自己做，不必严格遵循某个计划。
- 尽力在课堂上为男孩制造活动的机会，营造活跃的气氛。
- 男孩在动手实践和视觉技巧方面有优势。我相信如果某个概念伴随着一个视觉线索或者故事，那么男孩们会记住更多、更投入。
- 帮助记忆的有趣游戏。与杰出人物的竞赛（只要最终的结果仅会给他们一点儿小教训，而不会伤害他们的自尊就行）。

从这些答案中你会再次发现，无论所教的科目是什么，其核心问题都是活动，自由的、多样化的以及包括相互讨论和交流的活动。

有办法解决吗？

托马斯·纽柯克建议，教育工作者不要再把我们的喜好强加给男孩了，在学校里要给男孩更多自由选择的机会——例如，让他们读漫画书和体育画报。我们需要让男孩写下他们喜爱的故事：科幻小说、冒险经历、幽默故事以及其他什么东西。

女孩和男孩的学习风格大相径庭

在过去10年里的每年4月，马萨诸塞州切斯纳特·希尔学校的5年级女孩和男孩都会被分成两个同性别小组进行学习。学校这样做是为了在学生接近小学毕业、将要在同性中学和男女同校的中学之间进行选择之前，体验一下在同性环境中学习的滋味。

老师们从男孩那里得到了令人吃惊的答案。他们的反应从完全赞同到完全反对都有。一个男孩说，他喜欢都是男孩的班级，因为男孩可以不用担心“女孩的白眼”，这样他们就可以“为所欲为”了。其他男孩喜欢同性班级是因为“我们可以随便说笑”和“关系更好”，或者“因为没有女孩分散我们的注意力，所以我们会更容易投入学习”。还有一个男孩这样认为：“没有女孩会更和谐，因为她们不会在这儿跟我们争论。”

并不是所有的男孩都同意上面的观点。一个男孩说，虽然他喜欢都是男孩的班级环境，因为这样他可以更好地学习，但是“我永远不会上全都是男生的学校，因为在现实生活中，男孩和女孩都是在一起的。我还是喜欢不同性别的人在一起”。

另一个男孩觉得男女同班是最好的：“我觉得这样会有很多乐趣，而且，你能跟朋友们在一起。我觉得我在男女同班时学到的东西跟全都是男孩的班级一样多。但当全都是男孩的时候，我会更加分散注意力。”

这再次提醒，两种性别的儿童分开接受单独的教育和一起接受教育到底有什么不同以及老师到底该怎么区别采用适合男孩和适合女孩的教学方法。当教女孩的时候，通常更安静、更专注，会有更多写作活动，更有合作气氛的学习环境。然而，当教男孩的时候，可以将分配的活动中包含更多的动手实践，玩更多游戏。为了让男孩和女孩学到同样的东西，在过程中需要采取的方法将是大相径庭的。

男孩的最爱是看电视和打游戏

如果男孩不去阅读，他们能干什么呢？这其实是一个人尽皆知的秘密。他们在看电视或者玩电子游戏。

4年级男孩保罗的妈妈告诉我，她现在正在试着限制孩子看电视的时间。因为小学校长强烈建议父母们每周都要限制孩子看电视的时间，直到周末才给孩子看电视。保罗周末看电视或玩游戏的时间也不超过3个小时。这位母亲说，她和孩子会因为这件事情每天下午都争吵不休。每天保罗回到家，总会问妈妈可否看电视或打游戏（电子产品里的游戏）。她永远都不允许孩子看电视或打游戏。保罗起初会抱怨，接着就会与她大吵大闹，如果以上方法不奏效，他就恳求妈妈，埋怨妈妈，最后看到妈妈不同意，就会表现出自己无事可做或百无聊赖的样子。这位妈妈能感觉到孩子的气愤，也知道他不能找到别的兴趣点，不能自娱自乐。

为什么保罗的妈妈愿意每天下午都和孩子发生争执呢？她为什么要固守自己的要求，而儿子为什么一定要打破妈妈的限制呢？就像保罗的妈妈一样，很多父母们都担心电视和电子游戏对儿子的负面影响。因为她从科学研究的结果中了解到，过度看电视和玩电子游戏会影响孩子的学业，也会影响孩子的身体健康，包括产生视力问题等。

凭直觉就可以知道看电视和分数之间的关系。也就是说：看电视的时间越多，分数越低，因为很显然，花很多时间看电视的儿童花在阅读上的时间会更少，他们花在涉及阅读的棋类游戏上的时间会更少。卧室里有电视机的儿童，以及每周多看2.5个小时电视的儿童，他们的学业成绩会受到更大影响。

也许最令人担忧的事情是看电视会影响儿童的专注力。老师们经常抱怨男孩“注意力不集中”或者在“选择性注意”方面有问题，而且美国男孩中似乎流行注意缺陷多动障碍。所以，我们需要了解电视是否就是这些问题的根源。在俄亥俄州立大学进行的一项实验中，研究人员把儿童分作三个组：第一组只是玩耍，第二组看《罗杰斯先生的邻居》（*Mr. Rogers' Neighborhood*），第三组看《金刚战士》（*Power Rangers*）——这是个在全世界范围内空前成功的儿童节目（每小时包括211个“暴力”动作）。看了30分钟节目后，观看《金刚战士》的儿童注意力集中时间只有3分钟，而另外两组则有6分钟。

克里斯塔基斯和齐默尔曼重复了俄亥俄州立大学的实验。他们发现3岁儿童每天多看1个小时电视，到7岁的时候就有20%的可能出现注意力不集中、易冲动和躁动不安等问题。

研究人员还发现了长时间看电视和儿童期肥胖之间的联系。他们发现，每天看电视超过4个小时的儿童比看电视的时间更少的儿童的体重更重。研究还表明，长时间看电视跟暴力倾向之间有因果关系，所以，限制男孩看电视的时间是有重要意义的。在这里，父母同样无法等待研究给出“电视有害儿童健康”的确定性结论。儿科大夫已经得出结论，2岁以下的儿童完全不要看电视，而且他们同意克里斯塔基斯和齐默尔曼的观点，即“2岁以后是否可以看电视也应该谨慎选择，并尽量控制在最少时间”。

如果生活这么简单就好了！即使妈妈限制男孩看电视的时间，但是她还必须决定是否该让他玩电子游戏，如果让他玩儿，该玩哪个。

很多视频和电脑游戏都充满了想象力和创造力，模拟人生的系列游戏基本上就是儿童游戏房和搭积木游戏的网络版。我儿子这些年玩了很多种版本，我也很欣赏它的创造力。然而，随着男孩逐渐长大，能吸引他们的游戏越来越暴力和血腥，游戏设计者让玩家“身临其境”。也就是说，在很多视频游戏中，男孩——通常都是男孩在玩——挑选他的武器，追踪坏蛋或恶魔，然后杀死他们。

美国国家媒体与家庭研究所的主任戴维·沃尔什说，研究人员发现，对于3年级儿童来说，花在玩电子游戏上的时间少甚至会得到同学的负面评价。有一些证据表明，暴力视频游戏会使男孩心情抑郁，并使他更容易跟另一个男孩发生冲突。

为什么男孩对视频游戏如此着迷呢？

首先，游戏在视觉上非常刺激。如果如研究所表明的，男孩的大脑使他们在视觉、空间领域的信息加工方面有优势，他们比女孩更善于完成空间旋转任务，那么视频游戏正好与这种天性相吻合。我们都喜欢跟我们天性吻合的东西。

第二，视频游戏让男孩们感觉更强大、更有力。游戏都有一条故事线索和一个操纵者，操纵者能让男孩成为他几岁时就梦想成为的超级英雄。他能发挥自己的魔力。大人可能会说，游戏中的力量不是真实的力量，可是它确实能让男孩感受到那种在学校里感受不到、在家里作为一个孩子也感受不到的能力。

第三，团体中的男孩在休息期间的玩耍已经摆脱了大人的控制。视频游戏达到了同样的目的；它们把男孩跟大人分离开，因为大多数大人都不玩游戏、不理解游戏，而且一般也不喜欢游戏。

第四，要求男孩尝试这些游戏和喜欢这些游戏的社会压力非常强大。男孩的朋友们都在谈论这些游戏，而且他们会说——无论是公开的还是隐晦的——这些游戏是真正的男孩应该感兴趣的东西。玩视频游戏是对男孩是否具有男性化特征的非正式的检验。

第五，现在的家庭一般都是双职工，陪孩子的时间相对较少。由于在家里得到父母关注的时间太少，所以孩子必须学会自娱自乐。因为兄弟姐妹也少，家里玩伴就少。因此，电视和视频游戏填补了现代家庭的真空地带。

最后，视频游戏取代了这个年纪男孩经常进行的很多户外探索和冒险活动。过去男孩可以自己在户外玩耍，跟邻里的朋友们玩耍，可以从家里骑自行车到很远的地方。现在，生活改变了这个年纪男孩自由享受课后时光的方式。不会有父母再这样说了——“出去玩吧，吃饭时间再回来”。父母不再信任他们的邻居，也不再信任他们孩子的判断力了。

多让男孩参加有组织的体育运动

对于那些住在城郊的男孩来说，使其摆脱困境的方法就是参加有组织的体育运动。如果你没法让儿子在没有人看管的情况下在邻里玩耍，如果你孩子跟朋友距离较远，玩起来不方便，如果你担心孩子在电视前坐的时间太长，会变胖，那么最好让他去参加社区的体育运动项目，那里有他的朋友，也有细心的大人当教练。父母们应尽快让男孩参加有组织的体育运动，而且让他在运动中待的时间越长越好。

到了七八岁，通常会有很多原因促使男孩加入城市体育运动：他的朋友在玩足球或篮球，在学校里的交流经常是关于各种球队的排名和战绩的。城市球队已经取代了邻里活动而成为同龄人及父母的社会活动中心。在球队活动中有欢呼、有旅行，当然，还有甜点。在比赛场地的边线处，经常会出现爸爸们的身影。爸爸对男孩的运动通常比对他的学习更加主动积极和感兴趣。

很多5～10岁的男孩把体育明星当作自己的偶像，然后想要模仿自己的偶像。他们在电视广告上看到自己的偶像，他们看偶像打比赛，他们穿着印有偶像名字和号码的队服，而且他们认同自己的偶像。这就是男孩。体育运动能让小男孩梦想他们正在成长并接近心目中的英雄偶像。最重要的是，这个年纪的男孩觉得，在体育运动中取得成功是他们未来取得男人身份的关键。无论男孩们愿不愿意，大多数男孩都必须接受同伴的评估，而评估的标准就是身体的力量和运动的能力。他们相信，在体育运动中取得成功将帮助他们获得男性化的认同感。这将会给运动协调能力很强的男孩带来巨大的自信心和幸福感，给那些处于中等水平但是充满野心的男孩带来强烈的挫折感，而使那些运动能力平平或者对运动根本不感兴趣的男孩产生自卑感。实际上，那些发现自己对运动根本不感兴趣的男孩，或者那些害怕公开竞争的男孩，可能会感到耻辱，并怀疑自己的男子汉气概，除非他们在别的领域得到认可，并受到同伴的赞赏。

根据研究发现，儿童能从他们所参加的体育运动中受益匪浅。跟其他儿童相比，他们拥有了更加健康的生活方式，吃掉了更多的蔬菜和水果。**从事高水平锻炼的青少年更少出现抑郁，与父母的关系更好，心态更加积极向上，学习成绩也更好。**

基于这些原因，父母会尽可能长久地让孩子进行体育活动，最好持续到青少年时期。

然而，这也给父母带来了一个两难问题。如果儿童心理意义上的“游戏人生”大约是6年，那么参加体育活动的大多数儿童在7岁的时候开始运动，到13岁就不再继续了。如果你想让孩子受益更久，也许应该晚一点儿再让他参加这些活动，大约10岁或11岁。但是，如果你不早一点儿让孩子参加，当他所有的朋友都已经参加的时候，你可能会错失他热情高涨的时刻，最终他会变得习惯于坐在沙发上打游戏，以后也不愿意再参加什么运动队了。也许他的运动技能会远远落后于他的朋友，这样他就不会冒险再去参加什么运动队了。所以，最好还是早一点儿开始。

父母该怎么决定呢？一方面，有组织的体育运动提供了非常多的好处，如促进男孩的身体健康，释放他的充沛能量，增强与同伴的友谊，提供了有大人管理的安全环境，以及提供了父母可以跟儿童一起分享的乐趣；另一方面，有组织的体育运动也有一定的风险：协调性不太好的男孩会受到羞辱（重要的是要记住，有一半男孩的运动能力在平均水平以下），没能参加运动队的男孩会有一种自卑感；或由于过度强调胜负而被过早埋没；过度专业化、过度疲劳导致受伤，教练期望值过高或者父母参与过度导致抑郁或焦虑。

所以，对于上面的问题，并没有一个唯一的答案。对你儿子来说，唯一正确的答案就是，你应该观察你儿子对有组织体育运动的反应。你需要在鼓励和等待之间做出选择，你需要决定虽然他的朋友已经开始参加有组织的体育运动了，但是你仍然让他等一年，或是让他在铁血教练的教导下争取进入精英队，因为你觉得他足够坚韧，完全可以应付。再强调一次，你需要观察你儿子对有组织体育运动的反应。给自己一点儿时间冷静一下，让你儿子自己做决定。

或者，虽然运动对大多数男孩来说都是一件有意义的事情，但是如果他说他不喜欢，那么你可能需要建议他以其他的方式锻炼身体。感受身体的力量对这个年纪的孩子来说还是很重要的，他可以骑车、远足、游泳……

不要过度干涉男孩的运动

我相信有组织的体育运动对男孩是有好处的。我曾在一个男子学校里工作。这个学校要求男孩参加课后的体育运动项目，用来帮助男孩保持健康的身体，养成终生锻炼的习惯，学会如何在团队中与其他男孩进行合作。运动的好处的确大于坏处，特别是在这个肥胖问题日益严重的时代里更是如此。

可是，如果父母过度干涉男孩的运动的话，就很容易出现问题。因为父母过度参与会逐渐影响孩子的参与程度。爸爸比妈妈更容易对儿子的运动进行过度干预。我理解其中的原因。看体育比赛是大多数男人生活的一部分，既是兴趣，也是自我认同的一部分。而且，我是男子学校的一名心理治疗师，我曾看过很多男孩的比赛。这些比赛令人激动，印象深刻，而且很明显，男孩大多数时候都很享受。看着他们高兴，我也高兴。对很多忙碌的父母来说，看着他们的儿子在庭院或者场地上玩儿是他们生活中最惬意的休闲时光。

然而，作为一名心理治疗师，我曾听到很多男孩说过“我爸爸唯一关心的事情就是我的曲棍球（或者足球、篮球）”。我曾遇到过一些深深陷入沮丧情绪中的父母，因为他们的儿子膝盖韧带受伤了，并有可能终止他的运动生涯。我还碰到过哭泣的妈妈，她因为儿子没能进入学校的运动队而受到沉重打击。她儿子告诉我那天上午令他最难受的事情不是出局，而是他父母对此的反应。因为这一点，他觉得自己是个失败者。

重要的是要记住，大多数男孩永远无法进入最终的精英队。鲍勃·比奇洛是NBA前凯尔特人队的队员，他与别人合著了一本关于儿童有组织体育运动项目的书《让孩子自己玩儿》（*Just Let the Kids Play*）。他说：“精英队是由城市里‘最棒的’儿童组成的，当我这样说的时候，家长会不高兴。”但是他继续指出，在任何城市里其实都没有那么多真正天才的选手。大多数男孩将永远无法参加学校的运动队，而且在能够参加的男孩中，只有很少的一部分会在大学里继续体育运动。这是事实。此外，根据运动心理学家理查德·金斯伯格的观点，在

10岁或12岁以前就预测运动员的职业生涯几乎是不可能的，这是因为所有的一切都会被青春期的身体发育重新洗牌。一些男孩会变得协调性差，并因为体重的原因动作变慢；另一些人的协调性则会变得更好。

所以，尽情享受男孩在有组织的体育运动中的快乐吧！为他和他的队友加油和欢呼，不要批评他的比赛。更重要的是，不要过度投入你的感情。在我家的墙上，我有一幅从《纽约客》上剪下来的卡通画。在画中，父母坐在高中体育比赛的看台上。在他们前面是4个拉拉队员齐声喊着："燃起你的希望，为孩子的成功喝彩吧。"我把它放在那儿，是为了在我忍不住过多干涉孩子的体育运动时提醒自己。如果你想要一个攻略的话，你可以试试这个：确信你儿子对运动的喜爱总是超过你。

男孩9岁时会假装不需要妈妈

问：我不理解我9岁的儿子。他跟我交流得很少，但是跟其他人，如儿童辅导员，却交流得很多。我告诉他，我不仅是他妈妈，而且还是他的朋友。他爸爸不跟我们在一起生活了，这令他很烦恼——他不明白爸爸为什么离开。有时候他会发怒，他太情绪化了。他经常因为一点儿小事儿就哭。他表达情绪没问题，但是有时候我就是没法儿理解我儿子。

答：大多数9岁男孩跟妈妈的交流都不多，特别是很少用词汇和长句子进行交流。原因是他们觉得妈妈对自己的了解已经很多了。如果你不能马上理解他的用意，他会设想你到了晚上就会想明白的。你看，男孩设想你能理解他的心思，因为你喂养他，一把屎一把尿拉扯他，了解他的心情，知道他什么时候需要去厕所，能猜到他什么时候会遇到挫折。他觉得你对他有第六感，所以不需要告诉你所有的事情。

但是，老师和儿童看护员就不同了。你儿子不会理所当然地觉得他们理解他，所以他必须跟他们说。我理解你为什么对这个感到有点嫉妒，但是，告诉他“你是他的朋友”没有什么帮助。他不会相信你：朋友就是朋友，妈妈就是妈妈。作为父母，你能跟你的孩子享受朋友般的时光，但是到了晚上，孩子的妈妈就是告诉他什么时候上床睡觉，让他上厕所，迫使他关掉电视、做作业的人。她不是他的朋友，她是他的妈妈，所以他会对她隐瞒某些事情（所有的孩子都这样）。

同时，男孩会假装他们不需要妈妈，因为这让他们感觉更加成熟和强大。这没法迷惑任何人，也不能迷惑你。他对你的需要远远超过他所能够表达的程度。当他受委屈和哭泣的时候，他需要你抱着他，即便他不会告诉你他为什么这么泄气和难过。你就陪他坐着，对他说：“宝贝，我知道你伤心。我不知道你为什么这么生气，但是我会坐在这儿陪你，直到你觉得好一些。”问他是否因为爸爸才这么烦恼，或者是否因为在某件事情上想做好却做不到才这样的。告诉他如果他是因为爸爸不在身边，嗯，那么，他生气没有什么错。

不要放纵他，但是也不要惩罚他；尽力保持镇定和放松，直到他恢复自控力。最好跟你儿子说：“我知道你有烦恼，也知道你非常生气。我保证过一会儿就好了。”

活动过度与注意力分散

当孩子上了小学三四年级，我们就不能不讨论一下ADD（注意缺陷障碍）和ADHD（注意缺陷多动障碍）了。在小学，与学习上有问题的男孩联系最紧密的词儿就是活动过度——上蹿下跳、坐立不安、心神不宁、沾火就着、虎头蛇尾。这个年龄阶段是大多数ADHD男孩得到确诊的时候。在诊断中使用的正式称谓是ADHD，但是很多人继续使用

ADD作为简称。活动过度最极端的案例——我将这些男孩称作飞檐走壁的人——在小学低年级就能识别出来。

然而，随着学业要求的提高，那些并没有明显表现出活动过度，而只是容易注意力分散的男孩，将会出现学习问题，或者他们的老师会发现这些男孩在课堂上不太好管。根据爱德华·哈洛韦尔和约翰·莱迪的观点，ADD的标志就是注意力分散、冲动、安静不下来。根据专业人士的观点，5%～8%的儿童患有ADHD。不过，对ADHD的诊断是有争议的。在某些地方，ADHD的标签被严重地过度使用了，每个活跃的男孩好像都背上了这个标签；而在另一些地方，ADHD的诊断则严重不足，因为大夫说他们“不相信ADHD”。研究ADHD儿童脑机制的研究人员已经表明，某些患有ADHD的儿童跟其他正常儿童相比，在脑功能和脑结构方面确实有显著的差异。

我在私立学校当顾问的日子里，曾看到很多男孩被诊断为ADHD，因为他们不能安静地坐下来，满足严格的课程要求。那真的是ADHD吗？我也看到另外一些男孩被诊断为ADHD，因为他们的老师非常乏味或者死板。我怀疑其中的一些男孩可以转到要求稍低一点儿或者更强调活动的课程中，他们可能会发现他们的注意水平和活动水平完全没问题。我怀疑其中的一些男孩如果得到足够的睡眠，别看那么多电视，他们的注意力会更加集中。

根据我的经验，有一小部分男孩，在一个普通班级中可能占3%～5%，可能会由于得到诊断而受益，因为他们会因此得到教育工作者更多的理解，其中的一些人将会得到行为干预及必要的治疗。一些人认为，ADHD的诊断是假的，或者可以用作不好的行为和缺少管教的心理学方面的借口。我的看法是，男孩之间差异巨大，既有高度专注的男孩，也有根本没法维持注意力的男孩。这些男孩在学校里会出现困难，我们需要为他们做点儿什么。

男孩独特的亲密方式

在这个年纪，男孩的外在表现非常丰富，几乎吸引了我们所有的注意和担心，但是8～10岁的男孩除了跟他的哥哥、姐姐打架，搜集明星卡片，参加团队运动及打视频游戏之外，就没有别的了吗？当然有啦。你儿子像以前一样深刻和敏感。他在这个时候只是完全钟情于探索外部世界而已。他精神饱满、永不停歇，甚至有点儿强迫症倾向。他目标坚定、内心自豪、不屈不挠。你儿子想要让一切——无论是什么——都置于他的掌控之下，他想要拥有一切。他每天都想要保持“竞技状态”。他在任何时候都不愿有脆弱感，但是当他确实感到恐惧或者无法应付的时候，他当然会尽一切努力保证不在公开场合哭。

因为8～10岁的男孩对外部世界太专注了，太想成为一个小伙子了，所以，只有他的老师、父母才有机会看到他悲伤、恐惧以及正常的行为退化——突然退回到小孩子的状态，这些对人的健康成长至关重要。重要的是，不要被他表面的活力所迷惑，而忘记了他的心理。他仍然需要你的陪伴，有你陪伴的时光仍旧是那么甜蜜。

可是，如果你的儿子不喜欢跟你亲密怎么办呢？虽然有时候男孩会将他的注意力转向其他方面，似乎他对你不再感兴趣了，其实他是在促使你改变交流的方式来适应他的成长。游戏治疗师劳伦斯·科恩描述了一次对一位妈妈维姬和她的儿子斯坦的家访。维姬是一位单亲妈妈，她对科恩说她很焦虑，因为斯坦8岁了，是个独生子，“没法跟她亲密起来”。科恩听到这些，感到很惊奇，因为他曾跟斯坦一起待过，虽然他是个有点焦虑的孩子，但是看起来能够跟别人建立友好关系。

“我想问题也许是，维姬不知道该怎么按照斯坦的方式来建立联系。”科恩说道，“所以我问斯坦我和他是否可以成为朋友。”

“他看着我，迷惑了，所以我又解释了一下我的意思，跟他建议说，我们可以握握手，互相击个掌，说点什么，讲个笑话。他拿起了一块积木——他太喜欢积木了——也递给我一块积木。他握着积木的一端，另一端对着我。那么，我也把我手里的积木对着他。他拿着积木朝我伸过来，我也迎着他伸过去，这样我们的积木就握手了。”

这简直难以置信，科恩想到，因为斯坦跟妈妈表现出来的联系方式就是这样的——隔着一定的距离，不会很热烈，带有点超然和创意。当科恩回头看斯坦的妈妈的时候，“她的表情似乎在说，你明白我的意思了吗？他不会交往”。

科恩向维姬解释了用积木握手背后的含义，然后说，他们正在交往。斯坦从他的床上跳起来，走向妈妈，然后转过身背对着她。维姬的看法到底是对还是错呢？

接着，斯坦倒退着穿过屋子，来到他妈妈坐的地方，明显表情有点沮丧。在两个大人安静地坐着的时候，斯坦开始制造噪声，就像卡车在倒车。他慢慢地倒车，直到坐到妈妈的腿上。

作为一名心理治疗师，科恩认为这绝对是聪明的、有创意的和有着深厚感情的交流方式。但是，斯坦的妈妈看起来仍然沮丧，就好像在说，“请救救我这个有问题的孩子吧”。

“最后我明白了。”科恩说道，“我对这位妈妈说，‘你8岁的儿子永远不会像你跟你的女性朋友那样，坐下来跟你进行充满感情的对话——用语言而不是别的方式。放弃那个梦想吧，否则的话，你将永远无法享受到你们之间本来可以拥有的那种真实的、强烈的感情联系，显然，他对这种联系的渴望跟你一样强烈’。”

兄弟之间的争斗、攻击和友谊

对于小男孩来说，父母最关心的两个话题是：男孩的“攻击性”和兄弟之间的争斗。男孩正常的活动、攻击行为以及男性暴力在本书中互相交织，因为他们在不同的年龄以不同的方式出现。但是现在，我想要讨论一下兄弟争宠的问题，实际上，这是关于攻击的另一个问题。兄弟之间，出现矛盾是正常的，但有多少矛盾是有问题的呢？

有一次，我在一所学校里演讲，一位老师举起手来说道：“我有两个儿子，一个10岁，一个6岁，他们整天打架。我怎么才能阻止他们打架呢？”

我立即问她：“你所说的‘打架’是什么意思？”

她答道：“摔跤，每件事都要争来抢去。”

“他们打架的时候经常会哭吗？”我问。

“嗯，有时候。”

“会流血吗？你曾把哪个孩子送去急救吗？”我询问道。

“没有！”她对我的问题感到吃惊。她的反应促使我问了另一个问题：“你小时候有兄弟跟你一起长大吗？”答案如我所料，“没有”。

莉萨也是一位妈妈，不过她跟三个兄弟一起长大。当我跟莉萨讨论兄弟之间争斗的问题时，她的回答则完全不同。当我问她，儿子之间打架是否曾导致流血冲突的时候，她笑道：“哦，除非流血了，否则我不会干预的。”接着，她又说道，她会旁观，直到她没法再忍受的时候，才会把他们分开，让他们都回到自己的房间去。他们却迫不及待地又跑到一起，一块玩，然后再打架。“心肠软的话，”她说，“当不了男孩的妈妈。”

为什么一位妈妈对儿子们的摔跤和竞争感到烦恼，而另一位妈妈却如此超然对待，不流血都不会担心呢？有两个因素会影响到妈妈对兄弟之间争斗问题的看法：她是否曾有一起长大的兄弟，如果有，这些兄弟长大后跟她及兄弟之间是否关系融洽。对女性来说，“欣赏”——我有意使用这个有刺激意味的词——兄弟之间的强烈感情和怒火通常是一件艰难的事情，因为兄弟之间粗暴的争斗破坏了女孩之间竞争与合作的大多数规则。男孩通常对相互之间的竞争没有节制，甚至有点强迫倾向。

爸爸：打架是一种表达感情的方式。

因为男性曾经历过男孩和兄弟之间的这种竞争，所以他们对兄弟争斗的现象会更加宽容。男性对这种竞争经常有一种兴奋感，并认为这对男孩是有益的。但是最终跟妈妈一样，爸爸也会根据记忆中自己与兄弟之间的关系来理解儿子的竞争行为，以及这种竞争在以后的生活中是如何消解的。一位爸爸说道：“直到几年以前，我们还在互相竞争，但是现在我们成了一起进出、互相欣赏的好伙伴。”他对儿子之间的竞争显然毫不担心，因为他没觉得这会有什么不好。

在少年期之前都跟兄弟们关系疏远，而且小时候经常互相斗嘴的爸爸也这么认为。现在，他和兄弟们是最好的朋友，“我们的关系非常融洽。我拥有一个亲密的家庭，即便给我全世界，我都不愿意换”。

一些男性一点儿都不记得小时候兄弟争斗的事情了，因为这些争斗更多地被他们之间亲密的手足之情补偿了，而且无论如何，他们对男孩之间的争斗都不感到奇怪。一位爸爸这样写道：“我并不觉得有什么真正意义上的兄弟争斗，我们都互相支持。我确信，我们会打架，但是在我们四兄弟之间没有什么不能解决的问题。”

另一些仍然跟自己的兄弟关系疏远，或者仍然对小时候兄弟之间的矛盾记忆犹新、感到冷漠和伤心的爸爸则出于本能不让他的儿子们像他那样争斗。哈里斯曾整天跟他哥哥打架，“可能我不正常的童年给我带来了挫折感”。结果，他尽力不让他相差3岁的两个儿子互相打架，而且他觉得其中一个受到了“虐待”。然而，通过观察他自己的童年经历，他学到了新的东西。“我开始相信，男孩之间的打架——在某种意义上，是一种表达情感的方式”。

妈妈：担心兄弟之间的矛盾会破坏手足之情。

大多数妈妈都非常希望自己的儿子长大后成为拥有亲密关系和有爱的人。她们竭尽所能地促成这个愿望。因此，短期来说，妈妈最常见的担心是，摔跤和竞争会让某个人受到伤害；不过，更重要的是，妈妈担心兄弟之间的矛盾会破坏他们的手足之情。

问题是，没有哪个父母能够保证兄弟争斗不会影响他们长大后的关系，而有时候通常会出现令人伤心的结果。唐娜描述了她跟哥哥之间令人不快的关系：“我哥哥跟我的关系非常糟糕。他总是捉弄我，直到我‘崩溃’。我从不想跟他在一起，我们也不互相尊重。我很奇怪我居然想要个男孩！”当她跟哥哥都有了家庭后，他们的关系改善了，在他们一起照顾重病去世的妈妈的时候，他们变得非常亲密，但是这花了很多年的时间。当她看见她儿子跟妹妹打架的时候，她害怕了，这是可以理解的。她在自己的家庭里，重新创造出了一个她自己曾生活过的环境，兄妹之间的矛盾困扰着她。

当你跟很多不同的父母谈过之后，你会得出一个结论：健康的兄弟关系并没有一个统一的模式，无论是兄弟之间还是兄妹姐弟之间。当父母剥夺了孩子之间的感情联系，当孩子之间没有足够的互动交流，当父母偏爱某个孩子或者出于某些特别的原因令孩子们互相反目，通常结果都是糟糕的。但是总的来说，很难预测兄弟姐妹之间的关系将来会怎样。

当妈妈们向我提到她们对儿子之间或者儿子与姐姐或妹妹之间的关系感到焦虑的时候，我经常会问一些问题。第一，其中一个孩子总是处于劣势吗？例如，大的总是欺压小的吗？第二，小的是否拥有大的所不具备的技能？第三，也是最重要的，如果你拿一块表计算一下，在他们待在一起的时间里，有百分之几的时间在互相打架，有百分之几的时间在一起玩儿，如在户外玩耍、做运动、看电视，或者跟对方的朋友一起玩儿？

当父母不再去想合作和竞争时间之间的比例的时候，他们通常都明白了，好处跟坏处的比可能达到了10∶1。问题是打架会让人不高兴，或者老是在妈妈累的时候打架，或者男孩们总是想让妈妈评判谁对谁错，可是这种打架的起因通常都含糊不清——这种打架通常不会超过10分钟，因为已经过去这么久了，经过了这么多轮——没办法再弄清楚谁曾干过什么了。

我建议父母对他们儿子的大多数无关紧要的打架行为视而不见，以避免成为裁决谁对谁错的法官。如果他们的矛盾没法停歇，干扰了家里人，那就简单地将他们分开。当我建议一位妈妈不要再当法官的时候，她反驳道："可是谁来主持公平呢？"

当一位妈妈试图就公平做出决断的时候，她永远无法获得足够的事实，最终可能会令当事双方都心怀不满：一个窃喜却负疚，另一个愤恨而欲复仇。通常，当冲突中的男孩们被分开的时候，他们很快就会恢复内心的平衡，不久就会又快乐地一起玩儿了。有比用母性权威维护正义更重要的事情，那就是让两个孩子再一次（因为他们小时候已经学过了）明白，他们必须自己解决或调解自己的冲突，否则就各自回自己的房间去。

IT'S A BOY!

第 7 章

巨变的开始：惊人的身体变化

11～13 岁

发育对男孩来说很重要，对男孩的父母来说也很重要，因为身体变化开启了一系列无法停止的心理变化。任何一个与男孩的生活有关的人都知道，某些东西就要来临了。

大学毕业后的第一年，我来到了新罕布什尔州一个贫穷偏远的城镇，在一所公立学校里做7年级老师。教学楼里有8个教室，每个教室有一个年级，从1年级到8年级。8年级老师还是学校的校长。我们从未因为寒冷——即便是零下10℃的低温——而取消过课间休息的时间。我们必须让学生们走出屋子！每天早上，我都要面对35个十二三岁的孩子，他们挤在只能容纳25个学生的教室里。我们班的教室经常乱成一锅粥，我完全没有办法。我没法让女孩们不讲话，注意听课。我班上还有三个身材高大的男孩——他们被放到了最后一排——他们一刻都没法安静地坐下来。他们从早上8点半开始，到下午2点15分，始终坐立不安、麻烦不断，他们就等着放学回家拿上猎枪去抓松鼠的快乐时光快点儿到来。

正对着我们班的是5年级。经验丰富的5年级老师让她的学生脱下鞋，穿上拖鞋。她的班级几乎总是安静的。在课间休息的时候，她让班上的孩子们排队走出教室活动。她的学生非常温顺，一点儿都不像我班上这群失控的乌合之众。有一天，她告诉我："我之所以教5年级，是因为这是他们能够保持温和状态的最后一年。"我不喜欢她用"温和"这个词，因为我们班上的孩子也是温和的，但是我在想她的话。我的学生从5年级发展过来之后真的有这么大的变化吗？或者我只是没有办法控制我的班级？答案是：都对。

在过去差不多40年里，我一直听到大人们对中学生吃惊和震撼的描述。他们给中学生起了诸如"青春期前的孩子"，或者"中间人"之类的名字。大人总是担心他们："我儿子不喜欢阅读""成绩差""捣蛋""不喜欢上学"。最近，我为中学管理人员举办了一个工作坊，其中有一个人表达了这样的看法："6年级是激素开始起作用，一切开始揭开神秘面纱的中间阶段。"嗯，没错，年年如此。

接下来，让我们回来讨论一下6～8年级男孩在发展过程中所遇到的任务和挑战吧。这些任务和挑战充斥在他们的学校生活之中，充斥在他们在家里的对话中，当然，也充斥在与父母的关系中。所以，正是这些问题背后的心理动机和心理环境使他们此时的生活被赋予了独特的色彩。

青春期男孩必须完成五项心理任务

让我们先退一步，将青春期当作一个整体来考虑。对于男孩来说，其在青春期内出现的主要的身体、情绪、社会及文化方面的变化要持续很多年。本章所涵盖的范围（11～13岁）只是至少延续7年的青春期的开始阶段——会一直到18岁——而且，有可能会延续12年或14年。大多数人认为，在25岁以前，他们都不觉得自己是“成年人”，而那些20多岁仍然待在学校里的人就像仍然处于青春期一样。

虽然生物学家告诉我们，青春期有一个明确的结束期，一般是以生长速度变得缓慢为标志——女孩通常是在14岁，男孩是在17岁——但是，关于青春期在生理上何时结束的问题并没有一个明确的结论，因为这更多的是一种社会和文化现象，在不同文化之间差别很大。在有些社会里，孩子必须在10岁以前就出来工作以补贴家用，或者女孩13岁就要结婚。在这样的社会里，可能没有青春期，或者青春期会非常短暂。在大多数工业化国家，年轻人会在学校里一直待到大学，他们在经济上对父母的依赖及他们与成人工作环境的隔离，使他们在心理上保持着青春期状态，直到25～26岁。青春期对每个男孩都是一种心理上的挑战，对其中一小部分人来说，这会相当难熬。

在青春期，男孩必须完成五项心理任务：第一，他必须适应青春期身体上和情绪上的变化。第二，他必须转变与父母的关系。第三，他必须走出去，来到另一个更加广阔的社会环境。第四，他必须将自

己对性的渴望与对人际关系和亲密感的需求进行整合。第五，他必须生成一个新的自我认同感，这种认同感将带领他进入成人时期。这些任务既让人兴奋，又让人焦虑。

一旦青春期来临，男孩必须应对，即便它是不请自来的。对某些孩子来说，青春期意味着不受欢迎的惊喜。身体的变化会令人非常不安，甚至有点尴尬。当男孩重新认识自我、开始怀疑家庭的价值、信仰以及生活方式的时候，他会非常痛苦。当他转换与父母的关系的时候，了解到他正在伤父母心的时候，他也会非常痛苦，虽然他不希望这样，但是他又不得不如此。

虽然青春期一开始就启动了上述五项任务，但是本章我们只讨论前三个，后两个将在后面的章节中讨论。

第二性征的发育：习惯就好了

一天晚上，一所郊区中学的校长召集6～8年级学生的家长开会。这些生活在郊区的养尊处优的父母对孩子的学业问题已经习以为常，他们认为不过是关于家庭作业和数学成绩的老套问题。所以，校长必须努力让这些父母把关注点放到中学真正要面对的问题上来：他们孩子惊人的身体发育。

“当您把您的孩子送到我们这里的时候，”校长提醒家长们，“他们还是婴儿。3年后，当他们从这里毕业的时候，他们就可以当婴儿的父母了。”

听众中有一些父母忍不住倒吸一口凉气。虽然他们自己已经看到了这些变化，但是他们还没有准备好这么快就思考孩子的性问题。

当然，校长所讲的是青春期的剧烈变化。青春期是在婴儿期以后，人的生命周期中生长变化最剧烈的时期。对女孩来说，它最早可以从8岁开始；对部分男孩来说，它最早可以从9岁开始；而对所有儿童来说，通常最晚的开始年龄是14岁。在青春期之前，小男孩和小女孩之间的区别主要是生殖器官。在青春期之后，男孩和女孩的身体在大小、性征、结构以及很多身体组织和系统的功能方面都有所不同。

在男孩的生命中，青春期是一个生殖能力急剧变化的时期。无论是在心理上还是在生理上，都是一个独一无二的发育拐点。当然，最显著的身体方面的变化主要还是在父母的眼皮子底下发生的。在理解这些变化方面，爸爸有性别优势，但是他们通常不愿意说出来。妈妈虽然已经密切关注儿子身体发育十多年了，可是她突然发现自己被蒙在鼓里了。这虽然有点夸张，却是事实。那么，到底发生了什么呢？

男孩的身体到底发生了什么变化？通常，在大约11岁半的时候，男孩的睾丸开始变大。由于从4岁开始他几乎就没经历过阴茎和睾丸的生长，所以这对他来说代表着真正的变化。他的阴囊开始发红，他的阴茎开始长长。一年以后，虽然他还没有产生出成人数目的精子，但是早上他上厕所时尿液中会混有精液。他小时候几乎肯定有过勃起经历，可能还有过“干性性高潮”[1]。但是现在，他每天至少有一次或者几次勃起。虽然一些男孩会经历夜间勃起——“梦遗”——并被吓到，但是其他很多男孩并没有这样被动地等待，他们已经开始有规律地手淫了。塔夫茨大学心理学教授奇拉·鲁利亚曾说过，父母通常选择在儿子13岁的时候跟他们谈手淫的问题，她觉得这“几乎晚了两年”。

青春期开始后的6个月到1年——以睾丸长大为标志——男孩会在阴茎的根部长出稀疏的黑色阴毛；在接下去的两年里，这些阴毛会越来越浓密，越来越卷曲。这种变化不会逃过男孩的眼睛，因为他们每时每刻都在查看和检视自己的身体。他们关注自己身体的第一个外在

1　没有射精的性高潮，会降低生育力，但是对健康无害。——译者注

征候可能与他们的第二性征无关。父母所看到的可能是他们的儿子花很长时间梳头发，不停地洗澡，在头发上抹发胶，或者花更多的时间选衣服。对这些事情，妈妈会觉得很温馨，因为她觉得儿子开始像大人一样自己照顾自己了，可是其背后的内容却是性。

当男孩的身体发生变化的时候，他的自我意识变得很敏感：他的注意力完全集中在每天都在影响着他的第二性征带给他的新体验，被无法预期和无法控制的勃起弄得尴尬不已。同时，开始拥有男人的身体也令他感到兴奋，他也喜欢对别人展示或者跟别人说说这些。他有两个没有问出口的问题：我现在是不是难以置信，是不是很性感？你能接受并仍然喜爱这个新的我吗？他在心里还在问她，他是否是正常的。男孩会无意识地——或者有时候是公开地——寻求妈妈的认可。

一位妈妈给自己12岁的儿子买了一本介绍青春期身体变化的书，来教育和安慰儿子。他读了这本书之后，变得很焦虑。他已经读到了射精。他非常担心自己在学校的时候，没有任何刺激或提示的情况下，会意外地射到裤子上。她安慰他说不会的。

到了13岁快结束的时候，普通8年级男孩已经经历了阴茎的显著增长，已经有了更加浓密和卷曲的阴毛，他的声带开始变厚，所以他的声音也已经开始变化了。还差一年，他就可以拥有跟成年男性一样的生殖器官了。他主要的生长发育高峰正在开始或者已经开始了。因为雄性激素水平的提高已经改变了他的汗液构成，所以他闻起来更像个男人了。

我已经描述了普通男孩的发育，一些男孩发育较快，一些男孩发育较慢。8年级的班级里经常会有一些男孩还没有开始青春期发育，看起来还是11岁大。我已经习惯了看到一些13岁男孩仍然只有1.5米高，而另一些13岁男孩已经超过了1.8米高。所以，个体之间的差异是巨大的，这种差异会对个体的情绪和社会性发展带来一定的影响。我记得在我上中学的时候，我敏感地意识到一些男孩已经开始发育了，这些男孩无情地讨论着那些高中一年级还没有开始发育的男生。发育对男孩来说很重要。

生长发育对男孩的父母来说也很重要，因为身体变化开启了一系列无法停止的心理变化。任何一个跟男孩的生活有关的人都知道，某些东西就要来临了。但是，他们不确定那些到底是什么，男孩自己也不知道。

男孩开始对性产生兴趣的首要标志是他对隐私的要求。我记得我10～11岁的时候，我哥哥费力地用一把锁锁上自己的房门，而以前是没有锁的。此时，父母可能经常会有一种被关在男孩生活大门之外的感觉。

男孩正在出现的第二性征将他与父母分隔开来。他不再认为自己是个小孩了。他可能很快就能俯视妈妈了。除非妈妈比较娇小，否则这种情况会在13岁或14岁的时候发生。这些变化会转换父母与儿子之间的关系。因为有时候当她责备他或者指示他做什么的时候，他可能会突然这样想：这个人为什么指示我？她比我还矮呢！在一个男孩的心里，力量和权威跟身材大小联系在了一起，所以他新的身体高度改变了力量平衡，可能会导致他去挑战妈妈或者老师的权威。对某些妈妈来说，特别是那些没有男人在家里支持她的单亲妈妈，她可能没法靠身体阻止他想要干的事情了。这可能会导致母子之间的对抗。不过，并不总是这样的。

导致男孩与父母关系转换的原因

一位美国妈妈在圣诞节给我寄来了一张卡片。她跟一个德国人结了婚，并在德国养育她的儿子。卡片上写道：

泰利上8年级了，到2月份就14岁了。他比我还高，嗓音很粗，偶尔还会尖叫。明年，他就开始踏上征程了——上社区的学业高中，主修数学和物理。他大部分业余时间都在滑雪，跟他的朋友卢克闲逛，在电脑上打《魔兽世界》，下载《骚动》和《重金属》之类的音乐到他的iPod里。就像歌曲所预示的，他仍然保持温和的性格，不需要我太督促就能完成家庭作业和练习吹萨克斯。我丈夫和我像以往一样享受跟他在一起的时光。

当她使用“预示”这个词时，你可以听出来她接纳了儿子青春期的变化，似乎她知道随着男孩逐渐长大，疾风骤雨般的行为变化将会不可避免地到来。因为在电影、大众传媒以及那些激昂的、陌生的滚石音乐的影响下，父母经常会担心他们的儿子可能会变得反叛和难以驾驭。男孩也会认为他的少年时期将会是狂野的，或者至少是充满挑战的。

事实并不一定如此。在20世纪60年代末期的时候，当流行文化将青春期看作叛逆期的时候，心理咨询师丹尼尔·欧佛发表了一项针对青春期男孩的纵向研究，该研究结果反驳了这种文化偏见。他发现绝大多数男孩的发展是正常的——就是说，不包括那些临床上有精神疾病的——少年期男孩实际上并不反叛。1/3的男孩经历了“连续的”生长，其特征表现为男孩温和地享有更多的权利和责任；1/3的男孩经历了“澎湃的”生长，其特征表现为长时间的高原期和突然的生长高峰；只有1/3的男孩经历了“疾风骤雨式的”生长。他发现，实际上，大多数青春期男孩的自我满意度和父母满意度都很高。

你儿子可能没有进入那个疾风骤雨的阶段。不过，他必须转换与你的关系，从而使他身体上出现的新变化与他正在形成中的青春期自我认同进行整合。泰利的妈妈说，他和她在很多年里，每天上学前都有一个习惯：在他就要离家去上学前的10分钟左右，他会要求她“抱着他坐一会儿”。让她感到吃惊的是，他都10多岁了，仍然没有放弃这个习惯。不过，随着他逐渐长大，他没法坐在她的腿上了，她只能抱着他坐在直背椅上。他坐在她的腿上，面朝着她，采取一个拥抱的姿势，他的腿几乎挨着地面了，他的头靠着她的肩，他的双臂环抱着她的双肩，她的双臂则环抱着他。这个私底下进行的10分钟仪式在安静中完成。虽然她非常珍爱这段时光，她经常会等着他说出“坐腿上来”的要求。有一天，当他快13岁的时候，这个仪式消失了，他不再要求“坐腿上”了，也不解释原因。这个仪式只是跟他现在的自我意象不符了吗？他对自己的性征和身体前端凸起部分跟妈妈的身体接触觉得别扭吗？让爸爸知道他仍然需要这种小男孩式的安慰感到不舒服吗？都有？他没有说。

很多父母会发现他们11岁或12岁的儿子不再像以前那样能说了，他们变得话越来越少。“当我问他他在说什么的时候，我很恼火，因为我根本没听见他说什么，可是他说‘没什么’。”一位妈妈对我说，“我觉得这很粗鲁，我跟他说了我的感觉，可是他依然经常那样。”为什么青春早期的男孩似乎不再跟父母说话了呢？为什么他们用一个字来回答问题，嘟嘟哝哝地让这么多父母埋怨呢？这个年纪的女孩也会改变她们与父母的谈话方式，不过通常她们的言语会变得过分自信和有攻击性，而不是沉默寡言。

男孩没法像妈妈所希望的那样健谈，或者像妈妈记忆中的小男孩那样健谈。有四种相互关联的现象导致了这种变化。

第一，男孩正在声明，他在形成一个新的身份：不同的身体、有发胶的头发和新的言语模式。他在说“我不一样了，习惯这个新的我吧”。所以，他想说就说，不想说就不说，而不会努力去回应妈妈的询问。

第二，从情绪上来讲，大多数父母的思想认识落后于儿子的生长。他们仍然用他10岁时候那样的腔调跟他说话，他从他们的语气中听得出来。父母仍然没有认识到他已经长得多大了，他感到父母没有认可他新的伟岸身材。这是所有青春早期男孩和女孩最主要的抱怨：“你还像对待孩子似的对我！”

第三，他担心，如果他跟父母说得太多，他们会干涉他的独立自主。我在中学里给中学生讲了十多年的社会生活课程。我拿着麦克风，溜进学生群中，问他们为什么不跟父母多说说他们的社交生活。男孩们这样回答：“这是个人隐私。这很尴尬。如果我告诉我妈妈太多事情，她就会有所行动的。”还有下面这个经典的男孩的回答：“如果我回答了她一个问题，她可能就会骚扰我两个小时！”

第四，男孩群体要求他跟自己的妈妈保持一定的距离，从而无声地对他们的群体发誓效忠。他该怎么办？当然，只能是不跟她说话，不跟她吐露实情。还有，他还要对男孩群体公开声称，他已经从妈妈那里独立了。

发展的八条线索

未来的发展

很多妈妈告诉我，她们在孩子转变的过程中体会到了酸甜苦辣。一方面，她们很欣赏站在面前这个快长大的男孩；另一方面，她们又深刻地感到那个小男孩突然间离开了。你现在必须做的一件事情就是接受你儿子此时的变化速度，记住他一会儿就11岁了，一会儿就13岁了，再过一会儿就15岁了，开始为所欲为了——这将是一个暴风骤雨式的时期。

身体发展

就像本章开始所讨论的那样，11～13岁男孩最重要的变化就是青春早期的变化。快速增长的身高和体重、肌肉力量的增加以及第二性征的发育，是这个年纪男孩的生活中最显著的身体和心理变化。这些变化由下丘脑向垂体发送的信号来启动。在这个信号的影响下，垂体会刺激各种腺体加速分泌各种激素。对男孩来说，睾丸会分泌更多的睾丸激素，这会产生精子。青春期男孩血液中睾丸激素的含量是小时候的10倍。

男孩身体的某些部分会比其他部分生长得更快。男孩的手、脚、阴茎、鼻子、下颌、腿的生长可能要早于身体的其他部分。特别是，男孩在青春期一般会变瘦，这可能会导致他看起来有点儿笨拙，比例不协调。睾丸激素的增加会使男孩的肌肉轮廓更加分明。男孩对这些变化非常感兴趣，并密切地追踪这些变化，希望拥有一个“强壮的身体”。20年前，在学校运动队中只有较大的男孩做引体向上；现在，高、中、低年级的很多男孩，甚至是中学生都希望长出一个充满肌肉块的体格。今天的心理咨询师会发现更多的男孩对自己强壮的身体着迷，这跟要减肥的女孩形成鲜明对照。

在青春期，有天赋的运动员会以不同的方式出现。一些男孩会继续保持同过去一样的平衡感和协调性，即便是他们的身高和体重已经增加了。一少部分会出现更惊人的协调性，而且肌肉力量会显著增强。这是不均衡的，也没法预测。当那些曾拥有天赋的运动员期望自己仍然是队里最棒的，可是却发现其他男孩超过自己的时候，他会感到震惊。可是即便他继续生长，他也可能会被落到后面，因为他的身体不像过去那样协调了。在我的临床工作实践中，男孩和他们的父母，特别是爸爸，从未预期儿子的运动能力会下降，以及与之伴随的运动动机的下降。

研究表明，发育较早的男孩在自信方面较好，而发育较晚的男孩则可能会在自尊方面出现一些问题。如果也曾存在同样问题的爸爸，或者舅舅，能让男孩相信他会赶上来，他会成为正常的男人的，这对男孩来说是很有帮助的。对于发育晚的男孩来说，他所恐惧的就是他可能永远无法像别人那样了。这样的男孩每天会想10遍、15遍、20遍，其实是杞人忧天。

依恋发展

父母和他们青春期的孩子之间最令人困惑、最有趣和最伤心的一件事就是，很多孩子都会突然因为父母而感到尴尬。青春早期的孩子有一天突然发现，他们曾如此爱慕的父母其实那么庸俗、笨拙，而且有时候那么愚钝，他们简直无法忍受。这种尴尬通常不会在孩子11岁的时候立即出现；不过，它会偶尔出现，并逐渐增强，直到有一天，在某些青春期孩子身上，它变得特别极端。“我没法忍受跟父母在一起。”一个男孩说道，“我不能忍受他们说话、站立、思考、讲笑话，或者拒绝的样子。”

从男孩一出生开始，他对独立的渴望和他对父母的依赖之间的此消彼长就一直影响着他与父母之间的依恋关系。这种状况是18个月和3岁时亲子依恋的本质，在12岁和13岁时同样如此。女孩在这方面的剧烈波动会更明显，而男孩经常会跟女孩有同感，但是他们会以更加克制或者以沉闷的方式表达出来。

作家威拉·凯瑟准确描述了这种心理矛盾和发生在每个家庭生活中的紧张状况。她写道：

家庭中每一个个体（甚至是孩子）都深情地依恋着自己的灵魂，生怕因家庭的缘故而失去它……他们抗争着，希望跟自己有关的一切都成为自我的标志，这种抗争制造出一种紧张的气氛，令每个人都处于崩溃的边缘。

我之所以在这里引用一位作家的话，是因为如果不是在讨论精神疾病，心理学家通常不会使用“生怕”“紧张的气氛”和“崩溃的边缘”之类的词汇。威拉·凯瑟非常清楚父母与孩子之间的紧张关系存在于每一个家庭中，存在于每个人每一天的生活中。某些青春期男孩当然也是如此，他们偶然会狗急跳墙，因为当父母在身边的时候，他们唯恐失去了独立性。某些男孩对自我的身份认同缺乏信心，不断地要求自我独立，结果致使家里每个人都处于崩溃的边缘。

你儿子有时候可能非常需要你，可是另一些时候却可能会令你伤心，并拒绝你。男孩在依赖与独立、爱与恨之间的剧烈动荡，特别是他会以相反的方式表达他对你的需要，明明非常需要你，却说“我不需要你”，令你无比困惑。这些是最令父母感到难以应付的青春期行为。这也是为什么有那么多父母对他们的青春期男孩失去了耐心。他们会说：“口是心非。你到底是孩子还是大人？你到底需要还是不需要我？”当然，你儿子无法回答你的问题，因为他既是个孩子又是个大人，在接下来的5～6年里，他会在这种夹缝状态下生活下去。

社会性发展

在所有的年龄阶段，男孩之间的关系可能都比较冷酷，但是这种冷酷在11～13岁这个阶段最为明显，我们把这种现象称作“冷酷文化”。男孩互相攻击对方的方式，通常是通过揶揄、讽刺、挖苦，有时候是直接的欺凌。虽然从2岁开始，男孩之间就经常出现竞争及社会地位的调整，但是当男孩进入青春期之后，这种现象变得尤其激烈，并会持续到高一中期，到了那个时候，体格大小和社会等级基本上确定下来了。这个年纪的每个男孩都已经习惯了听到诸如“小弟”“胆小鬼”“窝囊废”之类的外号，他们只是希望自己不要经常成为攻击的目标，或者给他起外号的是他的朋友，而他朋友“其实是在跟他开玩笑”。

一群男孩到处逛荡不仅对个人来说会有一定的挑战性，对社会也是一个潜在的危险因素，因为他们可能会做一些反社会的行为。例如，故意破坏公物、饮酒、吸烟。父母担心同伴压力会给儿子带来不利影响，这种担心是有道理的。在孩子中间，从众的程度从3年级到9年级持续增长，而且与3年级孩子相比，青少年对诸如商场偷窃之类的反社会行为有较高的容忍度。无论你儿子是个多么乖巧的孩子，永远不要天真地期待他总能够抵御群体的影响而独善其身。

如果男孩有一个朋友做伴，或者跟一群家庭之间互相认识并有共同价值观的朋友在一起的时候，他们更能够对自己的行为负责。然而，通常的情况却是，青春期男孩致力于转变他们与父母的关系，质疑家庭的价值观，很少跟家人待在一起，他们把朋友当作“第二家庭”来寻求支持、肯定以及（有时候是不好的）建议。

认知发展

随着你儿子步入青春期，他们就开始挑战社会的传统底线了，因为他开始对抽象概念产生浓厚的兴趣了。皮亚杰把这个发展阶段称作从实质运算阶段过渡到形式运算阶段。这个转变在男孩的人生中是一个巨大的进步。在接下来的几年里，他的思想会越发有逻辑性、系统性，最后他将能够取得另一个巨大的进步：思考自己和别人的思想。突然，他的思想超越了家庭价值观的局限。有时候，男孩会发现他的思维比他的老师还有逻辑性，而且，他会在全班面前质疑老师。

很多父母，以及一些老师，都会经历男孩在思维上的挑战，并将之视为不恭或粗鲁。有时候，你儿子会以非常直率的方式对你提出很多意见。不过你应该知道，这背后的动力是他的认知发展。你儿子的脑子正发生变化，他的思维能力得到了巨大的扩展。随着青春早期儿童能够对假设进行思考，并能够采纳他人的意见，初中和高中低年级的课堂讨论形式会发生显著变化。对聪明的男孩来说，机械记忆和课堂讨论的小儿科已经令他们厌倦，而关于抽象概念的对话则令他们更加兴奋。

虽然青春期男孩在逻辑思维、未来规划和人生定位方面已经发展得比较好了，但并不是在所有的问题上他们都能表现出这些能力，特别是在他们不感兴趣的领域。也许我从7年级男孩的父母那里听到最多的一个抱怨就是，他们仍然“没有纪律性”。在这方面，学校会起到一定的作用，学校可以强调组织技能和规划意识。这也是我认为即使是8年级的学生，也仍然需要一位熟悉他在纪律性方面的长处和不足的班主任老师来指导他们的原因之一。

学业发展

在中学，最主要的一个转变是，课程变得非常深了，每个领域的内容都由专业教师来教授了。中学生会不断更换课堂内容，这个变化会给学生更多的独立性，因而也需要他们更加地自主。不过，这也会令一部分男孩变得茫然无措。

第二个重要的转变是，大多数中学里，课业负担开始加重。对那些多年来一直依赖天生智商来学习的男孩来说，这是一个不小的震撼。就像在运动领域，现在，后天的练习和努力与先天的遗传优势同等重要了。在学业领域，那些单纯依赖言语能力和敏捷思维但是不懂得如何学习的男孩，会被那些更加努力的男孩超越。此外，如何应对更严格的组织纪律对某些男孩来说也是不小的挑战。有一些男孩会专门反抗学校的要求，并变得愤恨甚至敌对。不良群体中的一些男孩可能开始逃学，并绞尽脑汁计划辍学。因此，对这个时候的男孩（也包括女孩）来说，最好能有一些懂得启发教学的老师，他们喜欢中学生，了解他们的发展，不会跟他们争夺什么权力（虽然有时候这也不可避免），而且——在男孩的眼里最重要的是——要有幽默感。

虽然研究人员尚未在男孩和女孩之间发现基本认知能力方面的任何显著差异，但是男孩和女孩之间在阅读和写作方面的差距仍然是中学生学业方面有目共睹的事实。基于性别不同，女孩和男孩也开始对某些课程情有独钟。女孩们说她们喜欢英语和社会课程，而男孩们说他们喜欢数学和科学科目。当你把他们对科目的偏爱与他们的身体和情绪成熟度结合起来分析的话，你就会发现，似乎中学里有两个依据性别划分的不同人群。不过，在高中就不是这样了。在高中，社会课程及兴趣智力远比性别重要。

情绪的自我调控发展

你可能注意到了，在11～13岁的时候，你儿子比以往都要更加敏感，也许他偶尔还会跟你赌气冷战。你心境的变化可能会比以往任何时候都要迅速，他的公平正义感可能会让你不知所措。对你来说的一桩小事对他来说可能非常重要。对这种现象的标准解释是，他此时正处于激素的影响之下。青少年的心境和激素是如何紧密联系起来的呢？如果激素跟青少年心境的切换无关，那么又是什么呢？

研究已经表明，在心境的倾向性、强度、易感性以及与父母的矛盾方面，跟青春期主要的激素之间有一定的联系。戴维·华莱士认为，因为控制恐惧和愤怒的脑区杏仁核中，有很多睾丸激素的受体，所以在睾丸激素的刺激下，男孩会产生攻击反应。因此，由于激素的作用，你儿子有时候可能会难以控制他的情绪。

这里有一个科学问题：虽然所有的男孩都有睾丸激素，可是在少年期，并不是所有的男孩都打架或者在生气的时候捶墙。很明显，人格因素发挥着重要的作用。一些男孩在儿童早期就容易发怒。另一些人却从小时候开始就性情平和，而且现在仍然如此。不过，影响男孩心境最重要的因素可能还是具体的情境。青少年问题研究人员安妮·彼得森写道：“现在有更多的人认识到，生物因素是影响人们发展、适应和行为的因素之一。”她继续说道，“有大量的证据表明，对青少年来说，必须了解这些因素发挥作用的具体情境。”当然，情境是指家庭，但是也包括学校、邻里、社区及网络。

我们不能把青春期男孩心境的起伏变化看作是激素所引起的必然结果。我们必须考察一下具体的情境。他们是否觉得受到了尊重？他们感觉自己有价值，自己的意见有人倾听吗？研究已经表明，青少年最高兴的时刻就是当他们感到在掌控形势，最不高兴的时刻就是他们觉得自己无法控制形势。这就是为什么他们会那么跟父母生气，他们觉得父母太压制自己了，所以他们更愿意跟朋友们待在一起，这时他们才会感到平等和尊重。

道德和精神信仰发展

认知发展所带来的抽象思维能力的发展，对男孩的道德思维有重要影响，可能也会对他如何理解精神世界的问题产生一定的影响。

当他还在上小学的时候，男孩的道德决策或者是基于是否会给自己带来麻烦（“老师不喜欢那样”），或者是基于纯粹的自我兴趣（“我要借他的手套”），但是他不会有意识地考虑任何涉及规则、法律及社会中其他人的权利的更高级的原则。小男孩也知道规则（老师已经给他们讲过无数次了），可是他们的认知发展水平使他们还不能站在别人的立场上看问题，或者理解这些规则背后的意义。这种情况在青春期发生了变化。随着男孩逐渐长大，他们从自我中心式（“我能经常这样吗？”）变成了“好孩子”道德阶段，即男孩会自主地去迎合别人的预期。

当爸爸对儿子吼道“我让你这么做，你就得这么做”的时候，他以为儿子还小，他依然对儿子有绝对的控制力。可是现在，儿子其实在想“才不是呢，我之所以这样做，是我自己的选择，因为我不想家里出现矛盾”。这种思维方式代表了儿子道德思维方式的重要转变，这种转变使儿子能够在大人不在场的时候仍然遵守道德。不过，我已经说过，男孩会受到同伴压力的影响，别的男孩会促使他们做一些叛逆的事情。当然了，他们也不总是会屈从同伴的压力；大多数正常男孩在大多数时候都是有道德感的，他们的大部分行为都是符合社会道德标准的，除非他们是犯罪团伙的一员。可是，没有人每时每刻都会表现出最高的道德水准（我曾经因为在马萨诸塞州收费公路上超速而被抓过），男孩也是如此。

到了8年级，有50%的男孩已经达到了科尔伯格所说的“好孩子”的道德阶段，在大多数时候会按照这个原则行事。当他们达到了“好孩子”道德定向阶段，他们会将“什么是一个好的朋友，什么是团体的优秀成员”的标准内化。当面对某种道德两难情境的时候，他们会依据这些原则进行判断。不过，这并不是一个发展完好的道德思维方式。因为根据这个原则，他们会袒护偷窃的朋友。（“他是我朋友，而且，商店里有很多钱。”）他们相信，他们做出了符合道德的判断。实际上他们仍然没有完全理解法律的必要性，也不理解法律背后的社会契约。

男孩可能在16岁或18岁的时候，而不是13岁的时候，形成完整的道德理解能力。大多数13岁男孩的父母以为男孩能像大人一样理解成人社会的规则，只不过是他们不去遵守。这种想法是不对的，他们还达不到这样的理解水平。

自我认同发展

每个男孩都是个人气质、家庭、教育、团体、兄弟姐妹、个人喜好，以及朋友综合影响下的产物。虽然我们很明显都是社会属性和生物属性的集合，不过，似乎人类远不止如此。有时候，男孩必须控制自己，并回答“我是谁”这样的问题。埃里克·埃里克森认为，青少年期最基本的一项任务就是找到关于自身身份的答案，也就是说，需要产生一种自我认同感。

他认为，青少年期每一次对话、每一次矛盾、每一种经历都有助于他产生一种关于自己的想法，这种想法最终会变得一致、连续和可靠。在30岁的时候，你早上醒来，你会非常清楚地知道自己是谁。但是在12岁的时候，却不是这样的，因为你还不知道自己可能成为什么样的人，你会长多高，你能否及会去哪里上大学，更不用说你长大后会干什么工作，你是否会成为好丈夫、好爸爸了。在男孩感觉到自己长大，并产生强烈的认同感之前，他在11～12岁的时候有很多认同感需要形成。

一些男孩想要通过发展技能来获得认同。如果有人说他们在这方面其实不行，他们会生气的。作为父母，如果你儿子这样自我的话，你会担心的。还有一些男孩，他们只根据朋友们的看法来定义自己。作为父母，你可能也会担心，因为你儿子的想法过于迁就和顺从，而缺乏独立意识。问题是，在11～13岁的时候，大多数男孩其实并不完全了解自己，因为他们还没有形成自我认同感。13～18岁男孩的任务就是努力定义并完善自我认同感。有些人可能会慢一些，而其他人则可能会比较快，我们在下一章就会看到。

越依恋妈妈，对妈妈的拒绝越坚决

为什么这个年纪的男孩如此强烈地想要改变与妈妈及跟妈妈有关的一切事物的关系呢？虽然这种疏离会持续到青少年晚期和成人期，但是这种现象确实是从11～13岁正式开始的。男孩突然发现，他们的妈妈是如此强势，他们害怕她。他们并不觉得妈妈的强势是为他们好，相反，他们认为这是他成为男子汉的阻碍。

我有一种更加强烈的感觉，男孩越依恋妈妈，他们对妈妈的拒绝也就越坚决。男孩会因为依赖妈妈而感到难堪，他们会相互攻击对方跟妈妈的纽带。从其他男孩那里传递过来的信息是：你不能再像以前那样依赖家庭了，不能像以前那样热爱妈妈、对妈妈保持忠诚了。你必须放弃对她的婴儿式的依赖。哦，当我们羞辱她的时候，你可能会生气并反驳，不过最后你必须跟我们一起笑。结果，妈妈就成了男孩社会的牺牲品，男孩必须学会嘲笑自己曾经那么依恋的妈妈及妈妈的一切。如果他想要赢得其他青少年期男孩的尊重，就必须付出代价。

为什么12岁的男孩不愿意在公共场合被妈妈拥抱呢？为什么男孩有时候会表现得似乎他的家庭、他与父母的关系不再像以前那样重要了呢？一位妈妈曾向我描述说，当她跟她13岁的儿子说话的时候，他对她非常不屑和轻慢。她训斥他："如果你那样对我，我们的关系就完蛋了。"他的回答则是："什么关系？"她感到非常震惊。他怎么会如此决绝地否认跟她的关系呢？**这是因为，他通过否认自己生活中最重要的关系来培养一种独立的意象，这种意象能够帮助他获得独立，并在其他男孩面前表现出来。他逐渐形成的男子汉的感觉需要其他男孩来认可。**

他此时关注的是，他们将会按照新的、青少年期的同伴标准来看待他，这种标准不允许他与妈妈之间的关系过于密切。没有哪个处于这个年纪的男孩愿意被看作"孩子气的""爱哭的"，或者"像个胆小鬼"，他会迎合男孩团体为他设定的任何标准——即便是需要他隐藏起对妈妈的爱——从而避免被贴上这样的标签。不过，并不是在所有的社会文化里都需要这样做。在拉丁美洲，这个年级的男孩会炫耀他们跟妈妈之间的亲密关系，以及他们对妈妈的爱。在印度，男孩所想的是如何好好学习从而让父母能够安度晚年。在这些文化里，这种志向会提高男孩在同伴中的地位，显得强大和像男子汉。美国的这种现象其实也存在于其他崇尚个人主义的社会中。从当众打击妈妈的行为中，我们可以得出这样的教训：男孩会为了得到同伴的尊重而无所不为。

虽然，在这些年里，所有的男孩都希望自己看起来“独立”和与家庭“疏离”。不过，实际上只有一少部分男孩会从情感上与他们的妈妈完全隔断，绝大部分男孩并不会完全切断他们与家庭之间的联系。即便他用阴沉的脸、疯狂的行为，或者跟你一起上车的时候戴上耳机听iPod以避免跟你交谈，来跟自己的依赖性进行抗争，他仍然跟妈妈保持着心理的联结。虽然他们要求自我独立，不过，他们仍然接受家庭的关心，以及妈妈对他们的支持。妈妈需要知道她和儿子的基本联系仍然存在，这一点很重要。

无论如何，这段时间对妈妈来说都很艰难，因为她们经常感到好像失去了跟儿子的联结——在某种意义上，确实如此——儿子经常伤害她们的感情。当儿子拒绝妈妈，并说“什么关系”的时候，妈妈就会有这种感觉。我其实一点儿都不相信他不知道他仍然爱着妈妈。他当然知道，他每一天仍然享受着妈妈的爱，并以沉默的方式接受。但是此时，他们不想用言语来表达，他们想要变得“独立”。

当遇到这种情况的时候，我心里的疑问是，那个男孩会不会跟家人一起吃晚饭，并谈一些不涉及情感问题的事情，如政治或者体育。第二天早上他会恢复友好吗？他做家庭作业吗？你可以通过观察他“如何选择逃离”来判断你跟你儿子之间关系的健康程度。虽然他不想跟你说话，虽然他出言不逊，但他做了他该做的事情没有？如果做了，说明他仍然尊重你的价值观，仍然需要你的关爱，并仍然在努力赢得你的爱。

在早些时候，父母并不会把孩子与父母之间的对话当作亲子关系的最终判断标准；相反，尊重和服从才被看作是最重要的。当你儿子不再跟你多说话的时候，如果他不再回答你的问题，那么估计一下他是否仍然尊重你的价值观并服从规则。如果是，那么你们没有问题；如果不是，说明他正在与你和家庭渐行渐远。

如果一个男孩真的与你和家庭日渐疏离，他就有抑郁和走上歧路的危险。如果他不再努力维护与家庭的联系，他就会把同伴当作他唯一的情感支持来源。这就相当于向同伴群体和不良社会团伙打开了大门：“我们比你父母更爱你；我们能使你成为男子汉，而他们不能。”

从青少年期开始，父母就应该要求儿子尊重自己，这一点很重要……并做好战斗的准备。如果他仍然尊重你的权威，做他该做的事情，你不需要总是跟他进行言语交流。你不需要总是将他置于你的控制之下，所以不要管他的房间有多乱（你也不用帮他收拾脏衣服，还帮他洗。他已经足够大了，完全可以使用洗衣机了）。你需要做的就是维护家庭的尊严和规则。如果你要求了，并得到了尊重，你就仍然会跟儿子进行一些简短的交谈，说一些他生活中有意义的事情。

有一位7岁男孩的妈妈，她还有两个大一点儿的儿子。她对我说道，根据她养育三个儿子的经验，她认为当男孩出现一种所谓“我要离你而去的心情”或者情绪不佳或者暴躁易怒的“激素作用”时，保持幽默感和坚定的立场会很有帮助。“我告诉自己，对我发怒是这个11岁男孩现在的任务。”她说道，“有时候我会谦恭地跟他提起此事，结果我们一起笑起来，紧张的气氛也得到了缓解。”我曾为青少年期男孩的父母做过一个讲座，叫作“在转折时期如何做好父母”。想要独立就是这个年纪男孩的特点，因为父母相对来说跟孩子相处的时间较为短暂，从醒来到上学，从放学到做家庭作业，从做完家庭作业到去找他最重要的朋友。此时你不会失去他，但是你必须跟他的同伴们一起分享他。

虽然同伴群体极其重要，可是在这些年里，男孩也会建立起亲密的友谊，其特点表现为相互尊重，感情深厚，无所不谈。美国心理咨询师哈里·斯塔克·沙利文把这个时期叫作“密友”阶段。虽然密友这个词现在听起来有点儿古怪，却准确描述了朋友在男孩心目中如家庭般重要的地位。朋友之间有共同的兴趣，玩相同的游戏，有相同的伙伴，相互了解对方的生活。虽然男孩不会像女孩那样经常吐露心声，他们却几乎总是了解对方的生活。不过，与女孩之间的友谊不同，男孩之间的禁忌要求他们不能讨论一些有损形象的问题，如爸爸的事业不顺、妈妈的酗酒。男孩会尽力保护对方，即使知道也不会主动谈起。

流行在男孩之间的“冷酷文化”

中学阶段，在男孩之间流行一种所谓的“冷酷文化”。在这个年纪，男孩为了贬低别人，抬高自己，使自己更像个男子汉，会相互揶揄、挖苦、欺凌、开冷酷的玩笑，在这些事件中，男孩表现得既是作案者、受害者，又是目击者。这是一个痛苦的阶段。但是如果说大人完全无辜，对孩子们之间的文化，对他们早有预兆且明目张胆的冷酷做法没有任何影响，那真是胡扯。

在男人和男孩对我讲述过的关于这个阶段的生活故事中，**大人在三个方面发挥着重要的作用：不在现场或视而不见；有轻微参与或者共同谋划；在场，并对其发挥影响深远的积极作用。**

实际上，父母和老师经常没有意识到男孩所经历的或者施予别人的这些冷酷事件，或者没有意识到这是不妥的。一小部分男孩会告诉大人，学校里有人拿他们的身材或长相开玩笑；而大多数男孩不会告诉大人这些事，因为这样做会让他们被贴上“懦夫”的标签，甚至更糟的是，会证明侮辱他们的人是对的。有一些知道或者怀疑儿子可能在这方面有问题的大人会认为他们没什么可说的，或者什么忙也帮不上；他们保持沉默，冷眼旁观，“尊重”他按照自己的方式解决问题的意愿，并希望有好的结果。可是，这种做法给男孩的信息是，冷酷文化是至高无上的；它远比成人社会更加聪明和强大，远远超过了成人社会规则的约束。它代表了男子汉气概——身体上的强势、情感上的克制以及社会性攻击和冷酷——没有什么可以动摇它。**它的规则是唯一的规则：男孩必须冷酷以显得酷，如果不够冷酷，就只能接受命运的安排。**不管不顾或者默然旁观的大人令男孩失望，并助长了这种文化。

如果大人对男孩之间的错误做法视而不见，或者他们自己也使用野蛮暴力的方式对待男孩，敌视、羞辱或者虐待男孩，那么大人不仅会令男孩感到失望，而且他们其实也在主动地参与和扩展这种冷酷文化。令人遗憾的是，很多男孩都有这样的经历。一位爸爸向我们分享了他小时候的记忆：

这是令人苦恼的日子。不过，我大多数的问题都是大人的冷酷造成的。我比较聪明，在这个时期很快就学会了如何回避其他男孩的攻击。可是，我没法回避老师和我父母的高压和暴力的惩罚方式。在这些年里，我完全失去了自信。在这段日子里，最令我胆寒的事情是，我居然接受了我的角色，并这么容易就将其内化了。我从未能重拾我的自信。相反，我学会了用勇气和坚持来取代自信。不过，像我这样经历过这些痛苦记忆的男孩终其一生都会留有阴影的。

在这样的情况下，男孩被父母和老师有意地“磨炼其意志”或者粗暴地对待，他们相信这是对他好，因为如果他想要成长为一个自尊自重，或者一个传统中的男人的话，他就必须如此。可是，每个男孩都想成为一个自尊自重的男人；社会孤立、羞辱、背叛和情感冷漠恰恰与之背道而驰。

男孩在这个阶段不顾一切想要“做个男子汉”的愿望增加了他受到伤害的可能性。不过，这同时也为细心的大人提供了一个施加重要影响的机会。父母、老师、教练，以及其他跟男孩一起生活或者其工作与男孩有关的人——特别是男人——能够对男孩的生活及这种文化产生关键性的影响。他们可以充分利用这个年龄阶段男孩的天性，来尊重、同情、鼓励他们，并提供一个包含了全部健康情绪表达方式的男子汉榜样。如果一个男孩自己的情绪健康，他就不太可能伤害别人，并且能够对当下的甚至终生的压力都保持较强的抵抗力。这是健康男子气认同感的心理基础。这就是男孩所需要的，这也正是男孩的生活向大人敞开的一扇窗户。

在俄勒冈州的专业顾问彼得·莫托拉博士及其同事所创立的一个创新性课程“BAM！”（支持和指导男孩的缩写）中，他们在小组情境下通过身体方面的挑战和策略性地讲故事活动来吸引男孩参与其中，这些活动中混合了动作、反思以及情绪表达。在这些小组中的经历会帮助男孩培养一种友谊感、信任感、同情感以及开放感，从而使他们放下内心的防御，毫无顾忌地与他人交往。课程经过了精心设计，使大人在其中发挥着指导的作用，他们只是指导，而不会指挥男孩该如何解决面对的挑战。在这种友善的氛围里，其规则是：没有贬低，在讨论的时间里，当一个男孩发言的时候，他不会被打断，有权轮流发言，每个人都要自信、诚实，并善于学习。“BAM！”的目标是，使男孩在情绪上更加有涵养，更加有适应力。它之所以有效，是因为从一开始它就创造了一种令男孩感到安全的环境。当大人们抱怨男孩“说话不多”的时候，他们其实没有理解，男孩想要表达自己的内心世界，但是只有在安全的时候才会这样做。莫托拉和同事们认为，在小组活动中，男孩们在激烈地释放身体能量——骑车、绳网阵，或简单的追逐游戏以及踢足球等活动——之后，在情绪上是最开放和最坦率的时候。

一位13岁男孩的爸爸建议，男人们可以鼓励这个年纪的男孩进入男人的世界，帮助他们度过这个发展的转折时期，而不是放任不管，让其自生自灭。

另一位从事跟男孩有关的工作的爸爸说，他知道“男孩把自己的内心世界隐藏起来，是担心被别人的冷酷行为所伤害”。他担心自己的小儿子：“我知道我儿子表现出来的柔弱和不安肯定会演变成具有较强防御倾向的所谓坚忍的男子汉气概。如果男孩们模仿了错误的‘男子汉榜样’的话，他们会对我们作为人的意义产生困惑，会对我们的脆弱一面到底是可耻还是正常的问题产生困惑，还会对是否需要成年男性来关心我们的问题产生困惑，甚至会感到恐慌。”作家威廉·戈尔丁在他的小说《蝇王》中讲述了第二次世界大战期间一群男孩来到了一座长满灌木丛的岛屿。他们与文明隔绝，没有成人的监管，他们临时形成了一个社会秩序。结果，强壮的、有领导气质的、精明的，甚至是残酷的男孩们悲剧性地大行其道。男孩向野蛮的退化是这本书的主题。但是最后，当男孩们被解救的时候，是一个成人，一个男人，走到他们中间，将他们领了出来。

任何曾经在8年级或9年级男孩锁着的房间里待过，曾经听到过男孩之间的冷嘲热讽的人，都会了解男孩之间的冷酷文化，并希望保护自己的或者别人的儿子免受其害。他理解男孩在冷酷的、扭曲的男子气世界观面前的脆弱性，他希望自己能够带领男孩们顺利度过这个艰难的阶段。同时，很多男人怀疑，揶揄是否就是令男孩们处境艰难的罪魁祸首，所以他们很矛盾是否应该完全禁绝这种冷酷的文化。我所能提供的建议是，在我多年以来的矫治工作中，我听到了太多男孩的心声。我可以保证他们在中学时代所记得的人就是那些向他们伸出援手，给他们热情鼓励，使他们感到安全的男人。他们不需要那种喜欢挖苦，对欺凌视而不见，或者本身就是个大刺儿头的男人。如何决定取决于每个男人自己——每位父母、老师、辅导员或教练。我们也许没办法完全消除这种冷酷文化，但是我们能给男孩们帮助，帮助他们改善生活。

男孩的友谊建立在冒险精神的基础上

在这个年纪，大多数男孩之间的友谊都是建立在冒险精神的基础上的。虽然马克·吐温从未明确指出那个典型的美国男孩汤姆·索亚的年纪（马克·吐温承认他是在很多男孩原型的基础上创造出这个人物的），我可以肯定，汤姆在11岁到13岁之间。他在身体上尚未发育成熟——他的姨妈身材比他还要高大——他跟姨妈、老师及主日学校之间进行着善意而连续的心理战。这给我的感觉就是一个中学生。他人生的目标是什么？是找个朋友，即便是如哈克·芬这种不怎么样的朋友，并进行一次探险；通过探险，他们可以检验他们的勇气和独立性。当然，有时候，他们会有意外历险，就像汤姆和哈克在墓地目睹了一场谋杀。不过，随着探险经历的增加，他们收获了每个男孩都希望拥有的东西：成长。

如果你让某个男人回忆童年时代的经历的话，他很可能会给你讲他12～13岁时发生的故事。在这个年纪，他有充分的独立性来给自己创造机会，他有一个能长时间陪伴自己并有着共同兴趣爱好的朋友，而且他们不需要大人提供持续的支持和帮助。

男孩的冲动以及糟糕的判断力

对现代社会中居住在郊区的父母来说，如果两三个小时没有看到自己的孩子，他们会担心的，而且郊区也曾发生过一些令人恐怖的事件。作为父母，我很理解他们的惊恐，因为我也有过类似的体验。我真切地意识到，这个年纪的男孩判断力非常糟糕。在过去很长一段时间里，青少年死亡的主要原因是疾病。令人遗憾的是，在近些年里，青少年男孩死亡的三个主要原因变成了意外事件（大多数是车祸）、凶杀和自杀。我记不清我曾听过多少男孩在房檐上行走，从房檐上跳下来，男孩们会更加清楚。难道父母不应该竭尽所能防止他们的儿子出现这些危险吗？应该，也不应该。

我们知道，随着青春期出现的各个方面的快速变化，中学生的脑也在快速发育。脑中的神经突触及神经纤维快速增长；从11岁到14岁，脑容积急剧增大。但就像婴儿期脑的快速发育一样，并不是这个时期新增加的所有突触都互相连接或者与具体的功能相关。它们需要通过学习建立连接，从而产生记忆、知识及智慧。在经历了这个阶段的巨量增长之后，**青少年早期的脑其实开始减少神经元了：那些相互连接的神经元通过学习稳定下来，而那些没有连接的神经元则死去。结果，原来稍显混乱的脑开始变得高效了。然而，最重要的额叶——跟思维和逻辑决策有关——在14～18岁，甚至21岁的时候仍然没有结束发育，无论是男孩还是女孩。**因为女孩从生理上讲不那么冲动，并且由于社会化的作用，其行为相对成熟，她们不会像男孩那样出现很多明显而过分的错误。

“你为什么那样做？你在想什么？”当一个6年级或7年级男孩做出了一些我们几乎无法相信的蠢事时，我们会这么问他。我们期待他的解释，却没有。“我也不知道。”男孩这样回答。“你怎么会不知道？”我们想放声大喊，但往往脱口而出的是“肯定有什么原因”。有时候，男孩会给你一个不痛不痒的回答，而大多数时候他只是不予理会。他知道如果他说“我不知道”，会再次让人觉得他很傻或很粗鲁。但是在很多情况下，他似乎真的不知道；那个时候那种做法似乎就是合理的。我们可以惩罚他，有时候我们需要让他感到羞愧，可是他可能仍然无法回答我们。

让他感到羞愧，而不是去嘲弄或指责他，或刻意贬低他。有时候当一个男孩做出了什么不道德的、不好的、带攻击性的事，你必须站在道德的立场上让他认识清楚。有时候，这就意味着你需要让他感到羞愧："你应该为你的所作所为感到羞耻！"

下面我给大家讲一个例子。我曾给一个寄宿学校做顾问。有一天，学校里两个15岁的男孩在校园里发现了一只腐烂的死松鼠。他们把它带到了宿舍，并放进了微波炉里，把时间设定为15分钟。接下来出现的味道非常难闻——无法想象的难闻——宿舍3天没法住人，在宿舍楼里的每一件东西都必须进行清洗。男孩们在把死松鼠放进微波炉的时候曾对接下来发生的事情感到非常好奇，他们觉得这是一个好玩的玩笑。

这两个男孩立刻被勒令休学了，同时学校也通知了他们，没法保证他们还能回来——这是事实。这件事令宿舍里学生的家长们非常不安，他们不再愿意让他们的孩子住在这样的"家"里了。他们要求那两个男孩离开或搬走。这些激烈的反应表明这个恶作剧令他们感到非常生气，不只是在实际发生的事情上，而且还需要考虑道德方面的因素。男孩们明白了他们所犯错误的严重性，也确实感到了羞愧。只有诚挚的道歉和此后的谦逊才能为他们赢得重返学校的机会。

糟糕的判断、拙劣的行为、羞愧以及悔恨的故事充满了这个阶段男孩的生活。通常，这都是日益增加的身体能量、对力量的渴望、不平衡的情绪的自我调控，以及对社会和他人情绪信号的敏感性尚未成熟，这些因素相互交织导致的不幸。结果，男孩误读了危险，误解了自己的力量，低估了自己的脆弱，误解了他人，犯下了错误。

青少年鲁莽行为背后是脑发育在起作用

瑞克13岁，上8年级。有一天，他妈妈给我打电话说，他在学校里惹上了大麻烦。原来，他在午餐时摸了一个女孩的屁股，结果被勒令休学两个星期。当然，他父母对他非常生气，并对他的行为感到担忧。同时，他们也认为，学校管理者对此事的反应有点儿过度了，而且不应该给儿子打上所谓“性骚扰者”的标签。不过，他们支持对儿子的惩罚，要求他接受一些心理治疗来帮助他理解自己的行为。

两年以后，当我再次见到瑞克的时候，他已经长成了一个强壮的男孩，并且成了大学运动队的队员，是个阳光而能干的家伙。就像人们对这个年纪男孩的期待一样，他已经成熟了。他不是一个有性攻击行为的男孩了，别的女孩也不认为他对她们有威胁。他已经成长为一个善于自省、着眼未来的男孩了。他对8年级时有意触摸女孩的不妥行为感到后悔和羞愧。虽然他同意对他的惩罚是公平的，而且当时及此后他跟大人们进行了大量的对话，但他对大人们的激烈反应仍然感到困惑，他说：“我只是摸了我班上一个女孩而已，我从没想过我真的会被学校勒令休学。”这样的解释无法让人满意，而认为那不是性行为的想法也会令大人们发疯。大人的心里会这么想：“这当然是有关性的，你怎么就不明白呢？”

如果他对自己的行为感到困惑，他周围的大人们也同样会感到困惑。我想起了戴维·沃尔什的一本书《他们为什么那么做？》（*Why Do They Act That Way?*）。这本好看的书向父母解释了青少年有时候轻率鲁莽、让人不解的行为的背后是脑发育所起的作用。在沃尔什看来，这些事件的罪魁祸首是前额叶，大脑中负责决策的中枢。它在12岁的时候仍然没有发育成熟。这就是说，“青少年的前额叶经常无法区分好的和坏的，而无论他有多么聪明”。

即便我们接受了瑞克的大脑那时候还没有发育成熟这个事实，瑞克仍然必须承担责任，而且在他的班上还有其他男孩，他们同样也没有发育成熟，可是他们并没有摸女孩的身体。也就是说，瑞克的行为不仅仅与他的神经发育有关，行为的背后肯定还有某种动机。从他的心理发展来看，会是什么呢？

在瑞克的例子中，通过对他的个人成长历史和行为背景的彻底分析后发现，从很小的时候开始他就是一个急躁鲁莽的人。他是家里4个孩子中最小的一个。他过去经常跟两个哥哥——一个大他4岁，另一个大他6岁，运动能力都极佳——野蛮地竞争。当瑞克还小的时候，他过得比较辛苦；由于他经常跟不上哥哥们和朋友们，而变得严重受挫。在我们的对话中，以及在治疗过程中自我检查的时候，瑞克觉得他的那个动作是一个“显示力量的动作”——当时做出了一种未经思考的、不成熟的动作，其中没有性的含义，但是毫无疑问激怒了老师和其他人。

也许，这是一个显示力量的动作。也许，他是在睾丸激素的压力下做出了这样的行为；到了青春末期，男孩体内睾丸激素的含量是青春期前的10倍。可能他只是一个大脑细胞快速增长，还没有被经验所修剪得以成熟的中学男孩，他的前额叶还无法抵挡睾丸激素的强大影响。这种事件之所以发生，是因为他没有理解女孩的意思，也没有很好地理解自己的动机，从而没有控制好自己的双手。

当然，**它是所有这些因素共同作用的结果：神经发育、激素、心理、成长历史以及社会情境。当他步入中学这个更加广阔的世界的时候，所有这些不稳定的因素随时都存在，并以不同的方式影响着每一个男孩。**

公开处理青少年期男孩的性攻击行为非常重要，这样他们就会认真思考有关性的道德问题，什么是对的，什么是错的，当女孩说“不”的时候是什么意思（同样，当她说“可以”的时候是什么意思）。我们及时对男孩的性攻击行为做出恰当的反应非常关键。同时，当男孩们只是由于冲动，或者出于对异性的爱慕，或者他们是在进行玩耍，而大人们反应过激，并给男孩打上“性骚扰者”的标签时，我也感到震惊。在我的心里，零容忍的态度是有问题的，这对男孩不公平。因为女孩会以跟男孩不同的方式进行骚扰和引诱——这种严格的态度令大人无法在青少年期的尝试和真正的骚扰之间划清界限。

在男孩的中学转折期如何做好父母？

父母可以做点什么来帮助和支持儿子顺利地成长并度过中学阶段的转折期呢？

1. 限制看电视或打游戏的时间。无论是看电视还是打视频游戏，在上学日的每个晚上，都不要超过两个小时。对大多数男孩来说，最好在一个安静的环境里，如书房、餐厅，或者类似的地方做作业。

2. 了解对他的生活有一定影响的各种人物。知道老师的名字，以及他对老师们有何感觉。他会判断你对他的了解有多少，包括了多少具体的、实质性的信息，从而判断你对他的学习生活有多么认真和关注。但是你不能通过问他诸如“在学校怎么样”这样的开放性问题来了解这些信息。你必须自己去搜集信息。这通常是通过参加学校的活动，或者更重要的是，在他有心情给你讲这些东西的时候注意聆听其中的人物和故事。

3. 在家里让他做一些有用的事情。我不是说让他自己去做家务。我是说，需要他跟妈妈或爸爸一起做的有用的事情。在这些事情中，让他学到重要的技能。除了学校，他还需要通过别的途径来向你展示他的能力。

4. 让他自己承担成功和失败。最后，记住，他的学业毕竟是他自己的事情。允许他自己思考，自己写作，自己制订科学的工作计划和历史脉络图；让他对自己的选择负责；允许他失败，如果他在学校里惹了麻烦，承担由此造成的后果。还有比这更好的学习方法吗？

第一次注意到性，应该如何以全新方式应对？

现在想象一下：你的儿子早晨醒来想的是性，上学时、做梦时都会想，为性焦虑，有时还想要摆脱它。所有的时候他都在思考自己是谁，性究竟能让他变成谁。还有更令他纠结的事情：他在1年级时视而不见的女孩们已强势回归，似乎需要他以全新的方式应对。

他第一次注意到性，可能是在女孩们开始讨论谁和谁可能成为一对儿的时候。从3年级开始偶尔就会出现这些带有浪漫色彩或者甚至带有性意味的谈话，他曾一笑了之，因为这很好笑，而且对他个人来讲没有任何意义。

可是现在不同了。他感到性确实很重要，因为在学校里一起待了这么多年的女孩们看起来不一样了，她们很可爱。而且，某一个特别的女孩，嗯，真的很好看。他发现自己注意到了她的微笑，她在学校有多么优秀以及她的胸部。当她跟他说话的时候，他心跳不止。更加令他惊奇的是，当其他男孩跟她说话的时候，他会有点儿生气，并希望他们不要靠近她，去找别的女孩说话好了。他希望他们不要去招惹“他的”女孩。为什么？他对自己感到有点儿恼火，她实际上并不是他的女朋友，但是他忍不住总是希望她能够注意到自己。

当老师分配学习小组的时候，他努力想跟她分在一组；当跟她在一起的时候，即使他没有跟自己平时的密友待在一起，他也觉得很高兴。午饭的时候，他们一起说话，并坐在一起；嗯，实际上他要求她过来跟他们一群男孩一起坐，幸运的是，她同意了，跟她另外三个朋友一起坐了下来。当然，他们还不是一对儿，但是在他的心里，他们之间有一种特别的关系，这种关系与班上其他被别人谈论的傻傻的情侣不同。他和他的女孩更聪明，不像别人那么显摆。

有一天，当女孩们笑着谈论那些情侣的时候，她们谈到了他和她。虽然他想要阻止她们，但是他没有，而是微笑着，感到很骄傲。现在，他希望别人知道——他希望别的男孩远离她。他们成了校园里的谈资；当某些男孩问他“你吻过她吗”的时候，他会生气。“你真傻。”他说，但是这种想法开始在他的心里转悠：“我能有机会吻她吗？”

这种想法令他很兴奋。那天晚上他躺在床上想这件事，这种想法让他勃起了。是的，他想吻她；他真的想。这会比较尴尬和别扭，但会很酷。现在，他整天都在想她；嗯，不是整天，但是很特别，当他在她身边的时候，他就是感到不一样——更高兴、更自豪、更尴尬，但是更强烈。当她在身边的时候，他觉得自己更成熟。

很多男人都会记得他们在5～7年级时爱上的女孩。不是每个男孩都会这样的，大多数男孩肯定不会接受这种事情；然而，他们会为浪漫的感情所感动，并对之产生眩晕的、困惑的以及最终的性的反应。一位13岁男孩的爸爸说，他努力跟儿子讲述自己这时的生活，“他却不告诉我他的故事”。爸爸的担心是什么？“我不想让他受到伤害。”“我想要告诉他，这些感情是正常的。当事情进行不顺利的时候，感到伤心也是没关系的。对女孩和女人要尊重。”

注意力涣散与学业障碍

每个中学老师都竭尽全力地使课堂对学生有足够的吸引力，防止学生注意力的涣散。每位关心教育的父母都非常担心自己的孩子会落下功课，所以也千方百计地激发孩子的学习动机。学习困难男孩的父母也担心如果孩子被诊断为学习障碍（LD），那种惭愧和羞辱感，或者因为学习障碍而产生的孤立感将会使儿子对学校产生抵触情绪，因为这些男孩确确实实憎恨学校给他们带来的困难。

如何解决中学男孩身上显而易见的学业倦怠问题呢？对这个问题并没有简便易行的解决方案。但是我认为，要想让中学男孩们专注于学业，学校和家长都可以做一些努力。

如果学校能给6～8年级男孩配备指导教师，将会很有帮助。指导教师应该非常了解这些男孩，并能够在每天早上跟他们保持一种个人的联系。根据我的经验，如果大人不能从个人的角度了解男孩，他将会变得调皮捣蛋或者孤僻不合群。如果这些指导教师能够在这些男孩回家之前帮助他们整理一天的经历，对他们将会有巨大的帮助。放学前安排家庭作业期间可以完成这项工作。学校每天都应该让男孩保持相当程度的体力活动。最近的研究和常识告诉我们，我们应当在中学招募更多的男性教师。高大男性的存在将会使那些陶醉于自己新的体格和力量的男孩安定下来。男老师还有助于在每个男孩的心目中发挥榜样的作用。这不是说女老师不行，很多女老师已经做了出色的工作。我曾听到很多女老师说过："如果教员队伍中有男老师，对男孩会很有好处。"就是这样的。

一个朋友曾向我讲述了下面这个关于他妈妈的故事。在他8年级那年的秋季学期，他的成绩报告单上得了D和F。当他妈妈收到邮件，读到成绩单之后，冲到他的房间一把抓住了他。他预期她会冲他大吼。可是她对他说道："在这样的成绩下，我觉得他们不会让你通过8年级的，他们可能也不会让你继续留在学校里了，不过我不太确定。你最好跟他们确认一下。"然后，她把成绩单扔到桌子上走了。从她的做法和姿势中，他知道她不会挽救他了。她将不会到学校去跟老师讨论这个问题了。他告诉我说："就是从那一刻开始，我的教育就真的变成我自己的了。"

今天的很多父母认为，他们能够并且应当年复一年地管理孩子的教育。其实到了13岁，男孩已经有相当的能力管理自己了，即便他的决策可能不是最好的。这个时候对他来说是挑战自我，承担后果，从学校和生活中吸取教训最安全的时刻。

中学阶段男孩面临的七个挑战

中学男生在以下七个方面面临着挑战：

第一，男孩在青春期发育速度不同，导致每个男孩都会在自我认同方面有一些担忧："我会成长为我希望成为的男人吗？"

第二，男孩寻求社会地位的热情异常高涨，对他人的冷酷无情也有增无减："如果我不够强壮，别人会不会踩在我头上欺负我？"

第三，每个男孩，无论外显的还是内隐的，都会通过挑战父母或老师来转变他们与成人的关系："大人们看到了这个更加有力的崭新的我了吗？"

第四，每个男孩都想知道他是否有足够的能力："别人会需要我吗？"

第五，男孩社会的文化倾向于敌视知识："女孩喜欢阅读，我们不。"

第六，普通男孩比同龄女孩更加难以管束。他的笔记本非常混乱："我们为什么需要这么多愚蠢的记录呢？"

第七，每天男孩都被女孩所吸引，同时，他们又被女孩远远地甩落在后面："她们美丽而性感，可是她们的样子和想法像个妇女；而我们还是男孩！"

这七个挑战主导着11～13岁男孩的精神生活。对男孩来说，他们很难将这些挑战放在一边，而专注于社会科目或者数学、英语。很多小学时候是好学生的男孩在7年级的时候开始公开表明不喜欢学校了。

他们嘲笑大人的价值观，认为所有的事情都是“愚蠢的”或“无聊的”。很多人，即使他们仍然在学习，却在嘴里说着“愚蠢”或“无聊”；那些意志薄弱的男孩则会因丧失兴趣而一发不可收拾。当然，那些意志坚强的男孩仍然在学校里努力学习，因为学业成功显然是能够使他们获得能力和长大成人的必经之路，虽然他们还不能完全理解其中的具体过程。

“某些人认为上学是浪费时间，但是我想还是读完大学，去麻省理工学院学习技术。”12岁的乔希告诉我，“因为麻省理工有技术专业，我可以学习计算机，修理计算机，或者学习汽车、电子。”

同时，其他男孩也在继续读书，并且梦想着到国家橄榄球联盟或全国篮球协会打球，或者参加一个乐队，并登上《滚石》杂志的封面。我曾经访问过一个瘦瘦的7年级男孩，他的爸爸和妈妈从孟加拉国移民到美国，希望能给自己的儿子和女儿带来更好的生活条件。这个男孩跟我说如果他坚持把运球练好，他将会到NBA打球。我敬佩他的决心和勇气，但是我确信他在体育方面的野心会令他父母很恼火。很多中学男孩似乎都不清楚学习跟将来的生活之间到底有什么关系。

用艺术拯救男孩的生活

一位中学校长曾对我说过：“艺术能拯救男孩的生活。”这个想法一直在我的脑海里回响，然后我又回去找他讨论这个问题。“你说‘拯救男孩的生活’是什么意思？”我问道。

“嗯，艺术使他们能表达自我，跳出自我。”他说道。

“跳出自我？”我问道。“是的，”他说道，并继续解释说，“通过艺术——音乐、绘画、泥塑，以及木雕——男孩可以投射出他们真实的自我。”他介绍说，有一次他看到一个男孩用木块雕刻了一件抽象的东西。这个年轻人完全沉醉其中，仔细雕琢着每一部分，思考着各个部分之间的关系。他努力工作，直到看起来满意为止。当完成的时候，他对自己的作品感到非常满意。

在男孩的生活中，还有什么事情能让他创造出令他这么满意的东西来呢？这是我的，我做的。它代表了我，在学校里很少有什么能像它一样。这是跟体育方面的成功不同的感觉，这是一种创造性的活动。而且，大多数艺术都有一个优势，即都包含运动。一位中学管弦乐队的指挥告诉我，一位妈妈曾给他写信说道："我上6年级的儿子喜爱两件事情：玩冰上曲棍球和拉小提琴。"我很惊讶，不太确定二者之间的联系，所以让她给我解释一下。她说，在玩曲棍球和拉小提琴的时候，你都可以通过动作来表达自己。这种解释很合理。

如果我们把艺术看成是男孩动手、创造、冒险和自我满足的一个机会的话，我们就不会再以为艺术跟体育是对立的了，或者是学校生活中可有可无的装饰品了。**我们把艺术看成是男孩用非言语的方式表达感情、希望和恐惧的独一无二的机会。**

我在学校工作的30多年里，曾看到过很多种艺术——很多孩子画的画以及很多孩子的舞台表演。我可以自信地说艺术活动的经验使男孩能够感到一种在现实生活中无法体验的满足感。这让他能够深入了解自己的内心深处，而任何其他方式都无法做到。

我记得一个高中男孩描写了他在合唱中的经历，他感觉自己的声音跟其他人的声音合在一起，形成了声音的集合。他的描绘很美。**但是同样重要的是，他从演唱中得到的关于自我的认知——关于他要求独立的认识，他在群体中的位置，他对自己能够与其他人合作的认知——实际上对他的影响更大。**

对于艺术，我还有最后一点想说。曾有一位艺术教师，一直禁止男孩在她的艺术课上"画任何与暴力有关的东西"。她听到我讲到，要解放男孩，让他们画任何他们想要画的东西，写任何他们想要写的东西，即便这些东西不合老师的口味。她觉得这种观点很危险，并对我的建议感到不安。在接下来的几个月里，男孩们不断地询问："你确定我们可以画任何我们想要画的东西吗？真的吗？"她必须不断重复说她就是这个意思。过了一年，她给我写信说道，她明白了多年里学生们所画的画其实都是刻板和应景之作，什么花呀草呀房子呀之类，是为了投老师所好。这种新的艺术（自由绘画）不同，其中一些画不合她的胃口，其中一些吓到她了。但是，当她允许男孩们表达他们内心的东西之后，她看到的画就变得比以前任何画都要更加深刻、丰富和影响深远了。

每个男孩的心里都有艺术。我们的任务就是给他们提供机会发现它，给他们提供工具表达它。

如何提高男孩的自信心、自尊心？

问：我11岁的儿子缺少自信，我很担心。他太顺从了，这使我们的关系形成了一种我认为不健康的模式——我让他做什么，他就做什么。甚至于，我让他穿什么衣服他就穿什么衣服。这就是说，他等着我告诉他如何做，而不是自己思考，自己承担责任。我该怎么做才能增加他的自信呢？我带他去看了儿童心理咨询师，但是她告诉我因为他在"正常"范围内（在学校有好成绩，在体育运动中有好表现，在生活中有好朋友），所以她没什么可做的。

答：有很多妈妈希望提高儿子的自信心或自尊心。如果她们退后一步思考，她们很快就会明白，你不可能持久地提高某人的自信或自尊。当然，如果妈妈爱你并觉得你在学校表现不错，那么很好，但是能够给你自信的是技能的形成。**为了拥有真正的自信，男孩必须形成**

一种技能，把某件事做好，跟其他男孩相比把它做好，并通过他的技能给自己的生活带来改变。

所以，父母可以做的就是把儿子置于一种可以形成技能的环境中，在那里，他们可以练习他们新的能力（那些技能），并对某些事开始形成专长，继而将这些技能用在可以证明自己的地方，从而带来改变。通常，学校不会给男孩带来成就感，但是运动可以。艺术，或者学习某种乐器也可以。（读谱，练习乐器，直到觉得流畅了，然后在乐队表演，接受鼓掌欢呼——这正是我们想要的。）

至少，可以先在家里开始。既然你知道督促和表扬没有用，那么就想一些办法后退一步，停止督促，让其自然地发展。不要再告诉他该干什么了。给他自己决定的空间——调节自己的恐惧，发现自己的兴趣和爱好，对自己的成功和错误有担当。你认识到了你们之间业已形成的不健康的模式，所以，从你自己开始改起。例如，不要再告诉他该穿什么，不要批评他的选择。对他自己能做出正确的选择认真地表达你的信心，而不是简单地表扬或者打击。感受你的信任而不是怀疑或者失望，比督促或者“支持”都更能培养起他的自信。

第 8 章

神秘的男孩：他在想什么？

14～15 岁

在这个年纪，男孩和父母开始出现公开的意见分歧。这个年纪男孩的父母很可能会太过于担心一些事情，从而令他们的儿子非常苦恼。请记住，大多数青少年男孩都不消沉、不叛逆，成绩也都不错。他们看重的事情可能跟你不一样，然而，他们正在朝着美好的成年时代迈进。

我能用一章的篇幅来赞美14～15岁男孩的能力和他们可爱的品质，因为他们非常讨人喜欢。父母会把这个年纪的男孩描述为有趣、温暖、亲切、随和、淡定、善解人意、宽容大度、容易相处、幽默、勇敢、腼腆、自信、深沉、深情、风趣、感性、坚忍、审慎、成熟、智慧、热情、体贴、诚实、脆弱、理智、活跃、温柔。（我说过有趣了吗？）

“他很随和（我女儿就不太随和），在我所认识的人中，他最有幽默感。”一位15岁男孩的妈妈这样说道，“我喜欢他的世界观。”去年，她的儿子14岁，在外求学一年没有回家。在这一年里，“家里的气氛完全不对劲。”她说道，“因为他不在家，家里的女孩和女人遇到困难的时候，没有了以前那种幽默的气氛，更没有人能提供建设性的意见。现在，他回来了，世界又恢复正常了，或者至少，家庭生活又恢复正常了。”

一位14岁男孩的爸爸说道：“我什么时候都愿意跟他待在一起。我喜欢看着他成长，喜欢听他对各种事情的看法，喜欢看着他学到新的东西。”

这样，我们对这个阶段的男孩应该有比较明确的认识了。大多数14～15岁男孩应该是温暖的，甚至——在他令你的心悸动不止的瞬间——会融化你的心。不过另一方面，同样是这些父母，在描述同样这些男孩的时候，还会发现男孩们难以理解、令人沮丧的特点，他们时而还会对儿子表现出深深的忧虑。男孩们无法无天、表情木然、散漫邋遢、出言不逊、反应迟钝、懒惰懈怠、顽固不化、虚情假意、粗心大意、傲慢自大、自我中心、不求上进、举止轻率、漠不关心、无精打采、粗鲁无礼、刨根问底、暴躁易怒、鬼鬼祟祟、不负责任、行为幼稚、懒惰成性、思想混乱、自私自利、自我陶醉。（我说过无法无天了吗？）

一些父母喜欢中学时代青少年期的男孩，他们喜欢男孩的独立、能力、幽默，甚至是他们藐视权威的态度；他们喜欢跟这些男孩进行成熟的讨论。现在，男孩们已经能够进行抽象思维了，能够表达自己的意见，并批判成人的世界了，当然是在他们愿意跟你说的时候。可是另一些父母则相反。对这些父母来说，他们觉得父母的权威逐渐失去了效力，他们必须解决如何应对这个年纪男孩的问题。此时，他们发现自己开始回避，觉得力不从心，或者完全不知所措了。

但是，无论你喜不喜欢这个年纪的男孩，当儿子快成年，特别是到了这个年纪的时候，每位父母都会在好奇、困惑和惊愕之间摇来摆去。一位爸爸在写给我的信中说道，在孩子小的时候，很多时间里他是男孩还是女孩其实没有什么区别。但是从14岁开始，“性别开始变得很重要了”，他们在每一件事情上都必须提醒自己，这个孩子是个男孩。当然，本书一直在强调性别在男孩的一生中都很重要，而不只是从14岁才开始的。不过，我也同意这位爸爸的观点，即在这个年纪，性别真的很重要，因为此时的男孩不仅受到自己睾丸激素的强力影响，而且还受到同样在激素影响下的其他男孩的影响，此外还受女孩行为的影响。同时还有一点不容忽视，男孩正在塑造自己作为男子汉的认同感，虽然他们自己并不觉得他们已经是小伙子了。对男子汉身份的追求，以及获得对男子汉身份的认同感是这个年纪男孩的首要任务。

在这个年纪，男孩和父母开始出现公开的意见分歧。男孩们在想“一切都没问题”，父母都在想：“哦，他们通常不知道该想什么。”现在，让我们再回到父母的立场上。然后，我们会深入男孩生活的深处，来看一看他那个世界的真实面貌。

这个年纪男孩的父母很可能会太过于担心一些事情，从而令他们的儿子非常苦恼。这个年纪的男孩可能会想：你看看我，每天按时上学（确实如此），跟朋友关系融洽，帮爸爸妈妈做家务（当他们要求我帮忙的时候），努力认识一些女孩，玩游戏，可是我父母却老是关注我在历史科目上的C，还有我的房间有多么脏乱。他们到底怎么了？他们太不理智了。我都得了三个B了，而且，如果我妈妈受不了我的房间，那她关上门就好了。我是个多好的孩子啊，他们就是不提这一点，他们好像压根儿就没注意到这一点。他们为什么不承认他们也为我而感到骄傲呢？

相反，如果我是那个男孩的父母，我会首先关注他的C分数，扔得满地都是的衣服，以及他已经能进行抽象思维却不愿跟父母交谈的事实。这些都是父母担心的事情，但通常都不是最重要的。

在阅读本章的时候，请记住，大多数青少年期男孩都不消沉、不叛逆，成绩也都不错。他们可能会做一些惹恼你的事情。例如，在卧室的墙上高高地贴上穿着紧身比基尼的性感女郎海报。他们看重的事情可能跟你不一样，然而，绝大多数都是健康的、乐观的，他们正朝着美好的成年时代迈进。

发展的八条线索

未来的发展

你儿子现在可能比你还要高，或者很快就会超过你。你的身材在他幼小的眼里所带来的权威感将很快成为历史。对这个年纪的男孩的父母来说，关键是要在这个崭新的大男孩向你展示不可预期的挑战的时候，继续保持你在精神上的权威。他需要你承认，并认识到他既是一个在快速变化中的新人，同时也是过去你一直了解的那个孩子。只有当孩子到了14～15岁的时候，他们的父母才开始觉得孩子好像成了陌生人。这是错觉。你需要认可这个以崭新面貌出现在你面前的、过去曾无比熟悉的那个可爱的小男孩，但是永远不要让他知道你还认为他是个孩子。

身体发展

虽然一些发育较晚的男孩在14岁的时候才刚刚开始青春期，但是大多数15岁的男孩都已经达到了发育高峰。青春期的影响全体现在他们的身体上。他们可能仍然有着天真幼稚的面容，但是已经拥有了成年男性的生殖器官，长长的腿，宽宽的肩。在这些年里，他们的身高第一次超过了身边的女孩。对于像扎克这样的男孩来说——他在15岁之前的12个月里，身高一下子长高了18厘米——他的身高就是他人生中最重要的事实：身高影响着他的运动生涯，以及他在家庭中的地位，因为他比妈妈高出30厘米，比爸爸还要高。他的身高还影响着他在学校的地位，因为他比学校里很多低年级和高年级男孩都要高，并且将永远比他们高。一些低年级和高年级的男孩可能会将他视为一个突然出现的竞争者，并会想尽一切办法使自己达到应该达到的社会地位。在八九年级时，觉得他不成熟的女孩们现在得抬头才能看得见他的脸。很多老师也是如此。

因为那些运动能力出色的男孩会受到社会地位较高的女孩的大量关注，所以那些运动能力平平的男孩就激进地把他们自己定义为不喜欢运动的人。自打一上高中开始，男孩们就开始分化成“运动员”和“预备役”，“宅男”和“球迷”。虽然仍然有很多其他的标准影响着男性的社会群体结构，如种族和阶层，但是对所有男孩来说，进行分化的最根本因素其实是“运动的”和“不爱运动的”。

对不爱运动的男孩来说，问题在于，在他们渴望追求自己的兴趣和认同感的时候——无论是辩论、乐队、艺术、戏剧、智力竞赛，还是在家打游戏——身体的锻炼自然就变少了。

如果你是一个14岁或15岁男孩的父母，你对儿子是否愿意成为爱好运动的或者不爱好运动的人几乎没有任何影响力。就是有这样一些男孩，他们的男子汉认同感与运动无关。幸运的是，在室内，仍然有很多14岁男孩可以做的体力活，你应该让他去做这些工作。这些工作——当然可以跟生活费挂钩——包括修整草坪、洗车、倒垃圾、耙树叶。而且，你不必也不应该到处轰撵你的儿子，至少有些时候他可以散散步或者骑骑车。

依恋发展

在这个年纪，依恋不再像过去那样主要体现在身体方面。14～15岁的男孩整天不在家，父母当然见不到他们的面，所以这个年纪是男孩们体验自己的成熟和能力的时候。他们可以在高兴的时候回来，不高兴就走。对于那些觉得自己在家里受到虐待，或者觉得自己的依恋太纠结和痛苦的男孩来说，逃跑变成了一个勇敢而现实的选择。实际上，在现代社会里，这个年纪的男孩要想自己养活自己其实非常困难。然而，他觉得自己在理论上完全可以照顾好自己这种想法，对男孩的心理已经产生了深远的影响。他的依恋在这个年纪突然变成了一种可以选择的东西。他不是必须爱你，只是选择了爱你。他不是必须尊重他的爸爸，只是选择了尊重爸爸，而且，他很可能会采用吵架的方式表达他的爱和尊敬。

男孩觉得他必须调节好他与父母的距离，以及对父母的反应；所以有时候，当你像以往那样仍然想要跟他贴心交流的时候，他会泼你一瓢凉水。尽管妈妈对此感到非常沮丧，但是爸爸通常会对此更加宽容一些，或者因为他们此前也没有跟儿子多么贴心，或者因为他记得自己当年也是这么对他的爸爸妈妈的。“不用盯着他。”他们会这么告诉妻子。

同时，男孩可能会选择解除亲子之间的纽带，他在人生中需要更加宽泛的依恋，每个人都有这样的需要。所以，男孩可能会转而依恋一位最喜欢的教练、一位老师、学校课外活动的一位领导者，或者是夏令营的指导老师。这些人是他可以进行理想化，甚至是热爱的榜样；虽然男孩避免使用“热爱”这个词，但是，我目睹了这个阶段的男孩确实热爱他们的指导教师。这些强烈的依恋是早期亲子依恋的进一步演化，此时的依恋包括了一个家庭以外的人，从而使男孩能够以一种全新的方式继续成长。

在这个年纪，父母能够给儿子的一个最好的礼物就是，在心理上允许他跟另一个成人建立亲密的关系。这种关系可能会对男孩的一生产生重要的影响。然而，父母最大的一个担心是，即便他们允许儿子跟家庭以外的人建立联系，他们仍然觉得儿子太脆弱、太理想化了，很容易落入恋童癖者的魔掌。现在，你儿子应该知道（有了过去那么多年跟你交流的经历）如果有某个成人（或者任何类似的人）使其遭遇不合理的处境，他都应该而且必须告诉你。现在，你所能做的就是了解那个能够很好指导你儿子的人是谁，这样你就能够信任他、支持他、允许他与儿子形成亲密的关系，而不需要你的监督。跟成人之间的信赖关系能够帮助男孩产生被接纳和受到尊重的感觉，这种感觉会帮助他回避青春期很多非常危险的问题。

社会性发展

在本章的前面部分，我们曾讨论过男孩社会生活的改变。最值得注意的是冷酷的男性文化，以及对女孩日益增强的兴趣。男孩变得非常依恋他们的朋友、他们的团体。对一些男孩来说，不幸的是，他们开始依恋他们的“阿飞党”。这种情况不只出现在问题最严重的家庭中，而且也出现在那些最有爱心、最幸福的家庭中。心理学家罗恩·塔费把青少年之间的这种关系称为“第二家庭”，并担心这种同伴关系会在当代美国青少年的生活中取代传统的家庭关系。这种情况可能正在演变为事实。这曾是父母们长久以来的担忧，因为他们看到自己的影响正在日益削弱，而同伴的作用却在日益增长。在男孩正常发展的过程中，同伴的确会在这个年纪取代父母而成为友谊、兴奋和美妙感觉的来源，而且也是情感支持和各种建议的来源。

认知发展

“我怎么做才能让我儿子思考一下未来呢？”一位9年级男孩的爸爸曾这样问过我。“我希望他专心考大学。”这位爸爸说道，“他的行为似乎表明一切都与他无关。”虽然15岁的他看起来已经比妈妈都高了，几乎跟爸爸一样高，可是，他计划未来的能力却尚未发展起来，跟他的父母相比还差得远呢。所以，他此时的很多思维方式仍未达到成人的水平。

在青春期，男孩会形成很多不同的认知技能，而且这些技能发展的速度也有所不同。从学业方面来看，最重要的一点是，这个年纪男孩的假设演绎推理能力正在发展，这种能力使他能够对他自己心里的想法进行逻辑检验。他的短时记忆能力可能也在提高，这使他能同时思考多个概念，并将这些概念进行相互比较。不过，不是所有的男孩都能够进行复杂的抽象思维。在高中早期，男孩要么可能会遭遇自己天赋的瓶颈，要么会受到他此时发展水平的制约。所以，即便这个年纪的男孩尽最大努力，也大多会停留在C的水平。

小学的大部分课程都可以通过合适的教学方法和学生的刻苦用功来掌握。随着课程深度的增加，努力学习和良好预习变得不再那么重要了。在高中，学生必须拥有更高级的认知能力来应对那些更加困难、更加抽象的学习内容，他们必须接触那些形式运算问题，这些问题会激发他们发展出抽象思维能力。高中学业其实就是典型的比赛场，那些更聪明的孩子将会进入“光荣的”和“大学苗子的”跑道，在这个跑道上，需要形式运算思维能力；而那些对学业不感兴趣或者动机不强的学生则进入了“普通的”或者“补习的”跑道。

这种分化是有争议的，因为它剥夺了一些学生学习高级知识的机会，或者听复杂的、有逻辑的讨论的机会。但是，它也不是完全没有道理的。如果班上的学生中混杂着具体形象运算思维的学生和形式运算思维的学生，老师将难以讲授复杂的课程内容，一些学生会因为跟不上课程内容，不具备课程内容所要求的复杂认知能力而不知所措。在其他大多数发达国家，12～14岁的学生会被分割成不同的群体，一部分是学业非常优异的学生，另一部分是跟不上课程的学生。例如，在日本，学生在进入高中之前都必须参加一个入学考试；那些没能达到入学标准的学生会到补习高中去，在那里他们其实就是继续完成他们初中的学习内容，并掌握一门手艺。英格兰也是这样的，在那里，12岁的学生将会参加一个起点水平考试，然后被分流到强调学业和不强调学业的课程中去。

作为父母，你总是希望能够帮助你儿子发挥他的潜能，但是直到现在，仍然不清楚你儿子的潜能到底是在复杂的学业课程上，还是某些别的领域。到了9年级，你儿子的老师将会知道他是否拥有推理能力、对思考过程进行思考的能力，以及是否具有打破常规和想象式的思维能力，这些能力将使他能够完成复杂的学习任务。如果他具备了，那么他就准备好接受学业的挑战了；不过，他是否有这方面的学习动机还要再看看。但是，如果你儿子的发展水平仍然没有使他达到接受严格的学业课程的能力，这将会导致他开始一段长期的痛苦挣扎，最后的结果可能是失败。所以，你对儿子各方面潜能的最好支持其实就应该是尊重他内心的所想，支持他做出最有挑战性同时也是最适合他的学业安排。

学业发展

一般来说，在高中开始阶段，区分能力较强和能力较差的学生是有可能的，但是具体到男孩身上，情况就不同了。因为男孩在所有方面都比女孩要成熟得晚。所以，有可能他大器晚成，无论是认知方面还是情绪方面，或者在调节控制自己的能力方面。我确信曾见过有的男孩在青春期中后期才觉醒，并迅速发展，突然变成了学习成绩优异的学生。我也看到过富有启发精神的高中老师激励以前不喜欢学习的男孩。很多男人都曾经告诉过我，直到进入大学开始，他们才能够进行复杂的思维，并开始思考与未来职业相关的问题。

如果你希望自己能够在学业上帮助上高中的儿子，而无论他天生的学习能力如何，你最应该做的事情就是帮助他管理时间和组织时间。一般的高中男生都特别不擅长自我管理。男孩会把所有的东西都打包背在身上，因为他们体格强壮，但是他们不知道他们到底背了什么。如果我说了算，我会让大多数男孩重点学会学习技能，教给他们如何制订学习计划，如何安排家庭作业的时间。这些技能其实远比他们是否记得那些高级的课程重要得多。无论如何，因为很少有高中男孩会给他们的家长看他们的学习成绩，所以父母要想帮助8年级或9年级孩子，有一件事可以做，就是提醒他们专注于自己的学习，限制他们打游戏的时间，并及时询问他们是否做作业了。如果没有做完，最好问他们做到哪儿了，进行得怎么样，还剩什么内容没做，他们计划怎么按时完成余下的部分——虽然这些问题并不一定一次都用上。有时候，他们可能会在做作业时拖拖拉拉。那么，提醒他们注意完成作业的进程就会给他们一个冷静思考和观察自己的机会，看一看自己卡在哪儿了，并思考一下该如何回到正确的进程中来。一些男孩不需要这样的指导，另一些会欣然接受，而其他男孩则会厌烦甚至抗拒。你需要搞清楚他希望你在他的学业生活中发挥什么样的作用。我相信，在他高一、高二时，你仍然需要参与其中；随着年级的升高，你参与的机会可能越来越少。

在一件事情上，你可能仍然拥有一些控制权，那就是看电视的时间。我记得有一个重要的研究发现，看电视的时间和学业成绩的退步之间密切相关。在最近的一项研究中，美国哥伦比亚大学和美国纽约大学医学院的报告说，青春期频繁地看电视更有可能出现注意力方面的问题、学习困难、无法完成家庭作业，并可能导致长期的不良后果。也许你儿子看电视是因为某些其他原因已经使他准备好辍学了。但是，无论原因是什么，看太多电视都不会带来什么好处，而只会使事情变得更糟。

情绪的自我调控发展

中学后期和高中早期青少年的自我控制和判断能力似乎在走回头路。父母觉得男孩此时比他们一两年前更加阴郁和闷闷不乐、更加自我中心、爱惹麻烦。现在，在家里，他们会逃避他们曾经喜欢的事情。在公开场合，他们会突然因父母或者小弟弟、小妹妹而尴尬，并且，如果家庭成员不注意言行，继续使他们感到强烈的尴尬或者羞耻，他们可能会发怒。对我自己来说，我妈妈的声音仍然萦绕在我的耳畔：当我到了14岁的时候，她就开始抱怨："我那个阳光的男孩哪儿去了？"当她这样问的时候，我会被激怒。这在我听起来就像是要求我继续做个听话的小男孩，不要长大一样。

青春早期性情改变的部分原因是激素的变化，而父母对激素束手无策。男孩必须适应在他的身体里汹涌着的新能量和觉醒的意识。也许你可以要求你儿子合理安排上学期间的休息时间，允许他周末晚睡，因为这个年纪的男孩需要大量的睡眠。他们整个白天可能都会不可控制地打盹儿，一会儿精力旺盛，一会儿却精神困乏。

正如我们此前曾讨论过的，男孩的心情在很大程度上依赖于情境。他跟朋友在一起还是跟家人在一起？他是觉得自己控制着自己的命运，还是觉得受到大人们的颐指气使？作为学校的一名顾问，我曾观察过老师们如何与14～15岁的男孩相处，如果让我总结一下他们应对这个年纪学生的成功之道的话，那么就应该是：保持幽默感，不要争夺权力，在你表达自己意见之前先让他表达他的意见，以及给他们一个发泄身体能量的出口，如体育运动。

男孩会越来越能够控制他们的情绪问题，以及他们冲动、爱显摆的毛病。当高年级男孩看到9年级男孩做出这样的行为时，他们会嘲笑这些低年级的男孩，因为这既是“不成熟”的，也是自己曾经干过的傻事，就在短短两年以前。如果你想确定一下你9年级的儿子将来是否能控制自己的情绪，你可以去观察一下那些高年级的男孩。跟你那个情绪尚在发展中的儿子相比，他们会显得极其成熟。

男孩要想控制他们的情绪的话，有一个办法就是保持坚忍。虽然我们一直强调男孩需要坚忍，其实坚忍对成人的生活同样是合理并且健康的；它能在我们经历挑战的时刻，帮助我们有效地控制自己的情绪。作为父母，你唯一需要担心的事情就是你儿子表面上的坚忍是否反映了他的抑郁，或者他是否开始用药物或者酒精来应对自己的情绪困扰。

但是，回避那些可能会惹恼自己的大人——其实就是父母——并压抑自己的感情，在这个年纪的男孩中很常见。虽然对爸爸和妈妈来说，这有点儿让人伤心，但是你必须学会尊重他。这有助于男孩在感情丰富的时候，保持他男子汉的感觉和尊严。一旦他适应了自己的成长，一旦他对自己的感情能用更加丰富的词汇进行描述（女朋友在这方面会对他有所帮助），一旦他的自我认同更加坚实，他就会变得更加开朗了。

道德和精神信仰发展

在高中早期，男孩在精神信仰方面最突出的特点也许就是他们对一切都抱有怀疑态度，他们甚至有点儿愤世嫉俗。为什么会这样呢？随着他们逐渐形成了越来越强的逻辑思维能力，他们质疑成人观点的能力也日益增强，他们对绝对权威的批判也越来越激烈，而且他们能够看得出成人行为中同时存在的双重标准。他们不再受到权威的震慑，越来越愿意提出自己的质疑。发现成人的虚伪是9年级和10年级男孩的主要任务；他们的判断非常准确，批判也相当辛辣。还记得马克·吐温那个被广泛引用的观点吗？他说："当我还是个14岁男孩的时候，我觉得我爸爸是个那么无知的人，我几乎无法忍受他在我身边晃来晃去。但是等我到了21岁，我被他震惊了，在过去这7年里，他竟然学到了很多东西！"

对成人的这种尖刻态度与青春中期那种更加灵活、单纯的心理状态形成了鲜明对比。在一个成人看来，青春期男孩经常破坏规则，对自己的做法不做任何解释，而且几乎没有任何悔改表现。这是因为，他们的游戏规则跟成人完全不同：他们在检验自己，大胆地冒险，他们在践行自己的行为准则，这个准则就是把朋友当作人生中最重要的道德试金石。他们对自己所属的群体很忠诚，不愿做"叛徒"，他们会保护朋友免被大人发现喝啤酒——这些对于一个15岁的男孩来说是最高级的道德形式。

男孩所属的群体对男孩来说非常重要，以至于有时候他最强烈的需求竟是做一个自己眼里和他朋友眼里的合格的群体成员。在另外一些时候，他又想做一个家人或女朋友眼里的好人，他的道德观是依附于他周围其他人的行为和观点的。当你问他为什么做一些违反道德的事情的时候，他会耸耸肩，然后回答道："我不知道。"不过，他的意思其实是：我赞成我们这个群体的主张，并努力做个合格的朋友。现在我知道当我忠于我的伙伴们时，我就不能做一个好孩子或者一个合格的社会成员了，但是，嘿……那时候我是跟他们在一起的。作为父母，你需要使你儿子在道德上负起责任，同时要了解到他在家庭以外的新生活会使他频繁地陷入为难的境地：在朋友和家庭之间，在朋友和学校之间。

自我认同发展

在儿童时代，男孩的自我认同依附于他的父母、他的哥哥姐姐、他的邻里、他的个人兴趣以及他所属的体育团队。随着他逐渐长大，他的认同感开始主要受到他高中时所属的社会群体的影响了，包括他选择穿戴的“制服”和他得到的社会标签，或者什么其他“尊称”。他是个“书呆子”“大学苗子”或者“怪胎”吗？如果其他人这么叫他，他必须接受吗？

认同感在这个年纪仍然没有完全形成。对身份概念的抨击表明，它从未成为其人格中完全的、永久性的或者固定化了的部分。也许在成年早期的时候可以接受这个身份，但是在14岁的时候，绝对不行。当扎克试图向我定义他自己的时候，他说：“是的，我把自己看作一个稍微强于普通人的人。我不必成为最好的足球运动员，或者班上最聪明的学生，但我也永远不会被落在后面……我不会因为任何原因而放弃做一个好学生或者好朋友。在学校里，我努力学习，而且效果明显；我尽量尊重大人，我努力对我的朋友们友善，我努力显得幽默风趣。”

如果说自我认同感是引导和指示自我向前发展的心灵的一部分，那么，自我认同感就需要依赖自我认知、自我控制、自我的连续性以及自我的同一性，从而把握住认同的方向。在10年级的学生中，有很多人仍然没有形成上述四个方面的自我认知。他们经常被自己的行为吓到，经常会失去自我控制。当他们从学校回到家时，从一个社会群体转移到另一个社会群体时，或者从家到工作场合时，可能会从一种认同转变到了另一种认同。在青春期的这个阶段，男孩的自我认同感仍然没有完全发展起来。直到他从父母那里获得完全独立之后，自我认同感才会真正形成。

我跟这些男孩和他们的父母一起工作了30多年。根据我的经验，大多数父母的担心都是源于他们无休止的猜测。在少年时期，特别是在十四五岁的时候，妈妈和爸爸们担心孩子整天在想什么，怎么才能让孩子告诉父母呢？

为什么父母早先并没有注意到这些线索呢？这样的问题不禁萦绕在人们的脑海中。“我想我儿子绝不会做出那样的事的。”一位焦虑的妈妈告诉我，“但是，我又不知道如何确认。实际上，他什么都不跟我说，所以当某个地方的某个男孩做出了什么大事，我就会意识到，我对儿子的了解太少了。某一天，我可能会成为出事孩子的妈妈。”

为什么我们的儿子跟我们如此陌生，是什么使这个年纪本应正常脱离父母而独立的过程令我们感到如此不舒服呢？首先，我们的儿子对隐私的要求伤害了我们的感情。其次，我们意识到他们在对我们撒谎，这着实令人担忧。最后，他们可能有另一种隐匿的生活，这进一步加剧了我们的担忧。

由于心理发展的原因，这个年纪的男孩非常不愿意跟父母分享自己的想法和经历。就单单是感到不能再控制儿子的生活这一点就足以令父母感到失望。从儿子的角度来说，这种状况完全是可以预见到的；可是对父母来说，这通常会让人感觉是一种背叛，如果你过去若干年里曾非常享受与儿子之间亲密的关系的话。

至于撒谎，我想说的是，任何经历过青少年期的男人或女人——其实包括了读这本书的所有人——都知道，青少年要么跟父母撒谎，要么就什么都不说。而且，他们跟父母待在一起的时间越来越少，而跟其他男孩（以及女孩）在一起的时间则越来越多，大人的监控对他们来说已经没有多大意义了。在他不愿意跟你说话的情况下，你又如何能做些什么呢？一位妈妈曾表达了这样的意见：最令我难受和焦虑的事情是，前段时间，我发现我的儿子们，特别是那个大的，我对他的兴趣、朋友及行踪知道得越少，他就越觉得自己过得很好。我非常努力地克制自己不去打听，表现得不那么多事，可是我知道我必须了解他们到底在干什么。

当妈妈们抱怨自己14岁的儿子对她们不恭和疏远的时候，我经常提醒她们两件事。第一，如果你曾跟儿子关系亲密，在他小的时候，他愿意跟你说话，那么，等他感觉自己已经是男子汉的时候，他自然会再次向你敞开心扉。也许他的男子汉感觉会在学会驾驶或者离家上大学的时候到来，但是很难准确预测在什么时间和以什么方式到来。可以肯定的是，当他的安全感增强到一定程度的时候，他就不必在心理上努力把妈妈推开了。他会接纳你的爱和支持。第二，我提醒她们，每一位战争历史学家在描述战斗中受重伤的年轻士兵时，都记录了这样的情景：当他们将要死去的时候，他们无一例外地呼喊着自己的妈妈。从生命的开始到结束，妈妈永远都是儿子心灵的基石，这样说一点儿也不过分。

青春期男孩面临着抑郁的危险

男孩在心理发展过程中需要保护自己的隐私。每一位希望尊重男孩这种需要的父母都明白，男孩可能面对着青春期很多严峻的社会和心理方面的挑战。

妈妈最担心的事情是，儿子的生活中正发生着某些危险的事情，而她却看不见、听不到，更别说了解了。

我曾听一位妈妈说过，她跟她青少年期儿子一起生活的感觉就像经典小说《柳林风声》（*The Wind in the Willows*）中蛤蟆托德先生疯狂的驾车行为，他疯狂地开着车，不管不顾，一味地向前猛冲。说起那段日子的时候，她的表情有些凝重。实际上，青少年那段时光的确如疯狂的飙车一般：身体和心理的发育在青春期突然加速，有时候把父母甚至男孩自己都抛在了后面。

青春期孩子如此强烈地体验着他们的感情，对事件（包括他们的父母）的反应是如此剧烈和摇摆，所以很难搞清楚孩子到底是抑郁还是在正常发展。

目前，没有证据表明青春期的生理变化与男性的抑郁之间有什么关联。实际上，10岁以下的男孩比青春期男孩更容易被诊断出患有抑郁，而且抑郁在青少年女孩中的发生率是男孩的两倍。青春期以后，大多数男孩都会感到比以前更加魁梧，也更加自信了。他们也非常喜欢父母给予的自由，比小时候的感觉好得多。

然而，青春期发生的各种剧烈的身体的、社会性的及智力上的改变毕竟对男孩产生了重要的影响，有时候可能会让某些男孩难以承受。

从13岁到18岁，有15%～20%的青少年会在某一段时期内受到应激、忧郁、注意力涣散、无用感、无力和乏味感以及自杀情结的困扰。虽然女孩更多地出现抑郁症状，但是男孩也面临着危险，因为男孩在被诊断出抑郁并接受治疗之前，可能已经抑郁几年了。**为什么男孩出现问题这么久，而他们的父母和老师却没有发现他们出了问题呢？大概有四个原因。**

第一，从儿童早期开始，男孩就接受了社会化的影响，将自己的“弱点”隐藏起来，使自己看起来更加有力量和能力，进而达到男子汉的标准。因此，当男孩觉得焦虑，感到悲伤或者无力的时候，他可能把自己的状况判断为缺少能力，并感到深深的耻辱。结果，他就会努力向同伴以及父母隐藏起自己的这个“弱点”，这样他看起来就不像“窝囊废”了。很多男孩采用严厉的自责来应对自己的焦虑和抑郁情绪。

第二，因为这个年纪的男孩比他小的时候更加远离父母，而且

他还处在转换自己与父母的关系的过程中，因此，他可能不会像过去那样对父母开放自己的内心，他的父母也就没有机会来了解他的情绪状况。实际上，他可能有意向父母隐瞒一些事情，从而感觉自己更像个成年人。由于他还没有练习如何向他的朋友们吐露自己的心情——这种做法在男孩群体中是不被接受的——所以，他可能没有合适的语言来表达自己内心的状态。我们把男孩的这种问题称作“情绪的文盲”，其实他们就是还没有机会练习如何表达自己的内心世界。

第三，他可能已经在其他青少年文化形式中找到了表达自己抑郁情绪的途径，但是这种文化形式在父母看来无法接受或者很难理解。虽然父母可能不喜欢他们写的那些抒情诗或者穿的黑色紧身衣，但是他们也分不清楚他“只是”对一些事情很痴迷，还是真的抑郁了。

有些男孩倾向于采用恼人的、挑衅的或者反社会的方式来表达他们的抑郁情绪。对于大多数抑郁的男孩来说，最主要的症状就是应激和愤怒。一些人通过所谓的“践行”来表达抑郁：饮酒、飙车、偷窃、说谎。成人通常疲于应付这些事情，只是简单地认为缺乏管教，而没有注意到其背后隐藏着的悲伤或焦虑。即便是临床医生有时候也会对这个年纪的男孩产生误解。一位研究者发现，男孩的抑郁之所以不能被及时诊断，其中一个主要原因是，很多临床医生会向女孩询问她们的悲伤，但是他们不会直接询问男孩他们是否感到悲伤。社会对男孩的期待是隐忍、坚毅，悲伤不是一个男子汉或者强大的人所应有的情绪，焦虑同样也不是，这就是为什么男孩想要隐藏他们严重的焦虑状态。

最后，我曾为很多男孩的父母讲过课，他们经常将他们儿子的抑郁想当然地解释为青春期正常的叛逆行为。随着早期心理分析的观念开始在大众中盛行，大众媒体又频繁地将青少年孤僻的行为当作大多数青春期孩子的典型特征，结果我们就认为，青少年时期就应该是冷漠和叛逆的。正如很多年前西方著名心理分析学家丹尼尔·欧佛所言，绝大多数男孩儿的发展是正常的。**长期的应激，学业成绩的下降，持久的冷漠，不负责任的行为，无能为力的感受，以及过度的睡眠或者失眠都不是青春期男孩的正常模式，这些可能是抑郁症的先兆。**

有时候，男孩会受到抑郁性的事件或者环境的困扰，需要时间和空间来克服。不过，如果你儿子数周以来都看起来很悲伤、无力，如果他总是愤怒发火，或者似乎受到某些事情的影响做了一些不理性的、自残的事情，你就必须认真考虑，他可能患上了抑郁症。当他的心理尚未闭锁能够坦诚与你交流的时候——我相信爸爸和妈妈知道什么时候可以——询问一下他是否感到悲伤。不要拖延，赶紧寻求治疗。他可能会反抗你，因为寻找心理咨询师的想法令他感到自己脆弱和有缺陷，这会惹恼他。记住，他可能会因为抑郁而易怒；抑郁会损害他的形象和男子气概，他憎恨抑郁。因此，当他抑郁的时候，他真的需要帮助。

养育一个善于表达情绪的男孩

小男孩的情绪经常外露，特别是在妈妈面前，但是对大人来说，要想读懂大男孩的情绪，要困难得多。男孩从7岁到15岁会由于各种外在的和内在的压力而失去丰富的面部表情，从而使他们表现出一副强大和有本事的样子。这就是为什么当你问他们“你怎么样”时，他们通常会回答“很好”。当你再问他们的时候，他们会说“真的很好”。意思很明确了：“不要烦我。”“我真的很强大。”“我确实不太了解我自己。”或者“我不想讨论这个问题，因为我觉得这是我的隐私。”哪个是真的？你怎么才能知道你儿子是否没事儿？除此之外，你如何保证他长大之后会成为一个善于表达情绪的人，一个擅长理解和交流他自己的和别人的感情的人呢？

如果一个男孩不懂得如何表达情绪，那么很明显，他就有出现问题的风险。如果他不能理解妻子的感情，他又如何能建立一个幸福的婚姻呢？如果他不同情理解他人，在事业上又如何能成功呢？

跟我讨论这个问题的爸爸们经常担心他们的儿子长大后会像他们一样情感闭锁。一位爸爸把家族里男人们的情感受损看作他们家族历来的不幸，他拼命地想要在儿子身上改变这种状况：我不希望我儿子像我爸爸一样情感冷漠。我不希望他像我哥哥和爸爸那样，用酒精来掩饰自己的痛苦。我不希望我儿子像我小时候那样，必须隐藏自己的情感，默默地忍受痛苦。

父母们经常询问我，情绪被隐藏多少才算多。当然，我们并不会都采用同样的方式表达情绪，普通的男孩和女孩在这一点上就完全不同，很多男孩努力掩饰自己的情绪体验。这是为什么？一位18岁男孩提供了如下的解释：最能准确地描述我不愿表达情绪的原因当然是害羞。我担心别人不能理解我，担心别人会嘲笑我……男人最可怕的一件事情就是哭泣，因为你在博取别人的同情，而人们可能会用冷酷来回应你。如果人们认为，你竟然为这件小事哭泣，这简直太愚蠢了，你该怎么办？那样的话，你会怎么办？你就必须忍受尴尬的孤独……

如果你想要跟男孩交流一下他的感情，你就必须做以下六件事情：

第一，理解并尊重他作为男子汉的自豪感，以及他“必须表现得强大”这件事带给他的压力。只有当他知道你理解他的立场了，他才会感到安全。

第二，要知道男孩会通过大量幽默感来表达感情。当他们好像在拿感情开玩笑的时候，实际上，他们正在告诉你他们的感受。比如，当你看到一群男孩正要顺着绳索爬下悬崖的时候，他们肯定都会觉得害怕，但是他们很可能会嘲笑某个明显表现出恐惧的男孩。在那个时候，你可以说："先生们，这里的每个人都害怕。任何否认爬下悬崖是一件让人害怕的事情的人其实是在自欺欺人。"

第三，你需要知道男孩会通过动作和身体姿势来表达很多感情。你可以观察一下男孩的体态姿势，然后试探着问："这很难说，对不对？"或者"嗯，每个人都对这件事感到不舒服。"

第四，率先表明你的情绪。（"我很担心你，我不知道我应不应该这样担心"；"我能看出来你的情绪已经变化了，我不知道发生了什么情况"。）这对爸爸来说尤其重要。如果你总是表现得很强大，那么你又怎么能期待儿子与你分享他的情绪呢？如果非要让我提供一个跟性别有关的建议的话，那么我会说，男人应该给男孩提供榜样；不要再期待男孩像女孩那样表达他们的情感，当男孩没有像你所预期的那样表达他们的情绪的时候，不要显得太失望。

第五，激励男孩，告诉他们情绪上的勇敢才是真正的勇敢。当我在工作中接待某个小群体中的男孩，谈到关于家庭问题、离婚，或者任何其他问题的时候，我经常这样说："我知道这很难用语言来表达，这需要一定的胆量和勇气。"或者"这有点儿难，所以我并不指望所有人都能在这儿说出来。"这会有一定效果的，他们会开口的，因为他们觉得自己受到了激励。

第六，仔细观察和理解你儿子与他人在一起时的行为（父母经常不能，或者很少看到儿子的优点）。如果你在儿子的行为中没有看到丝毫的同情心，确认一下其他成人是否看到过他的利他行为。然后，观察你儿子如何处理他与兄弟姐妹和朋友的关系。

男孩不必使用很多语言，他们可能从不用语言表达诸如"我真的喜欢我弟弟"之类的感情。但是如果你小儿子招惹了大儿子，大的会把小的摔倒在地板上，但是动作明显有所保留，以免真的伤到弟弟。那么，你就完全可以确信，他确实爱弟弟，觉得弟弟需要保护。如果男孩对别人的悲伤表示同情，如果他在失望的队友的后背或屁股上拍一下以示支持，如果他提到过某人的痛苦，如果他在悲剧面前陷入沉默和思索，你就可以确信，你儿子是有感情的，而且正在形成表达感情的方式。只不过在目前来看，把情绪说出来还有点儿太冒险。

耐心些，不要气馁，他早晚会成熟起来的。

男孩学业（相对）不良是新的性别差距吗？

关心学业和分数的家长经常担心他们的儿子会“成绩不良”或者他们“对上学读书好像不感兴趣”。“他没有发挥出潜力。”妈妈或爸爸会这么说，“他本应得A的，而不是B。”或者“他本应得B的，而不应该是C。”通常，在高中阶段开始的时候，家长就开始焦虑，想知道怎样才能激发他们的儿子对学习产生更浓厚的兴趣，对未来有更大的抱负。自大学入学竞争日益升温以来，人们对高中新生的期待空前高涨。父母说，他们的儿子好像不理解这一点，或者他们理解，但是不关心。

偶尔我会从父母那里听到，某个认真学习的11岁男孩在考试之前会变得高度焦虑，认为如果他考得不好，天就会塌下来了。他对自己的家庭作业和分数看得非常重。当然，也有14～15岁的男孩眼睛盯着奖学金，知道他们将会上一所好大学，对他们在未来三四年里将要做的事情有比较现实的理解。然而，那个焦虑的11岁男孩和那些有抱负、专注的十四五岁男孩在所有男孩中毕竟是少数。更多的十四五岁男孩都对学习表现出无所谓的态度，让焦心的家长不禁疯狂。“他不考虑将来。”他们抱怨道，“难道他不明白……”

男孩在学校的成绩问题令家长们心急如焚，他们真希望能给儿子上上发条，我们在后面会再次谈到关于高中生的这些个体动机、成绩以及潜力的问题。

人们仍然在争论男孩和女孩之间的差距到底有多大，以及跟以前相比，这种情况是否发生了显著变化的问题。朱迪斯·华纳在《纽约时报》上撰文说，认为男孩出现了教育危机的说法是夸大其词。他认为我们处在一个“抵制女孩的缓冲时期”。安·赫尔伯特则在《华盛顿邮报》上发表文章提出，女孩在阅读和写作上已经超过了男孩，而且二者之间的分数差异在过去这些年里非常稳定，虽然她也承认男孩的阅读成绩在过去几十年里“有点儿”下降了。她认为，“用带有性别偏见的视角来看待学校的问题”是有问题的，这会导致更加错误地以偏概全。而且，这会阻碍我们发现那些对所有儿童取得学业成功构成更大障碍的东西：社会经济地位的不平等。

在看待学校里男孩和女孩学业成绩上的相对差异问题上，需要慎重。有很多原因提示，我们不能草率地做出过激的结论。例如，在学校里，仍然有很多男孩学得不错，也有很多女孩成绩不怎么样。

在过去几年里，我曾跟学校的老师和负责人多次讨论过男孩的学业不良问题，我经常给出如下一系列理由来解释男孩的（相对）学业不良问题，并让听众在其中选出他们认为最合理的一个来解释为什么男孩在学校里更容易受学业成绩困扰。我也想邀请读者您一起来选择一下，在这些理论中，哪一个最能有力来解释这个问题。

男孩（相对）学业不良的八个原因

1. 与男孩相比，女孩的脑更适应现代的学校教育。越来越多的研究发现，男孩和女孩在脑功能上存在差异。例如，女孩在精细动作上的表现要好于男孩，如写作；而男孩在大动作上的表现要好于女孩，如投掷。男孩的脑比女孩的脑个体差异更大，所以在男孩中会有更多的天才，同时也会有更多的智障。也许女孩的脑与课堂环境更加匹配，或者说一直都是匹配的。

2. 在过去30年里，女孩从父母和老师那里接收到了更加一致的、鼓励性的信息。在过去的30年里，学校一直在招募女性数学和科学课老师，明显地希望以此来鼓励女孩坚持学习科学。此外，学校还普遍鼓励在学业上有抱负的女孩。我们一直对女孩们说：“努力吧，姑娘！”也许我们在重视女孩的时候，忽视了男孩，没有像对待女孩那样在学业上给男孩提供明确的鼓励性信息。

3. 学校的环境（相对）不利于男孩。在学校里，学生们被要求安静地坐好，保持注意力，用言语来表达。所以对一部分男孩来说，学校是一个让他们感到不舒服的地方。男孩在学校里一直都是不遵守纪律的主体，也是被勒令停课和开除的主体。

4. 老师没有按照更有效的方式教男孩，或者没有采用能够吸引男孩兴趣的教学材料。男孩和大多数老师在写作和阅读上有着截然不同的偏好。男孩喜欢动作、冒险、科幻、幻想、惊悚、滑稽以及电视剧情节。女性倾向于喜欢小说、第一人称的故事、家庭历史和日记。男孩倾向于写一些暴力的事情；而老师，特别是女老师，会被这样的写作内容吓到。大量的批评家认为男孩在写作上的落后在相当程度上应当归因于老师和男孩之间不同的口味。

5. 男孩之间（相对）互相不支持学业上的志向。在女孩群体中，好的学业成绩可能会带来较高的地位。可是，在男孩的文化中，冒险、反抗权威、装“酷”才会被高度推崇。正如一位高中男孩所描述的：“学习好和聪明完全是两回事儿。”

6. 男孩有跟女孩不同的学习策略。老师和父母不停地抱怨说，男孩总是尽可能快地完成他们的作业，根本不关心作业完成的质量。男孩可能会以最简省的方式来学习，用最少的时间完成作业。

7. 无论是在学校还是离开学校，男孩都缺乏可以当作榜样的成年男性。 从学前到中学，学校的老师大部分都是女性，仅有的少数男老师则高度集中在高中。爸爸们很少参加儿子的家长会或者其他学校活动，跟他们参加儿子的体育活动的时间相比简直太少了。也许，正因为这些原因，使男孩在学业方面缺少一个成年男性作为榜样。

8. 在男孩的生活中，有太多令他们分心的事情。 男孩爱看电视，在过去数十年里，看电视严重分散了男孩用在学习上的精力。现在，除了电视，学校还必须跟视频游戏、电脑以及网络游戏抢时间，这些东西所构成的世界既生动又刺激，因为它们符合男孩更强的视觉—空间加工能力，以及他们对竞争和挑战的渴望。男孩在玩游戏的时候，体验到了比学习的时候更强烈的力量感和价值感。甚至连高中的女孩都对我说过，男孩学习不好就是因为他们花太多的时间来打游戏。

人类是复杂的，学业也是这样；没有哪个观点可以完全解释男孩的成绩不良问题，因为有太多的因素发挥作用了。学业也不是对所有的女孩来说都很简单，对所有的男孩来说都很困难。不过，男孩的成绩不良问题是一个突出的问题，一种社会的不平衡，需要我们予以关注。

如果父母对全国普遍的男孩学业不良问题给予关注的话，能否使自己学业不良的儿子的成绩出现逆转呢？可以。如果父母和老师集中精力互相合作，为男孩创造一种适于男孩的环境和教学方式的话，就可以改变你儿子所在的课堂环境，而这可能正是能够给他带来改变的东西。

帮助男孩中的差生在学业上发挥出最大潜力

如果说男孩在学校里相对于女孩出现的学业不良问题促使我们去深入研究学校和教育原理，以寻求问题的答案，那么，男孩在个体上的糟糕表现则以个人问题的形式促使我们去研究男孩的个体差异问题。对于那些担心8年级或者高中早期儿子学习成绩的父母来说，如果他们想要搞清楚儿子为什么不能达到他们的要求，他们就必须了解儿子在学校里到底出了什么问题。单纯地责怪教育体系没什么用处，改变教育体系也不见得能让所有男孩的成绩都呱呱叫。改变学校——如果确实有这种意见的话——也不一定能够解决这个问题。由于各种各样的原因，男孩在任何环境中，即便是在最好的、最适合男孩发展的学校里，都有可能出现问题。男孩可能确实是成绩不良，也就是说，他们想要达到的目标在他们的能力水平之下。或者，他也表现为成绩不良，却有可能是在反抗父母对他过高的要求和期待。

对于个别男孩成绩令人失望的问题，人们肯定想知道为什么。而且，答案很快就能找到。答案就在男孩的人生发展历程中。在寻找答案的过程中，必须考虑到发展的八条线索，并关注他的发展与你的期待之间是否匹配。例如，他是否是一个非常聪明的、阳光的，但是略微有一些学习问题，或者有一些因发展不平衡而导致的心理紧张的男孩？他是否是一个智力正常的男孩，但是由于他对学习以外其他领域的事情的浓厚兴趣分散了他的注意力，使他不愿意尝试完成艰巨的学习任务？他是否对家庭或朋友、对学校，或者就是没有具体原因地普遍性地感到焦虑，从而使他很难集中精力在学习上面呢？他是否受到某些事情的困扰？有其他问题的压力？他有麻烦了吗？他恋爱了？一旦你采取了这样的态度来观察你儿子的生活，你就有可能找到问题的症结所在，那么，下一步就是想一想你是否有办法帮助他或者有办法激励他的学习动机。

男孩“学业不良”的称号并不能告诉我们多少有用的信息。与其用他做不到什么来定义他，还不如用他能做什么来激励他，并进一步了解他的需要，从而使他竭尽所能，在学业上发挥出最大潜力。根据我的经验，**那些学习不好、没达到父母预期的高中男孩大体可以分成以下五个类别：学业艰难型、学习障碍型、差不多（或足够好）型、心不在焉型和厌学型。**

学业艰难型。大多数学习成绩不佳的男孩实际上都不是“学业不良”，他们在尽自己最大的努力艰难地挣扎着。因为他们并不喜欢学业任务，而且对他们来说学习太过繁重了，或者他们资质平平，却处在学业压力非常大的学区。学业艰难型男孩需要一位能把学习变得有趣的老师，他们需要老师和父母尊重他们的点滴进步，从而保持学习的动力。

学习障碍型。当成人——通常是教师——发现男孩内在的能力与其实际的学业成绩之间出现无法解释的差异时，这个男孩就可以被诊断为学习障碍了。为什么一个聪明阳光的男孩能够夸夸其谈，却不愿阅读或者不能从阅读材料中获取相关信息呢？合理的解释就是阅读障碍。为什么一个测验成绩优异的男孩却不能注意听讲、跟上课堂的讨论呢？他可能患有注意力缺陷多动障碍。我们过去曾认为，学习障碍儿童“懒惰”或者“迟钝”。现在，我们可以关注他们的大脑了。研究发现，他们的大脑与其他学生大脑的工作方式是不同的。但是对学习障碍来说，没有万能药。学习障碍没有办法矫治，它们一直都存在，并会使任何男孩都经受挫败。父母竭尽全力地支持有学习障碍的男孩，可是他们却发现诊断并没有带来改善。男孩经常听到有人把学习障碍解读为“笨笨的”或者“有缺陷的”，因此，他们奋力反抗诊断（“每个人都说我是ADHD，可是我不是”），因为他们憎恨这些无用的诊断。

是否有一种可能，一个有学习障碍但很聪明的男孩顺利度过了小学和初中，却没有被发现呢？是的，这种情况一直都有。如果一个男孩在初中时被诊断为非言语学习障碍，他可能不会立即表现出来，而直到他上了高中，在繁重的学业压力的影响下，其行为才会出现严重的失调。这些问题在过去几年中，从未被以前的老师发现过。这时，人们才意识到他的问题。如果某个男孩在初中的时候表现不错，但是到了高中一下子无法适应了，如果他非常尽力却没有任何效果，那么，他可能受到了潜在的学习障碍的影响。父母需要跟他的老师，可能还要包括学校的教导员或校长（比如在小一点儿的高中）谈一谈，找到问题所在。

差不多（或足够好）型。有很多男孩，他们的学业能力不错，但是在父母的眼里，却是“成绩不良”。不过，男孩们自己并不这么认为。如果你询问三个这种类型的男孩，其中一个可能会认为C对他来说已经足够好了，另一个男孩可能觉得B也不错了，而第三个男孩则认为B+和A-是必需的。虽然他们的父母强烈地认为他们理应拿到更好的分数，但是这些男孩自己却不为所动。这就是他们对待学业的态度。

我把这样的男孩描述为“差不多”型男孩。但是，这是站在一个成人的立场上所给出的描述。男孩自己可能觉得学习太辛苦了，他们已经做了足够多的家庭作业，在人生中还有很多别的好玩的事情：朋友、运动、兼职、他们的汽车等。像这种情况的男孩对学业没有什么特别的热情，他只是喜欢他自己现在的样子。换句话说，这样的男孩其实是在说：“我知道还有别的方式来做事，但是我就是喜欢我的方式。”那种少年男子的自我满足，那种“酷酷的”态度，还有那种散漫无所谓的风格——我们通常更喜欢“说做就做”——可能会让父母们疯掉。因为这个样子的话，他们没办法让这些男孩兴奋起来，并努力争取到大学的入场券。可是，男孩的这种情况很难改变，特别是当他最亲密的朋友跟他的水平相仿的时候，更是难以改变。

这样的男孩觉得他的学习已经很好了，看不到奋起直追、更上一层楼的必要性。唯一能够激发这些男孩学习动机的方式，或者是继续对他保持望子成龙的心态，并告诉他你的期望，以及你对他的某种程度的失望，或者跟他协商一下，看你能采取哪一种激励方法来促使他改变立场。他想要驾车的权利吗？那么，他可能必须把平均成绩保持在B的水平才能开车上路。他在省钱想买一个特别的东西吗？如果他能拿个A，也许你会给他捐点儿钱。一些父母对“贿赂”的做法有所迟疑，但是我更愿意把这些方法叫作激励：在工作上，在市场经济中，这种方法都是有效的。那么，它在对待孩子的时候，同样也会有效的。

我认识一个男孩，他抱着差不多的态度，拿着差不多的分数，在一所很好的私立高中读书。他父母本来希望他在这儿能够在学业上取得优异的成绩，可是他所期待的却是回到原来那个公立高中去。在那里，他可以跟原来的老朋友们重聚。他向父母许诺如果他能够回去，他会努力取得好成绩。可是他的父母不愿意。他们认为，他在这么好的私立高中尚且如此，他们有什么理由相信，他一回到原来的学校，再跟他那些朋友们混在一起，他竟然会严格要求自己、努力学习，并取得好成绩呢？最终，他们达成了一个妥协：如果他在下个学期，在这所私立高中能够拿到最优秀的A，从而证明他愿意为了自己所希望得到的东西而努力学习，那么他们将让他回到原来的学校。他做到了，他父母也遵守了承诺。而且，他回去以后，保持了优异的成绩。

借着上面的好心情，我再提供一个建议。你可以给你儿子指派大量的家务活让他去做，这样的话，家庭作业就变成了一件有吸引力的事情了，因为他可以为了做家庭作业而从家务活中解脱出来。或者，你就看开一点儿，接受你儿子的现状，在他努力炫耀他的车技的时候，为他鼓掌喝彩。

心不在焉型。有一些男孩形成了其他一些跟学习没有关系的兴趣爱好。而且，这些兴趣非常强烈，迫使他们从学习上分心。天才的运动型男孩在进行他们擅长的体育活动时，上乘的棋手在赢得象棋联赛时所得到的那种满足感，或者男孩在自食其力的工作中、在编辑新闻报纸时、在成为乐队成员时、在摄影时、在听音乐时，或者沉迷于电脑游戏（或网络游戏）时所体验到的自我价值感，在某种程度上远远超过了单纯的分数所能够给他们带来的快乐。虽然看到男孩发现了一个他想要追求的爱好是一件值得家长兴奋的事情，但是有时候这也可能会给家长带来一定的麻烦。

一方面，如果你有一个天才型的儿子，他有喜欢做的事情，那么你就是天底下最幸运的父母了。你还想要什么呢？另一方面，如果他开始投入大量的时间在排球上，而开始严重忽视他的学业，你有什么感觉？如果你相信（或者了解到）他根本不是甲级或乙级联赛的种子水平，可是他自己却将全部心思投入比赛中，相信他将会加入大学体育队，你又会怎么样呢？谁来告诉他真相？如果他不相信你的说法，又怎么样？

如果你儿子梦想成为滚石乐队的明星，演奏你反感的音乐，你会怎样？你如何来评价你儿子的状态是否正常，以及他是否会成功？没有哪个教练能够告诉你答案，甚至音乐老师可能也没办法预测，你也不能相信你儿子的朋友所说的话。

更大的问题则是电子游戏和网络。男孩与游戏之间的默契从小就形成了。等他们上了高中，他们中的很多人在看电视或者打电脑游戏时所花的时间要比他们在放学后所从事的其他任何活动所花的时间都要多。打游戏似乎就是他们的宿命。父母会担心他们打游戏太多，因为由于打游戏，他们上床睡觉的时间越来越晚，花在学习上或者体育锻炼或者家庭活动上的时间和精力则越来越少，打游戏还有可能给他们的脑发育造成某种尚未知晓的不良后果。

14～15岁男孩晚上上床睡觉的时间越来越晚，这是一个普遍的现象，因为直到晚上10点半，他们体内的褪黑激素才会发生作用，从而促使他们睡眠。在这之前，他们不想睡觉。即便在这之前他没有打游戏，他也不愿意上床睡觉。不过，如果他的分数逐渐下滑，他出现了社会性的孤僻症状，他在家里的脾气变得糟糕，对家人的态度变得粗野，那么你就应该注意了，留心一下他是否出现了抑郁，还要留心一下他玩的到底是一些什么游戏。在本章的后面，我们还会更加详细地谈到看电视和打游戏的问题、如何管理的问题，以及男孩们对这个问题会有什么令你吃惊的说法。

即便男孩的心思都在体育运动上，家长仍然想方设法地想要让他们回心转意，希望他们能在学习上多花点工夫。通常的做法是，如果他还想继续留在体育队里继续追逐自己的梦想，他就必须在学习上达到某一个水平。一些学校也会对那些热衷于音乐、戏剧及其他课外活动的学生提出类似的要求。其实说话更管用的还是教练或者俱乐部的顾问，如果他们坚持认为非学业兴趣与学习成绩之间有着密切关系的话，男孩们会更愿意接受。一些父母会停掉儿子的手机，或者禁止他们上网，从而“去除令其分心的事物”，直到他们的儿子看起来可以处理好自己的学习问题了。不过，无论你儿子的心思被学习以外的什么东西占据了，这既是一个机会，也是一个挑战。一方面，你可以利用他对其他东西的兴趣作为谈判的手段来促使他搞好学习；另一方面，这个兴趣爱好也可以成为你们进行沟通交流的一座桥梁，帮助你们打破尴尬的沉默和对峙。如果你儿子并没有因为这些业余爱好而受到什么严重的影响，你最好对你儿子的爱好和他的学习成绩保持一个达观的态度。

厌学型。在我的书《压力下的男孩》（*The Pressured Child*）中，我谈到了那些似乎对学校的环境感到厌倦的儿童。有那么一群男孩，从上学伊始，学校就令他们简直无法忍受，包括在身体上的——整天跟其他一些儿童待在一间教室里，以及在心理上的——教室里总有一个老师掌控着一切，还要求他们必须安静地坐着，专心做一些读读写写的事情。这些事情所带来的挫折感，以及不良分数带来的羞辱感，或者是其他关于学校的任何烦恼，让他们忍无可忍。如果你有一个厌学的儿子，在他毕业以前，你和他都将会面临一些挑战。当他上了高中之后，在各种因素的影响下，辍学不再是想想而已的事情了，而是有了更现实的可能性。所以，厌学的问题会变得更加严重。对很多人来说，辍学的原因包括经济方面的压力、家庭的问题、缺少支持、精神疾病，或者药物上瘾问题。遗憾的是，对这些问题的解决已经超出了本书的范畴。

然而，如果你儿子的生活总体上来说没有问题，但是他就是不适应学校，并非常痛恨学校，那么，你就必须找一个可以帮助他的人或者让他获得一些成功的体验，从而使他有希望完成学业。在小学或初中，你可能花了大量的时间待在学校里，或者通过电话跟学校里理解你儿子、了解他的厌学情绪，在老师的帮助下，改善他的境遇。也许你采取了提前预防的手段，鼓励他发展课外兴趣，这样他就可以在学校以外的其他方面找到自信，而这种自信又能够帮助他完成“在学校里的学习活动”了。你最好还陪在他的身边，面对面地指导他完成家庭作业并管理他的时间。通过这些途径，你就可以在他的学校生活中发挥积极主动的作用了。

在高中阶段，与从前相比，父母要想继续陪在孩子的身边，会更加困难。特别是当他作为一个男孩开始在学校生活中寻求独立自主，并且想要证明自己的存在的时候，更是如此。不过，在他刚刚开始上9年级的时候，跟他的班主任多谈一谈，把事情摆在台面上总没有坏处：“我儿子不喜欢学校，他上学这么多年来一直都很困难。”向班主任解释，无论什么课程，你儿子都需要最热情、最懂得男孩的心声的老师来帮助他顺利成长。接着，你就需要跟儿子协商一下，如果他想要在高中的课余生活中从事什么最想做的事情，或者享有什么特权的话，他就必须达到一个最低的分数标准。

男孩、同伴和女孩们

男孩们会说，朋友是他们的“一切”，而且他们是认真的。在这个年纪，男孩会觉得父母“乏味无聊”，父母没法让他觉得很“酷”，但是他的朋友们却可以。**在男孩看来，当他在父母身边的时候，父母的态度会让他觉得自己渺小和不成熟，而这似乎也不断提醒他，他还是小孩子。当他跟他的伙伴们待在一起的时候，他是其中真真正正的一员。**所以，当你看到朋友对青春期的男孩是如此重要的时候，你其实不必感到奇怪。

所有的非人类灵长类雄性——无论是黑猩猩、大猩猩、狒狒，还是猕猴——在进入青春期的时候都会花更多的时间跟同龄的伙伴们待在一起。它们一起到处闲逛、互相打闹、吆五喝六、吵吵嚷嚷、挑逗异性，还不断地挑战资深前辈。人类的男孩也不例外。

如果说成群结队是青春期狒狒们的核心活动，它就当然也是人类青春期男孩的核心活动了。我认为，这些社会性的行为是有其生物学基础的。但是，无论青春期男孩成帮结伙的行为是生物学因素还是文化因素所导致的，它都非常强大，对外界都有相当大的影响。比如，绝大多数破坏公物的行为都是十四五岁的青春期男孩干的。芝加哥麦克理斯医院的丹·奥弗——我做研究时的老板，也是一位青春期精神病医生和研究者——曾说过，如果他走进一条幽暗的小巷，看到一群14岁的男孩朝着他走过来，他会比遇到一群18岁的男孩更加担心。他觉得，14岁男孩团伙的行为是最不可预测的、最容易失控的。

随着男孩对女孩的兴趣日益增强，逐渐被她们所吸引，他们就会开始想要把女孩整合进他们的组织了。这并不容易，因为他们最舒服的时刻其实是一群男孩四处游荡的时候，从三四岁的时候开始就这样了，并且已经精于此道。通过言语和身体上的比试，他们已经建立起了男孩社会的等级架构；男孩们已经选出了他们的英雄和傻瓜。但是，地位最高的男孩在女孩面前却不一定享有跟同性伙伴在一起时的优待。长相平凡、不善言辞的男孩虽然因不可思议地在橄榄球场上传球飞奔而受到其他男孩的广泛追捧，但是在女孩面前可不一定受待见。那些语言表达能力强、“聪明伶俐”的男孩可能会受到更多的关注。因此，女孩的加入会动摇原来的秩序，她们会带来新的挑战，制造出新的得意者和失意者。

女孩们不会立即加入男孩的群体中，男孩也一样。他们会在以下几个方面建立起联系。如果一个男孩和一个女孩开始定期约会了——这种状况可能比较短，一般是一到两个星期，在少数情况下，会持续数月——他们会带着自己群体中的朋友与对方见面，从而在女孩和男孩群体之间建立起联系。有时候一个男孩群体可能会跟一个女孩群体一起共进午餐，或者一个男孩群体会在路上停下来，跟一个女孩群体聊天。逐渐地，一些团体之间会出现更多的交叉。在高中，男孩们大多数时间仍然会跟自己的同性群体一起瞎逛，直到男孩和女孩的群体永久性地混淆在一起了为止。

女孩和男孩群体之间的这种交叉融合不是什么新鲜事，但是对男孩来说，却是一件非常有压力的事情。这是因为，在这个时候，他们将要应对数倍于原来的揶揄和嘲笑，状况也会变得复杂。最大胆的、身体发育得更充分的男孩经常会以一种粗鲁的、色眯眯的方式调戏女孩，这种做法会使他在那些臭味相投的朋友们中间得到更多的信任，但是会令其他品位不同的男孩不舒服。那些喜欢跟女孩交朋友、愿意跟女孩一起聊天儿的男孩经常受到其他男孩的挖苦，因为在他们眼里，这样的男孩总是跟女孩在一起，缺少男子气概或者说在社交上是不成功的。处理这些事情会非常有挑战，而且这些事情都发生在众人的眼睛里。任何一个跟异性发生亲密关系的男孩或女孩都知道，他或她的隐私将有可能会成为公众的谈资，被传成漫天的绯闻。

当然，如果男孩看起来好像没有一群好朋友，父母也会担心，但是那些有朋友，而且天天跟朋友们一起四处瞎逛的男孩更会令父母担心。他们担心同伴会给儿子施加压力，担心他们是否跟朋友们一起出去喝酒。当然，很多男孩都不会这样，关键的问题是要知道，谁会出现这种情况。如果一个男孩“跟某人一起”外出或者跟一群男女朋友瞎逛，父母会担心儿子可能在跟哪个女孩卿卿我我。

当男孩跟他的朋友们在一起时，父母会怀疑他们到底在干些什么。父母的这种态度是正常的，可是有时候会在家庭与他的同伴之间引起矛盾。“妈妈，你了解他们。”你儿子会跟你争辩，“你应该相信我和我的朋友们，我们不会干坏事儿的。”如果你们的争辩演变成了争吵，变成了他朋友是否有人品问题或者他们在外边是否在干什么坏事儿，那么你们的交流就误入了歧途。因为这样的话，你儿子会觉得你在评判他朋友们的品格。他还会觉得你把他当成了一个“无知的”小孩子，觉得他有可能会被他那些“邪恶的”朋友们带坏；其实，你并没有这个意思，但是误会使你们双方都感觉很受伤。

在另一种情况下，一些父母还会误以为，因为有女孩在场，他们儿子的行为会有分寸。其实，这种想法也很天真。这个年纪的女孩同样受到青春期激素的刺激，她们对性感兴趣，而且她们几乎从来不会制止男孩的饮酒行为，她们最多不参与就是了。记住，决定什么时候开始性行为，是你儿子的社会群体，而不是你。

至于说父母在这个阶段该如何进行有效的控制，其实就是“信任和证实”。就是说，你应该知道你儿子在哪儿，他说他要去哪儿，那么在他要去的地方有没有可靠的大人在场？

男孩为什么要撒谎呢？

问：我儿子会在一些小事上撒谎，即便真相很明显，或者很快就会被人发现，他也会这么做。所以，他撒谎这件事变成了一个比原来那个小事大得多的问题。男孩为什么要撒谎呢？

答：所有的儿童都会撒谎，而不只是男孩。由于一些复杂的原因，男孩喜欢当着你的面撒谎。而且，可能会在最不可能的情况下撒谎。即便在你看来你很快就能戳穿他，他也会这样做。在较小的儿童中，说谎是胡思乱想的结果，他们希望通过说谎来控制世界。对大一些的男孩来说，撒谎让他们创造出一个他们可以控制的，而大人却不能控制的领域。

说谎有健康的一面，因为它实际上是冒险。敢于冒险使很多男孩变得勇敢、有创造力，形成魄力及其他一些好的品质。如果你发现你儿子说谎是在冒险，而不是在违反道德规范的话，你就能采取更加有效的方式进行应对了。

对于很多说谎的男孩来说，最好的应对方式就是对他说：“不错呀，小家伙，可惜你被逮到了。”如果他还是个幼小的喜欢幻想的孩子，你的方式可以更加柔和一些；如果他已经是个较大的孩子，正在跟你玩儿，那么你的方式就可以更加有威严一些。但是，无论在什么情况下，都不要过分羞辱男孩。你应该知道，如果他发现自己已经被逮到了，他会愿意对自己的说法进行修正的。

只有当男孩被戳穿之后却继续撒谎的时候，你才有必要担心。这时候，他实际上在告诉你，由于某些情绪上的原因，他感到悲伤和无助，他不得不撒谎。他希望通过撒谎来改变自己的世界，让自己好过一点儿。在这种情况下，重要的是要理解他说谎的动机。你可能会认为，我不愿意站在道德的立场上来对待说谎的问题，但是实际上不是这样的。我认为在我们对儿童所做的任何事情中，其背后都有一定的道德标准，当我们面对男孩说谎的时候，道德标准都起着关键的作用。（至少在他们度过了幻想的年纪之后是这样。）但是，你确实没有必要以一种发怒的、指责的方式对待他，那只能表明，你觉得他正在形成不好的品质。每个男孩在儿童时代偶尔都会说谎。原因既可能跟情境有关，也可能只是逗你玩，或者更多的是由于情绪的原因。**如果你更多地关注说谎的“原因”，而不是说谎的行为“本身”，你对儿子的了解就会更多。**

男孩社会：“冷酷文化”中的重新洗牌

前面我曾描述过在11～13岁这段时间里，青春期给男孩们带来了戏剧性的变化。这些变化，跟前面说的他们明确地知道他们是谁，听起来似乎有一些矛盾。但是从社会性的角度来看，却并不矛盾。他们可能的确知道自己是谁，因为他们周围有很多邻里间的伙伴、学校的朋友以及队友。他们在一起很多年了，互相都了解对方的历史，并肯定对方的身份。可是，高中会改变这一切的。

当一个男孩进入高中以后，社会等级结构会重新洗牌。他和他8年级时的同学会从初中时处于社会等级的最高端一下子滑到最末端，因为周围有很多更加有能力的男孩。因为大多数高中都重视学业，所以在他们进入高中后，会依据学业能力被分到不同的班级中去。他的社会群体可能也会因此而被分开。9年级的女孩、他长期以来的同学，通常会对他和他的朋友们选择性地忽视，而去寻求高年级男孩的注意。当我问一个8年级女孩，她们对高中生活有什么期望的时候，她们会说："希望遇到一些真正的男孩。"

但是关注那些高年级男孩的不仅仅是那些女孩，即便是那些刚刚进入高中的男孩自己也是这样。因为从这个时候开始，他们受到了高中里那些体格更加强壮的大男孩的威慑。进入高中后，男孩会感到自己的渺小。扎克进入8年级时只有1.65米高。现在进入了9年级的春季，他已经有1.87米高了，但是他仍然记得那些大个子男孩给他的印象有多么深刻，而且，他仍然在想他是否已经完全赶上来了。

我很焦虑会跟妈妈一样不够高。我爸爸是1.93米高，我妈妈是1.57米高。我记得去年看着那些9年级学生的时候，觉得他们简直太高、太强壮了。我现在仍然在想，去年的9年级学生是否比现在的我还要高大和强壮。

扎克每天都会对着镜子观察自己的身体，并试图说服他妈妈给他买一个体重秤。无论高中经历是否影响了男孩的身体或者学业，也无论他受到体格还是其他方面的困扰，他都可能在这种变化中产生不安全感。

也许，高中阶段最艰难的地方在于，那里会有新的社会等级和等级架构。随着不同学校的男孩会聚到同一所高中来，这里肯定会有地位之争。大一点儿的男孩会去欺负那些小一点儿的男孩，以此给女孩留下深刻印象，同时，很多男孩都会采取粗鲁的行为来对待女孩，从而让其他男孩认识他。传统的男孩间的攻击行为集中在男孩的体格、行为方式（是否要酷），以及他的男子汉气概上。诸如“跟班”及“胆小鬼”等绰号仍然在使用，与8年级相比有过之而无不及。令人痛苦的是，很多女孩也会加入进来，用言语冷酷地对男孩的男子汉气概评头论足，从而进一步落井下石——至少是暂时性的——导致被攻击的男孩的社会地位进一步降低。我觉得八九年级可能是男孩社会生活中最艰难的一段日子。

在纪录片《养育凯恩》中，我们讨论过在11～13岁之间影响男孩之间社会关系的所谓“冷酷的文化”。研究人员把这个时期称作“性别强化”的时期。在这个时期，男子汉气概的定义开始变得狭隘了，当然，与小学时相比，其刻板化的程度更强了；与初中相比，其要求也更高了。男孩们会通过不断地互相嘲讽来测试别人，这就要求受到攻击的男孩控制他的情绪，不能表现出太多的“脆弱”。这是游戏的规则，每一个男孩都知道这一点。心理学家威廉·帕列克称其为“男孩密码”。

如果你儿子在这些年里变得沉默或者退缩，其背后肯定是有原因的。他可能需要把家当作学校里艰辛生活的避难所，他可能需要从男孩和女孩的群体中抽身，因为他发现虽然表现形式不同，但是他们都不太可靠。不过，他不会转而向妈妈或者爸爸求助，还有三个原因：（1）对一个男孩来说，承认他在高中（仍然）受到嘲讽，这让他很受伤，并会让他产生一种耻辱感；（2）他希望自己在爸爸的眼里像个男人，这就要求他必须能够应对发生在自己身上的事情；（3）他不想告诉妈妈，因为这会让妈妈感到不安，让她产生无助感，或者更糟糕的是，促使她采取一些并不明智的方式进行干预。男孩不愿告诉父母发生在他们身上的事情，这令妈妈感到非常受挫。因为她们能看到儿子情绪上的痛苦，并想要帮助他，可是当她们询问情况时，又会遭到儿子生硬的拒绝。

关于男孩在14～15岁会产生社会性退缩的问题还有另一个解释。这个年纪的男孩已经很大了，他们不再需要玩耍了；也许他们也太小了，还不到约会的年纪；最重要的是，他们不能开车。在这种情况下，他就必须让妈妈开车载他去想去的地方，这令他感到自己仍然有依赖性，很愚蠢。他自己的驾驶执照却仍然遥遥无期。在这两年里，很多男孩都会跟他们的兄弟姐妹，或者电脑待在一起。父母有时候会对这种情况感到忧虑，担心他们的儿子变得厌世。实际上不是这样。你其实可以把他此时的这种低潮转变成一种好事，最简单的就是把你家变成一个可以让他的朋友们聚集在一起开晚会的地方。

爸爸如何如何与青春期男孩相处?

十四五岁对爸爸和儿子来说会是一个比较艰难的时期，同时，这有可能是一段非常美妙的日子。妈妈们曾诚恳地告诉我说，她们14岁的儿子和她们的丈夫是“最要好的朋友”。

相反，也有男孩告诉我说，他们跟爸爸“没话说”或者他们的爸爸是“傻瓜”。儿子们经常抱怨“没有什么可以跟他说的”或者“他对我根本不了解，更不知道我喜欢什么”。我知道有很多男孩在跟爸爸发生激烈的言语冲突的时候会挥拳打爸爸，不过，在通常情况下，都是爸爸先有攻击意图的。孩子对爸爸的力量和体格的尊重可以维持到青春期，但是一旦受到招惹，他可能会突然发现，他比他爸爸还要强壮和高大，他可能突然就做好了还手的准备。有一次，一位爸爸打了儿子的后背。“那将是他最后一次那样对我。”这位儿子对我说，语气中带着警告和威胁。另一个15岁男孩在跟爸爸争辩的时候，用拳头打墙壁，结果把手弄破了。他骄傲地宣称："他应该感到庆幸，我打的不是他。"

普通男性，特别是爸爸，都喜欢有一种控制感。妈妈们倾向于认为她们经常无法控制好跟青春期孩子之间的对话，而爸爸们则继续坚持告诉研究人员，他们跟青春期男孩和女孩之间的对话都"在掌控之下"。爸爸对控制的需要可能会进一步激发儿子想要证明自己独立自主的需要。

如果出现了家庭危机——分居、离婚、爸爸有外遇——它可能会迅速点燃父子之间微妙的竞争。在这种情况下，男孩倾向于站在妈妈一边，可能会把爸爸赶走，担负起"家里的男人"的责任。我认识一个12岁的男孩，他介入爸爸和妈妈之间激烈的争吵中，并挥拳打了爸爸。2年后，他跟爸爸仍然很少有接触。另一个男孩，他爸爸跟秘书私奔了，他拒绝跟爸爸进行任何形式的交流。"让我跟我爸爸说话，还不如砍了我的胳膊。"他告诉我。

研究证据清晰地表明，在没有爸爸的家庭里，男孩面临着各种危机，排在第一位的就是学业发展及他们的行为规范程度。作为一个心理学家，我目睹过爸爸的离去所造成的心灵创伤会有多么严重。如果一个男孩没有跟他的亲身父亲一起生活的话，他会有一种被遗弃和羞辱的感觉。被遗弃的感觉还可以理解，可是他们为什么会感到羞辱呢？在某种程度上，男孩经常会想，自己就那么不够可爱、那么不吸引人，以至于没有留住爸爸的心吗？也许，他没有像一个真正的"男子汉"，所以没能让这个世界上最重要的男人——爸爸，留在自己的身边。

这意味着，在剩余的人生中，他必须自己发明出一个男人，因为他没有一个天然的榜样可以模仿。他或者要从二维的媒体世界里为自己创造一个男人，或者，他必须从外界寻找另外一个榜样：一位老师、一位教练、一个“大哥哥”，或者一名辅导员。

“男孩在寻找，有时候是渴望，一个正面的男性榜样。”一位女老师告诉我，“爸爸、教练、男老师、辅导员——生活里没有这些人物的男孩将会听从和响应他们的女老师，但是当他们需要一个人来模仿的时候，他们仍然会感到茫然。”

男人们知道这一点。很多人会主动站出来为男孩们提供帮助——即便只是通过他们儿子的朋友偶尔发挥作用——他们发挥的作用远远超过了他们的想象。

妈妈如何与青春期的男孩相处？

那么，妈妈又怎么样呢？在青春期这段时间里，我们很少花篇幅来描述妈妈的情况。难道她们没有在大部分时间里继续担当厨师的角色，喂养这些仍在发育的、新陈代谢旺盛、胃口大开的男孩吗？其中一些妈妈难道不是在继续给儿子洗衣服吗？难道她们不是每天早上开车把尚未取得驾驶执照的儿子送去学校，提醒他们不要忘记写家庭作业，每晚睡觉前跟儿子大战数个回合催他上床睡觉，周一到周五晚上就查探他的行踪以致招来他的怨恨吗？当儿子学习出现困难的时候，难道不是妈妈先发觉的吗？如果男孩决定向某人打开心扉倾诉内心的秘密，难道不是妈妈来倾听他们在跟女孩第一次约会时的烦恼吗？是的，男孩几乎总是跟妈妈贴心，但是在14岁的时候他们可能会改变，不再跟妈妈说秘密了，而是把妈妈关在自己的心扉之外。

不过，他并没有完全把她关在心扉之外；他只是认为，她所做的一切都是理所应当的。根据我的经验，这个年纪的男孩在跟爸爸在一起的时候更有可能保持恭敬，甚至是警觉的态度，因为男性之间始终存在着竞争带来的紧张气氛。但是如果一个男孩小时候曾跟妈妈有密切的、安全的依恋关系，那么他就会认为，即便当他对她不再感兴趣了，她也会继续照顾他、爱护他的。

他为什么对她不感兴趣了呢？在前一章，我列举了很多原因：**他周围的男孩要求他摒弃对妈妈的依赖，他自己对隐私的需要使他远离妈妈，他的自我意识要求他独立自主。**因为在他小的时候，她就是他的红粉知己，所以他担心她的存在会令他退化到鼻涕时代。他知道，她对他的所有脆弱之处一清二楚，他担心她会无意间触动他的脆弱，从而使他哭泣。他不想让别人看到自己的软弱，即便是她也不行。一个大男孩在回顾过去的时候，在一篇作文里面这样反思了自己当时的两难心态：

跟妈妈在一起，会让你的感觉有所舒缓；无论你感觉怎样，无论你想要怎么做，这些在其他男性看起来如此脆弱的感觉和做法，在妈妈眼里都是正常的，你不需要任何掩饰。但是即便如此，你仍然会有所顾忌。你不希望妈妈觉得你像个女孩子，所以你的做作有时候又会表现出来。

很明显，一个十四五岁的男孩并不是真的独立了，无论他怎样努力，觉得自己就像个独立的年轻人，可是总是会无意识地寄希望于妈妈的爱。他想象着她就站在附近，时刻准备着伸出援手，来询问、干预，给他做三明治，或者给他洗衣服——虽然她可能不会这样。一个14岁的男孩完全可以管理自己的生活了，包括洗衣服。而且在我看来，应该要求他们这样做。

儿子的态度经常会伤害到妈妈的感情，他的愤怒会吓到她，他的个头和男性化的兴趣有时候会令她害怕。**你必须给你儿子比从前更多的心理空间，你不会对他的每一件事情都有所了解，你也不应该不停**

地“纠缠”他。他会对你不停地指挥心生恨意，并弃之不理。如果你孩子为此而困惑不已，我建议你努力回想一下你14岁的时候，你妈妈对你的社会生活了解多少。

“对他来说，我就好像是个透明人。”一位妈妈告诉我说，语气中一半是悲伤，一半是怨气，“当他漠视我的存在的时候，我感觉我就好像真的不存在一样。”

我曾给很多失去妈妈的男孩做过咨询。根据以往的经验，我所能说的就是，对于你的儿子来说，不管他怎么对待你，你当然都是存在的。只不过你的儿子由于受到各种内心和外部的困扰，在发展过程中没办法承认这一点。

现在，是一个可以安静下来的美好时刻——特别是当你儿子不再花时间跟你聊天的情况下——回想一下你儿子在过去的成长过程中，那些来来往往的各种心路历程。他曾不敢关灯睡觉，但是现在敢了。他过去不会系鞋带，但是现在会了。同样，他也会顺利度过他的这个发展阶段的。

当我问妈妈们，在她们与儿子的关系中，她们最满意的事情是什么的时候，一位妈妈绞尽脑汁地想：“我每天都跟我青春期的儿子战斗。”她说道。“我现在正在努力想一件令我满意的事情。”另一位妈妈则说道，“在他人生的这个阶段，这个问题很难回答，因为他此时对父母抱着负面的态度。我们从他那里几乎没得到过什么‘贴心的话’，所以跟他的交流总是让我不寒而栗。不过，就在昨晚，他因为某个事情确实征求了我们的意见。无论这个问题多小，我和我丈夫都认为这是一个巨大的进步。”

大多数妈妈告诉我，耐心通常会有所回报的。“我真的喜欢我儿子。”一位妈妈写道，“他已经长成了一个不错的小伙子，虽然开始的时候还有点儿艰难，特别是14岁的时候。”

最后，你要相信发展的过程，就像下面这位妈妈描述自己的感觉时所说的一样：

我觉得，对我来说，最满意的事情就是，我们一起度过了高中的艰难岁月。现在，我们又在一起了。一年以前，我甚至连想都不敢想。高中对我小儿子来说是非常艰难的日子——他非常聪明和有能力，但是他就是痛恨学校里的一切。现在，他把自己看作一个可以为自己拿主意的大人了。这种转变使他更加自信了。我跟我大儿子之间最满意的事情就是，他长成了一个很优秀的男人。他聪明、宽容、风趣、有创意，而且生活得非常幸福。

老师希望父母知道什么？

父母经常低估了他们在儿子的生活中所发挥的榜样作用。这种榜样的作用非常重要，特别是在儿子越来越大，似乎越来越远离父母的时候。一位有着39年丰富经验的寄宿学校老师曾告诉我说："在寄宿学校里，每年孩子会在学校待上9个月。可是即便在这里，我们对孩子的影响也没有孩子来这里之前父母对他们的影响那样大。通常，父母觉得是我们使孩子得以健康发展和进步，但是实际上，如果他们未曾教给孩子关于教育的价值观和道德思维的基本原则，并为我们的教育打下良好基础的话，我们作为老师的影响力是很有限的。"对于那些希望对儿子在学校期间的健康成长有所帮助的父母来说，这些从幼儿园到高中一直都在跟男孩们打交道的老师提供了如下建议：

- 倾听他们的心声，问出你们的问题。如果他们的答案没有提供什么信息的话，换一种方式继续提问。在男孩告诉你的每一件事情中，总会有一些有价值的信息。

● 不要对儿子的一举一动都进行严密的监视。

● 在代言人和激励者之间保持清醒。不要拉着他的耳朵告诉他，不能做那个事情，或者他需要更多的帮助。当他在学校里遇到问题的时候，不要立即给老师、辅导员或者校长打电话。不要因为你儿子的处境而不假思索地责备别人。询问你儿子他打算怎样处理这个问题，然后接受他的方式，把这看作他成长过程中的一个步骤。

● 尽可能给他真诚的褒奖。坚定，同时也要真诚，说出你对儿子的爱——尤其是爸爸！

● 关注他的才能和天赋，而不是按照你的愿望给他创造出一个未来。

● 保持耐心，让你儿子成长。当你儿子开始上学的时候，在你的心里想象一下他将来长大的样子，但是对他成长的过程要保持耐心，包括每一个有意义的进步和每一个可能会让他有所收获的教训。

● 不要为你儿子寻找借口。儿童需要知道他们的决策，包括教育和道德问题，实际上是他们自己的决策。男孩迫切地需要对自己的人生负责。

● 做出符合实际的预期，但是要让你儿子品尝失败，并想办法靠自己获得成功。如果你真的相信他，他也会相信自己。

● 在问题解决过程中为儿子做出负责任的榜样。如果你儿子抱怨老师不好或者课程不好的话，你可以采取合作的方式联系老师，并了解详情。在这个过程中，让你儿子看到你是如何投入自己的精力、寻找事情真相的，以及在必要的情况下，如何采取那种尊重对方的方式来解决问题的。

● 设定规则，并坚守规则。

● 永远不要说“我儿子永远不会那样做的”。

第 9 章

顶天立地：追求独立

16～18岁

变得独立自主是你儿子在这个年龄段的任务，这对你来说，既有欣喜，也有挑战。

他所追求的独立是心理上的，而不是经济上的。他希望再次转变依恋父母的模式，从而能够摆脱家庭的束缚，昂首挺进青年时代。

追求独立是16～18岁男孩的一个解不开的心结。他们觉得他们作为男子汉的身份近在咫尺、唾手可得，他们只是需要寻找一个机会来证明给别人看。也许，男子汉的身份是我们这个变革型社会的馈赠，同时也是男孩从幼年开始就怀揣着的英雄主义理想。但是对很多男孩来说，他们对男子汉身份的感知都包含着分离、解除家庭纽带的羁绊而获得充分的自由，彻底推翻来自父母的权威，或者至少看起来是这样的。男孩正是受到这些因素的驱使，从而迫不及待地宣布自己将从家庭中独立。这是他对自己的要求，也是他的同伴群体对他的要求。

他所追求的独立是心理上的，而不是经济上的。他仍然希望保留自己的房间。然而，他希望再次转变依恋父母的模式。这种依恋情结，在他2岁、5岁和14岁的时候曾经历过转变，此时必须再次经历转变，经历分离和个性化的洗礼，从而使他能够摆脱家庭的束缚，昂首挺进青年时代。

一个16岁的男孩敏锐地发现，“随着一个人渐渐长大，他与父母之间的感情、语言以及所有交流方式，都会发生变化。”他继续说道，他经常跟他父母坦诚地聊天——“坦白讲，我会告诉我父母所有的事情”——虽然他立即补充说，最近他觉得他倾向于“仔细斟酌自己跟父母说的话”。“有时候我就是要一个人待着，冷漠地不愿与任何人交流。”他们（他的父母）似乎很尊重他的自主性，他说，“现在，我可以在任何想跟他们说的时候就跟他们说，想不说的时候就不说，他们也不会主动打扰我，这种感觉很酷。”

另一位妈妈描述了她18岁的儿子在高中高年级阶段的生活。他是一个容易相处的男孩。在高中最后这段时间里，他开始逐步建立起自己独立自主的地位。这个过程发生在每一件事上，发生在每一天中。这个过程“给我的体验比以往任何艰难的或者痛苦的经历都要更加深刻”。他开始更加关注自己的未来，进行各种评论，并策划如何更好

地开始自己的大学生活，包括自己未来的人生道路。他在自己做出决定的时候，表现出比以往更加成熟的一面。（虽然他的房间仍然乱糟糟的，别人必须提醒他他才会做家务。）在跟父母讨论问题的时候，他表现出严谨的逻辑推理——就像大人那样——以此暗示父母，他对这个问题已经深思熟虑，并做出了经过慎重考虑的合乎逻辑的选择。在这个过程中，他没有了早先那种夸张的反抗语气和华而不实的思量。“可是就在一年以前，他还那样呢。”他妈妈说道，“不过，他现在的语气中蕴含着一种不容置疑的威严。”

对于他的父母来说，他们不需要再像以往那样，在他做出决定的时候， 检查一下他是否考虑了这一点或者那一点了。这是因为，要么他的看法已经清楚地表明，他早已充分考虑了这个问题的方方面面，要么就是他的过往记录令他的父母相信，他们完全可以对他放心了。偶尔，当他们对他的选择有所疑虑的时候，他们跟他之间那种互相尊重的交流方式已经形成了一种良好的氛围，这种氛围使他们可以轻松地提出自己的想法，并表达自己的疑问，而不会使这些想法和疑问听起来像是在做裁判。这样，他就舒服得多了。如果这种交流给他带来了新的信息，他会欣然接受的。有时候，这种交流会使他改变自己的决定，而有的时候则不会。

只有当他离开家去上大学之后，通过回忆，他的妈妈才真切地意识到在过去这一年里他们之间所发生的这些重大转变。“我们把他看作在我们的指导下长大的人。可是实际上我们都在成长，其实他也在引导我们，告诉我们他需要我们做什么，教会我们怎么帮助他。”

对于一个男孩来说，父母与他的关系，家庭与他的关系，具有特殊的意义。有时候，父母和家庭对他的束缚，或者他在这些关系中所感受到的束缚越大，他对独立的追求也就越迫切。

斯科特是康涅狄格州偏远地区的一个男孩。在儿童时代的时候，他跟妈妈的关系异乎寻常的亲密。在少年时期，他受到了妈妈的严格管束。这就是他们家庭的风格。“即使她不那样，我爸爸也会那样的。”他告诉我说，“如果不跟我妈妈详细解释一切细节，我是不可能跟朋友一起出去玩的。”他继续说道。她的权威不容冒犯，她的原则就是“如果你不告诉我你要跟谁一起出去，那就不要出去”。到了高中后期，斯科特觉得这种事事必报的制度完全不可接受。因此，他采取了“严厉的措施”。有一天晚上，我在一个聚会上给我妈妈打电话说：“妈妈，我很抱歉，我不回家了，我也不能告诉你我现在在哪里。”听到这些话，他妈妈完全疯掉了。

我可以说，斯科特之所以觉得抱歉，是因为他觉得有必要刺激一下他妈妈，而当他看到妈妈随后的反应之后，他的苦恼得到了缓解。“第二天，她见到我的时候，感到无比高兴。这就像是‘知道了。我们会把问题解决的’。”很明显，她明白了他心理上的迫切感受，并找到了一种方式来放松对他的那种她自以为理所当然的管束。

一个男孩会在什么情况下，以什么样的方式来宣告自己相对于家庭的独立？男孩必须做出这样的宣言吗？大多数青少年男孩都认为，以某种方式表明自己可以从父母和家庭中独立出来，是成长过程中必须经历的一个过程。这是很久以来文献报告和电影里面都已经默认的事实。

一个18岁的男孩想要开车从纽约到芝加哥——大概需要13个小时的车程。他父母说，只有在他答应晚上不能开车、必须停下来休息的情况下，他们才能允许他这样做。他同意了。他按照约定，开始安排晚上跟朋友们在水牛城的住宿。可是，到了晚上，他没有停下来，而是一直开。等他经过漫长的旅程，到了芝加哥之后，给父母打电话，通知他们他已经到了。他一个人坚持开了800英里（1 287千米）。他的父母非常震惊，当然，也不太高兴。可是，木已成舟，而且关键是他已经安全抵达。在这件事中，他就是需要以此来向父母表明，他足够强壮和独立，他完全有资格、有能力按照自己的方式行事。

对某些男孩来说，独立感并不是通过激烈的行动或者分隔的距离来表达的，而是通过另外一些随着时间的推移而逐步显现的东西来表达的。戴维是一个18岁的男孩，他描述了他在这个过程中的经历。他的经历让人想起本章开头那种于无形之中发生的惊天蜕变：

当我拿到了汽车驾照或者得到奖励，觉得我已经从父母那里取得了独立的时候，我并没有经历什么明显的有标志性意义的时刻。我觉得这可能是因为，过去我父母经常让我独自拿主意，在经过了无数次这样的锻炼之后，我就逐步地成熟了起来，并成为一个真正独立的成年人了。对自己的决定负责，这是一种能力，在我离开家很多年以后，我会继续培养自己这种能力的。

当我跟男孩讨论他们的生活的时候，他们会痛苦地声称，虽然他们尊重并喜爱自己的家庭，但是毕竟是属于自己的“独立人”。

17岁的尼尔告诉我说，只有当他“完全自力更生和独立”之后，他才真正变成一个男人。他重复了“独立”这个词，以示强调。对另一个男孩来说，在高中后期，成为一个男子汉意味着“在经济上不能完全依赖父母了，需要对自己未来的人生做长远的计划。我必须对自己进行规划”。他提到了将来上大学，找工作养活自己，以及更长远的人生规划。

彼得把这个过程看作**一个从青少年时期幻想中的自由走向更加现实、更加成熟的担当过渡的过程，这是一种内心深处的转变：**

我觉得，到了18岁，我们应该明白，我们已经过了幼稚的年代。

我们不能再以为自己早就独立自主了，以为自己有多么了不起了。相反，我们来到了一个新的阶段。在这个阶段里，我们不再想象我们如何如何，而是我们实际上就是这样的了。所以，在这个时候，我们应该得到属于我们的空间和权利，这些是我们在过去那么多年里一直努力争取的东西。

变得独立自主是你儿子在这个年龄阶段的任务，这对你来说，既有欣喜，也有挑战。

独立、冒险以及开车

对很多男孩来说，当他们取得驾照的时候，他们就会获得一种独立的感觉。很多美国男孩都认为，取得驾照是通往独立之路最重要的一个步骤，因为在美国的很多州，15～16岁是获得驾照的年龄条件。开着车离开家，不需要别人代劳，这满足了他们对独处的需要，回避了父母的监督。对于那些大城市里的男孩来说，由于地铁等公共交通工具在出行过程中更加常见，所以在这种情况下，其他资格或类似的东西会取代驾照的作用。无论给他们更多自由行动的权利的官方认可具体是什么，都会令男孩们兴奋不已，并感到真正的自由和成长。

无论作为个体还是作为男孩，这正是他们所追求的自由。特别是在他们能够自由地离开家，自由地离开他不想待的地方的时候，心中充满了“无以言表的狂喜和无所不能”的感觉。在这种情形下，即便是最简单的一次远足，其中也包含了青少年们确定无疑的自由体验：这是跟伙伴们一起经历的，有他们在一起，有一种心理的安全感，此时没有父母在场，这种体验充满刺激，令人惊奇。

一些男孩通过成群结伙，参加体育运动，或者进行各种社会活

动来体现自我的独立性。跟获得独立驾车的资格一样，这也意味着他们可以摆脱父母的束缚，可以经常不在家了。“我从没看见他。”这是父母对一个忙碌的郊区高中男孩最常见的抱怨。此外，还有一些男孩会在规定允许的时间里，如暑假或者寒假离开家。一个在国外作为交换学生学习了一个学期的男孩说道：“我学会了如何对自己负责，我必须自己整理自己的内务。我没法朝别人要钱，我必须计划自己的时间，必须自己搞定各种事情。学期结束后，回到家里我有点适应。我感觉自己其实好像已经毕业了一样，父母不应该再像以前那样管我了。”

这正是这个年纪的男孩和成人所面对的核心的心理矛盾：很多男孩觉得，虽然还有两年才能高中毕业，但是自己已经长大了，完全可以独立自主了。他们的父母却觉得他们远未长大，还不能独立自主。他们仍然很冲动任性，判断仍然不够理性，所以还会做出一些愚蠢的事情来。在这些年里，虽然知道他仍然少不更事，却需要认可和适应他对独立自主的渴求，这对大多数父母来说都是一个挑战。对那些十七八岁的男孩的父母来说，他们最经常做的决定就是到底该给他多少独立自主的权利。他的判断力怎么样？如果过去我们给了他自主的权利，他会怎么样？我们给他的自主性足够吗？他该不会觉得不够而采取极端的手段来争取吧？

有时候，邻里的小团伙、强烈的个人友谊，或者恋爱，会让男孩脱离父母的影响范围。这个时候，只有一些极端的手段才能阻止他们。无论这些手段是什么，每个人都明白，男孩的判断力仍然不成熟。让他知道，父母总是在家里等他，随时准备理解他、安慰他、帮助他，这对他来说始终都是一件好事。

塞德里克在一个单亲家庭中长大。他是一个天才的非裔美国男孩，他在高中成绩不佳，最后却毕业于一所著名的常青藤大学，他的故事记录在罗恩·苏斯金德的书《精神世界的希望》（*A Hope in the Unseen*）中。实际上，每天放学后，他妈妈一直不准他外出，必须待在家里，因为在附近的社区有一群不良少年。一个30多岁的男人告诉我，能够阻止他在青春期完全堕落——他酗酒、吸毒、周五和周六的晚上经常聚会——的唯一一件事情就是家庭的绝对管束。家人要求他必须重视并参加周日的晚餐，必须待在家里陪着爷爷奶奶。“他们非常坚持这一点，”他说，“这成了我的精神归宿，这拯救了我的生活。”

无论男孩们如何抵制或者反抗，大多数男孩都需要他们的父母对他们施加一定的影响，提出一定的要求。在这个年纪，他们受到强烈的内部驱动力的影响，想要寻求独立，想要证明自己，所以他们会不自主地去冒险，特别是在社会上，跟其他男孩待在一起的时候。所以，他们需要一些来自自身以外的管束，来控制他们的冲动。林恩·庞顿博士在她的书《走出阳光边缘》（*The Romance of Risk*）中提到，冒险是青春期形成自我认同的一个核心步骤。只有很少一部分男孩不这样。男孩之间在人格特点上会有一些不同：一些男孩喜欢感官刺激，从他们的气质上来说，他们更喜欢冒险；而另一些男孩则比较谨慎，更倾向于进行“风险——收益分析”。他们甚至会明确地说，他们并不认为做一些“愚蠢的事情”，就能证明自己的独立或者表明自己像个男子汉。他们是认真的。一些男孩会成熟得早一些，会更快地发展出良好的判断力，而另一些男孩的判断力则仍然在发展过程中。不过，一个18岁以下的男孩跟他的朋友们在一起的时候，你千万不要相信他的判断力。

大多数男孩，甚至是那些极其聪明的男孩，有时候也会为了追求自己的男子汉地位而做出愚蠢的判断，特别是在他们取得了驾照之后，更是如此。当自己品学兼优的儿子做出一些冒险的举动，而几乎所有人都认为他本该有很好的判断力，根本不会想到他会这样做的时候，父母经常会感到无比震惊。可是智商和判断力并不完全是相关的。而且那些在一个领域表现良好，或者非常顺从的男孩，往往会让人意想不到地想要在另一个领域里展示自己的勇敢、果决（高危险的）的男子汉特质。

虽然女孩也会冒险，但是她们不会尝试那些跟身体有关的冒险活动。 男孩则会尝试酒精和驾驶。有趣的是，当男孩们拼命飙车的时候，女孩们不会竭力去阻止。实际上，当男孩们进行饮酒比赛的时候，无论比赛是否精彩，女孩们都倾向于当观众，而男孩们则为她们表演。女孩们并不想像家长那样对男孩的冒险行为进行突击检查，她们清楚地了解，冒险在男孩证明自己的男子汉身份方面有多么重要。

虽然我们应该想办法限制男孩们的冒险行为，但同时我们必须理解，他们对自由的渴求有多么强烈。这种渴求是他们自我认同的核心，并通常在冒险活动中得到充分的表达。这些活动也许是可以接受的，甚至是可以鼓掌庆贺的事情——如滑雪、冲浪，或者攀岩——也许是顶风违抗的，如铤而走险地连夜驾驶或者互相挑衅，其中大多数事情父母可能永远都不会知道，除非到了不可收拾的地步。自主行动是这个年纪的每一个男孩所追求的目标。作为父母，你将不得不设法跟他协调有关冒险的兴趣和行为的问题。

为了使你跟这个年纪的男孩仍然保持较为和谐的关系，并帮助他全面、深入地思考问题，你需要学会耐心倾听。如果你能确切地了解他自己是如何评估他的冒险举动的话，这对你们之间的沟通会很有帮助。所以如果他回到家来，跟你说他决心做一名小飞机驾驶员，或者要去滑冰，或者去潜水的话，你最好做出适当的回应。你的第一反应可能是说“你还太小了”，但是，他对这件事的热衷，以及跟他同龄的其他男孩的榜样力量，会使他做出第二轮的要求。（我知道这一点，因为我小时候也带着这种热情反复跟我的父母要求——去潜水——而且最终我成功了。）

你该怎么跟一个高中高年级男孩探讨关于冒险的事情呢？就是说，当你发现他正在从事冒险的行为的时候，你该怎么办？你能说什么？其实，你们可以这样开始一个话题：如果你能告诉我你是怎么看待这项冒险行为的，我可能就不会那么担心了。

在谈话过程中，你最好对他的看法表达足够的尊重和真诚的兴趣。这样做不仅能使他愿意提供很多信息，而且会有一个不错的结论。你可能会发现，他远比你所想的要更加了解这种行为的危险性，而且已经有了减少危险系数的方法。或者，在另一些情况下，你们可以进行一场冷静的对话，你可以给他示范如何思考和探讨那些可以接受的或者有必要的冒险行为，以及那些没有意义的，或者不能接受的冒险行为。你可以问他，什么样的冒险行为是可以接受的和必要的，他在二者之间如何划清界限，保证不越雷池半步。

至于那些毫无意义的冒险行为，像酗酒、酒驾，你可以告诉他，你对那些听闻的事情非常关注，而且希望了解他的同伴群体中是否有这样的事情，以及他本人是如何看待这些事情的，他的标准是什么。**你可以明确地表达你的希望和对他的期待，还有你这样期望的理由。**你可以问他，他会如何处理这样一些事情——例如，如果他回家的路上唯一的同伴（或者父母）喝酒了——如何紧急制定合理的应对方案。你的救援对他来说没什么吸引力，不过，你可以考虑其他“比较酷”的朋友、老师或者亲属等愿意提供帮助的人。当然，你要确定他了解非法行为或者被怂恿做坏事的后果，包括学校里面的活动、大学的计划，以及个人的权利。这不是威胁。这些信息很重要，可能会在他的同伴怂恿他的时候使他停下来仔细冷静地思考一下这样做的后果，从而避免出现糟糕的结局。

我在佩顿读高中高年级的时候采访了他，那时候，他是一个非常认真学习的学生，同时还是垒球队的队长。他是一个有责任感、头脑清醒的年轻人。不过，就在几年以前，他跟现在的样子简直大相径庭。在上高二前的那个暑假，他开始酗酒。在整个高二，他都躲在朋友的家里酗酒。他的成绩开始下滑，他对父母撒谎说去看电影。他撒了太多次的谎，最后，他的父母严厉质问他是不是在酗酒，是不是一直都在跟他们撒谎。“我跟我父母进行的最有价值的谈话就是那一次，他们让我坐下，对我说，‘我们知道你在干什么。你不会每个周末都去看电影的。你不可能看那么多电影。’”在当面戳穿他的谎言之后，父母对他说道：“重要的是，你还诚实。我们知道你在干什么，但是我们不知道你干的事情的具体内容是什么。不过，如果你告诉我们，我们会允许你有节制地接触，但是不能无限制。”

我问他，此后他的父母是否允许未成年的他继续饮酒，他说，不，不过，他们同意只要他诚实地告诉他们他在什么地方，在大人不在的时候，他就可以去朋友家里，他还可以跟大一些的男孩一起开车，只要他们清醒稳重就行。他的父母担心虽然他曾对他们撒过谎，但是此后他会恪守自己的约定吗？实际上并不。可是，就像佩顿对我说的，当他父母对他施加了一些管束之后，他感到自己如释重负。这次坦诚交流促使他此后自发地做出了重大的转变。

很多男人都说，他们做了很多父母们永远都不会知道的冒险事情。此外，还有一些时候，是谨慎的同伴在关键时刻拉住了他们，使他们重新恢复了理智，从而避免做出非常愚蠢的事情来。男孩之间的忠诚、友谊以及冒险意识互相交错，有时候会促使他们步入危险的旋涡，而有的时候则会挽救他们于悬崖的边缘。

每个家庭都会受到青春后期男孩行为的困扰。他们足够大了，足够聪明了，他能准确地发现你的缺点。可是同时，他缺乏良好的判断力来准确评价自己的问题。他的身体也已经足够强壮了，如果他想要出去，你没办法关上门阻止他。他会从后门溜走，会跳窗户逃走，甚至会在你眼皮子底下大摇大摆地走出去。在这个时候，你所拥有的唯一影响力就是你对他的爱、你的道德权威以及你跟他进行协商的意愿。你必须跟他谈谈。

从本质上来说，你儿子希望被当作一个成年人来对待。如果你真的这样对待他，他也会非常愿意培养自己这方面的特点和能力。最后，你必须承认，他已经长大了，他已经变成了“他自己的男子汉”了，你不能再保护他了。你必须欣赏他对自己的座驾、滑雪板、冲浪板，或者女朋友的钟爱。那就是他自己，他的本色。

发展的八条线索

未来的发展

16～18岁的男孩不愿意让自己的父母了解自己，这对他们的父母来说是一个不小的挑战。他们希望自己控制自己的发展，自己监控自己成长的方式。不过，下面八点内容能帮助你确信他的发展是否偏离正轨。

身体发展

在16岁左右的时候，男孩通常对自己成年后的身高比较自信。虽然在20岁或者21岁之前他会继续长高，不过，一些男孩生长发育的速度会在17岁以后急速下降。在高中最后一年半的时候，他的身高会令他比较突出，同时肌肉力量和体重也会相应增加。所有这些加起来会使高年级男孩看起来比10年级的男孩强壮一些，虽然他们实际上还没有多高。

在完成了身体的发育之后，男孩还面临一个心理任务：那就是要接受他的家庭和遗传馈赠给他的身体。看到自己可能没有别人高，没有别人强壮，没有别人敏捷，他可能会失望。这种想法在男孩中十分普遍，他们会焦虑。很多男孩会去健身房，或者买各种健身器械在家里锻炼。他们会跟其他男孩在嬉闹中进行摔跤和推搡，或者干脆就对人家说“我能放倒你”，另一个则会回答“那就试试看”。通过尝试，他们对自己的身体素质进行测试。

一些男孩会因为身体的长大而有所困扰，他们会不停地照镜子，查看自己的力量指数，测量自己的体重。在最极端的情况下，一些男孩会过度地锻炼身体。这些男孩可能需要看一下心理医生，或者去医院接受治疗，因为他们可能出现了一种叫作身体变形性精神障碍的问题。与男孩这种状况类似的是女孩身上出现的对身材和苗条的过分追求，并形成所谓的神经性厌食症。但是对大多数男孩来说，他们此时对自己身体的关注都是正常的。

学校运动队需要进行选拔和淘汰。这些情形会迫使喜欢运动的男孩不得不面对自己现实的处境。那些一直盼着自己快点儿长大从而可以加入更好的运动队的男孩可能会因此而失望。在低年级的时候，他们或者高大、强壮，身体协调，足以使他们在学校运动队里活动，或者他们达不到运动队的水平。那些小时候体育非常棒的男孩眼看着其他男孩超过自己却无能为力的时候，他们会非常沮丧。如果一个男孩没能加入自己一直都在从事的体育项目的校队，那么这对他来说，在心理上会是一个沉重的打击，特别是由于不能加入运动队，他会失去自己的社会联系。在这种情况下，男孩可能会抑郁的。

对大多数从未擅长过某种体育项目，或者从没对什么体育项目感兴趣过，但是在8年级前愿意参加城市间的一些娱乐性体育活动的男孩来说，高中阶段意味着常规体育锻炼的结束。校内可能没有足够的体育队供他们选择，而高中的体育课对他们又没有足够的吸引力。很多人会形成“替代的”兴趣爱好或者追求。这些男孩会因此对体育锻炼形成一种鄙视的态度，这是一件令人担忧的事情。最新的研究表明，日常的体育锻炼不仅会增强体质，而且有助于提高心理健康和学业成绩。在青少年中，肥胖的比率日益攀升，焦虑和抑郁的比率也居高不下。因此，所有的高中生都需要有一项有意义的日常体育锻炼活动。

依恋发展

高中生活的结束，以及离开家奔赴大学、军队，或者工作、单独生活，都会给亲子之间的依恋关系带来最深刻的影响。这是因为，这么多年以来，它一直被当作理所当然的东西——亲子之间随叫随到，经常相聚的情形，“我今天晚上会跟他说这件事的”——突然间受到了威胁。作为父母，你担心你还没有让你儿子做好独立的准备，无论是实际的生活还是情感方面。男孩则会担心，虽然他们身材已经比较高大了，在家庭以外的环境里已经有了一些经验，但是当他们独自生活的时候，可能仍然无法把握自己的情感生活。毕竟，他们在过去的那些年里，一直是在听着父母的抱怨和鼓励中成长的（当然，是在他们愿意跟父母交谈的时候）。

青春后期这种“分离—独立”的过程充满了摩擦。因为在这个时期父母的心里出现了很多问题——他自己一个人没问题吧？我们为他做好准备了吗？没有他在身边，我们会不会孤独？他离开家了，我们之间的关系会不会受到影响？这些问题都需要时间来回答。至于那些出现在你儿子心里的问题——我像我所期望的那样独立吗？我会孤独吗？我不在身边，你们没事吧？（儿子非常了解父母对他们的依赖）——他则不太愿意说出来。

你可能会找到一种或多或少比较得体的方式，来让你的儿子离开家去上大学，或者去参军，或者去工作，因为你明白他的成长需要这个过程。很多男孩会找到某种方式来告诉他们的父母，他们爱爸爸妈妈，并且，他们会想念爸爸妈妈的。一旦男孩离开了家，儿子和父母双方都会找到某种方式继续保持联系的。逐渐地，他打给你（“妈妈、爸爸，我没钱吃饭了”）和你打给他（“你看医生了吗？”）的惊慌失措的电话会越来越少。因为你会发现，他能把自己照顾得很好，而且你依然可以信赖多年以来你们之间强大的心理依恋。这种依恋此时仍然在你们的心里存在，并且在偶尔的联络和看望时会重现；这种依恋不需要不断地查验。也就是说，对这个新的依恋阶段来说，要等到他20多岁的时候才能达到一个比较满意的状态。在25岁左右，大多数年轻男性才会觉得自己真的“成人”了。在那之前，他还会有很多反反复复的过程。

社会性发展

从社会性的角度来说，高中的最后两年对很多男孩来说都是一种解脱，因为初中阶段相互攻击、揶揄嘲笑和争夺王子地位的风气逐渐褪去了。7～8年级的公主们或者“蜂王”们可能仍然在竭力保住自己的社会地位，但是男孩们则不再热衷于此了。那些在8～9年级的男孩堆里占有较高地位的、嗓音低沉、体格健壮的男孩要么加入了他们向往已久的校体育队，现在已经完全被体育运动吸引了，要么他们不再从事体育运动，而是去追求其他兴趣爱好了。无论哪一种情形，那些原来感觉自己矮小或者运动能力不强的男孩从此可以过上属于自己的生活了，可以追求自己的兴趣了。虽然很多高中学生在头两年里仍然会讨论诸如谁是“预科生”、谁是“校队的”，但是现在的情况跟初中的时候已经不一样了：他们不会像以前那样轻易就被别人诱导了。

兴趣小组开始成为高中阶段社会生活的主导，而且每一个人都会找到属于自己的兴趣小组。在这一点上，任何一个男孩都能找到跟他有相同兴趣爱好的男孩，而且如果他们已经取得了驾驶执照，他们就能够在学校生活以外建立新的社会生活圈子。在高中后期的生活里，那些爱学习的知识分子，也就是初中时的那些“书虫”和“书迷”，开始找到稳定的女朋友了，并且跟女朋友一起上优等生的课程。由于对那些刻苦学习的男孩心怀敬佩，女孩们加入进来了，并开始打破男孩自小学开始精心建立起来的社会结构。有一个男生，在初中和高中早期的时候被团体边缘化了。在描述了自己这些痛苦的经历之后，他对我说，在高中过半的时候，他发现“如果你跟女孩们谈论一些令她们感兴趣的事情，她们就会对你更有好感”。那些在高中后期出现非常严重的社会性问题的男孩通常在心理方面有疾病，并且开始被社会所孤立，或者由于对社会关系感到绝望，他们已经加入了不良群体。

随着男孩开始进一步调整自己的身份认同感，他们会根据自己的情况缩小朋友的范围，只是保留少数信得过的人，而且这个朋友的小圈子会跟一些有相同想法的女孩圈子一起玩。这个年纪的男孩会像找要好的男性朋友一样给女性朋友打电话。高中后期的友谊与之前有所不同的地方在于，他们渴望拥有并欣赏自己的友谊，就好像在说，我是比较挑剔的，而且对交朋友的事情比较严肃，不过我的朋友已经赢得了我的信任，所以我很愿意表明，他对我来说有多么重要。

在高中后期，大多数男孩和女孩都想要建立一个完整的班级。很多时候，他们成功地弥合了彼此之间存在的某些历史原因造成的分歧，并团结在一起。在毕业的那一天，当一个男子学校的男孩被问到谁是他最好的朋友时，他张开双臂说：“班上每个人都是我的朋友。”

认知发展

对大多数青春期男孩的父母来说，最令他们感到沮丧的事情就是，儿子缺乏对未来人生的定向。现在，他们的体格已经跟成人无异了，他们对很多问题都能够进行抽象逻辑思维了，他们还会对成人进行非常尖刻的批判。然而，他们似乎缺乏成人最为重要的特质：对自己未来的学业前途担忧。

从16岁到18岁，男孩的认知发展有显著的进步。男孩的思维能力不断地，有时候可能是不均衡地向前发展。小时候，他们只能关注具体事实，到了现在，他们已经形成了成人的认知能力，可以对可能性进行思考了，能够对思维过程进行思考（元认知能力），能够预先做计划了。在他使用三乘五的卡片复习考试的时候，在用记忆术帮助自己记住公式的时候，在他说“我用这种方式学习的时候记忆的效果更好”的时候，你就会看到他形成这种元认知能力的迹象。他在告诉你，他已经有了观察自己思维能力的能力。在家里，还有其他一些迹象能够表明他的意识已经达到了更高的水平。一个从未对政治感兴趣的男孩会突然变得对政治问题有看法：他开始阅读报纸，浏览标题和摘要。你儿子可能会变得热衷于某种理想或组织，因此他掌握了一个“宏观的视野”。最后，他可能会开始提前计划自己的人生了。

由于成长和脑发育，再加上教育的作用，使他不断置身于复杂问题的解决情境中，从而需要他不断地进行思考以解决问题，这些因素共同促使他在这个阶段的认知方面获得了较大的发展。无论你曾多少次让你儿子提前做计划，在他的脑足够成熟并具备这个能力以前，他的心理实际上可能不会有这种想法的。所以，通常一个男孩会这样跟我说：“我父母跟我说了无数次关于大学或者考试的事情，我不知道说什么，我猜我其实并不相信他们。”让一个十七八岁的男孩选择一条人生道路是不现实的。不过，我们经常无限期地允许男孩随时改变主意，而不会强迫他们去培养某些技能。所以在他们上大学后，往往会在个人的自由和团体组织的要求之间感到困扰，并需要一段时间来适应。

即便如此，他们仍然对自己并不专注的思维能力表现出自信和耐心，就像我访问下面这个16岁男孩，询问他关于未来的规划时他所说的那样：“长期的？谁知道呢？坦率地讲，我知道无论现在我做出什么选择，都是不成熟的，在未来的若干年里，这些不成熟的规划很有可能会被修改几百次。”

学业发展

高中阶段学业方面的发展最重要的特征就是学生的分流。就像很多其他国家的做法一样，我们的高中也会开始对学生进行分流——根据能力、动机、水平，以及社会阶层(虽然可能不是有意的）。然后，我们会给那些优等生提供最好的教育机会，给那些良好生提供较为体面的教育机会，给那些普通生提供较差的教育机会，而那些“不良”的学生有时候则会遭到抛弃。

如果你是一位关心教育问题的父母——其实大部分父母都是这样的——你可能会希望你儿子位于高中教育的最高层水平上，并且他可以应付得来。这是因为你希望学校为他提供有一定挑战性的课程，从而激发他进行思考，促进他的认知发展，并教会他大学水平的学习技能。当然，问题在于，如果你儿子想要维持在要求很高的优等生或者大学预科水平上，他就必须管理好自己的学习，他就必须提前做好规划，管理好自己的时间。在高中早期和中期阶段的很多男孩尚且没有形成足够的能力来做到这一点。

对高中男孩来说，最大的问题在于自我管理、时间管理和学习动机。在高中的开始阶段，看到自己的儿子仍然四处游荡、行为散漫，父母心里会很不好受。我曾见过很多男孩，他们都需要参加为他们特别准备的重要考试的补考。在第一次考试的时候，他们会表现得很糟糕，他们清楚地知道自己还没有掌握学习内容(当然，在这次考试中，他们没有通过），因此，他们被允许重考一次，这是最后一次机会。可是，他们看起来仍然没有认真复习、不看书、不做作业，就像早上起来没有整理好的床铺一样乱糟糟的。

实际上，很多高中男孩都几乎跟初中男孩一样缺乏自我管理的能力。当然，他们缺乏自我管理的特点跟初中男孩还是有区别的，他们有这样的表现是因为学习任务突然急剧增加，而他们的执行控制能力仍然处于平均水平以下导致的。执行控制能力由八个部分组成：（1）能够发起一项工作；（2）维持注意力；（3）认知的灵活性（能够不时地在不同的工作任务之间进行切换）；（4）良好的工作记忆；（5）组织纪律性；（6）计划性；（7）自我监控；（8）情绪控制。在欧洲一所国际学校里，我曾跟来自五个不同国家的“学业不良”的高中男孩进行过一次谈话，他们说，他们回到家，很难强迫自己坐下来完成作业。他们是真的想要做作业的，他们是带着好好完成作业的良好意图回到家的。可是，食物、睡眠、打盹、网上游戏，或者女孩的电话等，这些事情的诱惑，实在太大了，使他们无法专心做作业。

与其他任何事情相比，男孩最需要的东西其实是帮助他们管理好日常的工作，计划好自己的学习，并管理好他们的时间。在最好的学校里，老师们会跟踪每一个男孩的成绩，并要求那些成绩有所下滑的男孩参加补习班。补习班安排在一间非常安静的教室里，有一个大人（不是父母）在场监督。这可以帮助男孩克服很多执行控制能力不足导致的问题，特别是如何开始一项工作，克服注意力分散、计划、自我监控以及情绪控制。来自家庭教师的特别关照会给男孩的学习带来一定好处。问题是，由于青春期的特点，以及他们对自己独立和自主的刻意追求，他们可能不愿意让爸爸和妈妈帮助他们。对16～18岁的男孩来说，让老师、家庭教师，或者咨询顾问来帮助他们的学习，要比父母更有效，他们的反抗也越少。我希望老师们能够有更多的时间对男孩进行一对一的指导。我们常说，女孩比男孩更加关注自己与老师之间的关系，但是我的经验告诉我，一些男孩其实同样需要来自老师的大量的、持续的关注。他们需要这样的老师：愿意对他们的学习成绩进行跟踪，并会对他们说：“你错过了补课时间，我希望你周四能来找我。”

情绪的自我调控发展

虽然说青春期情绪的骤起骤落并不是新鲜事，但是这的确需要引起大家的重视。正常的青春期男孩（我不是说那些在临床上有抑郁倾向的青少年）情绪的高点和低点都要超出成年人的范围。由于我们经历了更多的事情，对很多事情都已经有些习以为常了，对我们体内激素的作用更加了然，所以我们对很多事情都不会产生强烈的感受。但是青春期的男孩不同，他们对事情的体验要比我们深刻和强烈得多。他们更加冲动，喜怒无常。在上一秒钟，他们还欢天喜地，可是在接下来的一秒钟，他们可能变得极度难过，在接下来的两分钟里，他们会变得极其愤怒，不过一旦问题得到解决，他们很快就会平静下来。就像很多父母所了解的那样，在跟他们的父母争辩的时候，他们极有可能以这种方式做出激烈的反应。

有五点建议可以帮助男孩调节他的情绪。第一，当他最初发现自己的发育和力量的时候，他可能会通过“效仿某人”来解决问题，并经常遇到瓶颈。所以逐渐适应自己的体格和力量会有助于他找到解决问题的方式，从而有助于他调节自己的情绪。第二，如果他形成了复杂的智力，能够更加客观全面地看待事情，而不是简单的非黑即白，那么，在他遇到所谓的不公正待遇的时候，他就不会用愤怒来应对了。所以，发展复杂的智力也会有帮助。第三，如果他对自己独立自主有足够的自信——例如，如果他已经成为经验丰富的驾驶员，或者他有了一个女朋友——在他跟父母协调一些事情的时候就不会感觉受到威胁了。第四，如果父母能够使他们自己保持冷静，对他也是一种帮助。如果爸爸情绪失控，经常在家里大发雷霆，或者妈妈对房间的脏乱絮叨不止，并大声指责，也会刺激男孩以更加明显的方式表达自己的脾气。所以毫不奇怪，研究表明一个自我控制良好的父亲也会有一个自我控制良好的儿子。第五，男孩生活中的成人不应该因为他是一个男孩就对他心怀恐惧，这一点非常关键。

道德和精神信仰发展

在这个阶段，一方面，你可能会发现，你儿子在道德和精神信仰方面的发展跟你所预期的基本一致。另一方面，虽然你知道他明白对与错，但是他偶尔可能也会就他的去向和是否饮酒的问题对你撒谎；他可能会选择性地遵守学校的规章制度。跟五年前专注和忠诚的他相比，他现在可能显得有点儿愤世嫉俗。这种愤世嫉俗可能是源于他内心的三种力量：一种力量其实比较肤浅一些——在他的同伴面前显得更“酷”‘另外两种则更加深刻一些——他们渴望自己显得更强壮、更独立，情绪更加节制。

男孩内心深处的这种渴望跟他们对宗教的虔诚之间会有矛盾。我曾看到苏格兰一家天主教男子学校的校长在早上集会的时候努力带领400个男孩一起唱圣歌。在男孩的脸上你可以看到明显的不情愿。经过了短暂的练习，他们的歌声仍然断断续续。只有当每个男孩都听到自己周围男性的声音开始响起来的时候，他才获得了社会性的肯定，才真正地开始唱歌。然后，圣歌才开始变得响亮而整齐了。

男孩在参与任何跟精神信仰有关的活动时，会表现出不情愿。这一方面有其表面的社会性原因，这种原因是可以解决的；另一方面，在其表面的不情愿背后，还有更为深层的复杂原因：心理上的不适和心理的发展。第一，道德的两难境地和道德的矛盾冲突实际上是一种很不舒服的体验，并且会导致心理上的失衡；第二，男孩可能会发现，日益增强的道德意识会跟他渴望独立的行为和“按照自己的意愿做事”之间发生矛盾。 在初中和高中早期阶段，男孩会从一个更加偏向实用主义的投桃报李式的道德思维阶段过渡到一个独立、有担当的“好男孩”阶段。在这个新的阶段里，你会跟同学以及少数自己挑选的老师建立友谊，并以此为荣。

自我认同发展

教育工作者经常会说，17～18岁男孩们已经“了解自己了”，或者他已经“发现了自己”，父母有时候会觉得，他们的儿子已经“成为他自己了”，就是说，他身上现在已经具有了成人的某些特质，而这些特质从前在他身上是从没有出现过的。然而，我们所描述的特质不仅仅是分数或是艺术的和体育方面的奖项，这里的特征远远超越了男孩的学业成绩的范畴。这是他自己的成就。同时，我们也会看到一些男孩在某种程度上还没有“发现他们自己”，仍然在他们的人生道路上挣扎着。当然，教育工作者和父母都会发现的问题是，男孩或者获得了自我认同，或者没有。

在心理学中，一直有这样一些争论：认同到底是什么？它到底有多么稳定？男孩在各种不同的社会情境中是否有同样的认同？当他在家里的时候，跟他和朋友们在一起的时候，或者他和女朋友在一起的时候，是同一个人吗？在这些问题上，人们通常认为，一个人的认同不是固定不变的，也不是永恒的。它会随着人生进程的改变而改变——毕竟，一个男孩在他20多岁的时候会有一次认同的危机阶段，在他40多岁的时候会有一次中年的危机阶段——而且，认同很难测量。但是，很明显，一些男孩在青春期后期已经形成了一种关于他们到底是谁的明确看法，而且，他们形成了这种认同感后，他们的感觉会非常好。

男孩如何获得他的认同感？认同感又包括哪些成分呢？只有他自己可以回答。但是，我们也知道，认同感包括某种对外部世界和内心世界的主动的精神探索，还包括承担风险的意愿。认同是在经验积累的基础上获得的，不是被动地等待，你不可能等待父母来赠予你。实际上， 我们说，那些从父母那里接受一种认同，完全接受他们的家庭告诉他的关于未来人生的男孩，有一种定向型认同。他们对内外世界的精神探索不会持续多长时间的。

你必须靠你自己的力量形成自我的认同。青春期后期是你人生中获得关于你是谁、你的过去和你的未来的认同感的第一个时间点。在这个时间点上，你有足够的独立的个人人生经验，有高级的认知能力，还能获得社会的支持。在这个阶段，认同的基本组成要素有三个：性别定向、某种人生观以及对未来职业生涯进行规划的能力。此时的认同会给男孩提供自信和心理的权重，以帮助他在未来的人生旅程上形成更加成熟的认同。

一些男孩在18岁的时候还没有获得认同，或者仍然在形成中——“他这个年纪还太小。”教育工作者会这样说；或者进入了一个认同不稳定期，埃里克森称作“同一性迷失”。在这个不稳定期，他们在心理上会表现出各种不稳定性：不高兴、迷失、不够自信，对时尚、偶像和毒品缺乏抵抗力。另一批男孩则会进入一个同一性延迟期。在这个时期，他们就是没办法对自己的理想或者未来的职业发展进行规划或者做出承诺。我认识一个年轻人，在大学里成绩优异，毕业后花了一年时间骑自行车周游全国。当一个曾经是好学生或者非常听话的学生的男孩突然离开了他惯常的轨道，从他感觉自己应该是什么样的人的位置上偏离开来，这会令父母非常难以接受的。不过，父母需要知道，同一性延迟将会，而且应该会，最终发展形成一种更加丰富的、复杂的人格。

大多数男孩在18岁的时候都还没有形成完整的自我认同。实际上，大多数年轻男子在大学期间，甚至在他们20多岁的时候仍然在完善自己的认同。不过，即便18岁不是自我认同的终点，也应该是发展过程中的一个里程碑。祝贺你！

跟你的儿子谈一谈性

男孩一般会跟父母回避性的话题。一位妈妈曾说她丈夫在吃晚饭的时候尝试着跟她儿子讨论性的话题时，她儿子站了起来，说他“快要吐了”，并离开了餐桌。这种情况并不鲜见！

无论对父母还是对男孩来说，进行关于性的对话都不太容易，因为男孩或者父母经常对这样的话题拐弯抹角，他们通常也是一知半解。当我问高中高年级学生，他们是否从父母那里得到了关于性方面的帮助时，绝大多数人会说没有。

如果在你儿子青春早期和青春中期的时候，你没有跟他好好讨论过他的性生活问题，那么，毫无疑问，你几乎错过了讨论的最佳时期。如果你想对儿子的性观念施加一定的影响，不能等到他就要离开家去上大学的时候才跟他说。

如果你要跟他讨论，你该说点儿什么呢？你会要求他在结婚前禁止性行为吗？你会要求他尊重女孩的意愿吗？你会要求他只有在有婚姻的前提下才发生性关系吗？你会提醒他关于“法定年龄”的法律意味着，无论双方是否出于意愿，只要你跟未成年人发生性关系就是非法的吗？

在被动的情况下，很多男孩会选择接受性关系。很多父母都对此了然于胸，不过，如果你问他一些关于性的问题，通常会对他有所帮助的：他跟那个女孩之间的关系是什么？这种关系到了这么亲密的程度吗？实际上，只要你能够鼓起勇气跟他说点儿什么，就会对他有所帮助的。虽然青春期男孩倾向于更多地依赖同龄伙伴，而不是父母，但是在如何树立正确的性观念方面，跟儿子分享你的经验永远都不会有错。

性的问题说到底其实是道德和价值观的问题。没有哪个心理学家可以给你答案，因为道德价值是没办法通过心理学实验来证实或者证伪的。你必须反思你的感受、你的体验（无论是好的还是坏的）、你对自己行为的记忆，以及那些愿意跟你儿子分享自己行为经验的男孩。作为一名心理治疗师，我能够提供的帮助就是写出男孩告诉我的话，我所观察到的某些经验对他们的行为会造成的影响，以及研究所证明的东西：如果你要跟儿子成功地讨论一下有关性的话题，你就必须知道你自己相信什么，你对他在社会上看到的和在他自己生活中体验到的东西不要太轻信。你还必须尊重你儿子在自己的性生活方面做出自己的决定，而且他很可能会恪守自己的选择。“我有时候并不觉得有必要让他们进入我的生活。”一个18岁男孩写信给我说道，“我从未跟他们讨论过我的浪漫感情生活。”

青春期后期男孩与精神疾病

随着青春期后期的男孩开始离开父母，花更多的时间独处，或者跟同伴在一起，一些男孩会更容易患上精神疾病。在这个时候，他们的生活比以前要更为复杂，他们要面对爱情的打击——那些曾经热恋过的男孩和女孩要比那些从来没有谈过恋爱的更抑郁——以及体育运动方面和学业方面的打击，所有这些打击都会使他们的心灵受到创伤，在这些事情上，父母是没办法保护他们的。父母总是在儿子还小的时候陪在他们身边。在儿童时代和青春期早期，他们为他提供感情上的支持，同情他、管束他、监督他。可是从16岁到18岁，他们陪在父母身边的时间越来越少了，而离开家的时间则越来越多了。在这个过程中，大多数男孩会获得越来越多的自信和经验。然而也有一小部分男孩会因为缺少了父母的保护和关爱而受到创伤。

一方面，这个时候男孩的自由度日渐增加；另一方面，他们得到的监管却越来越少。两方面的原因共同决定了父母难以发现男孩此时的问题。就像我们已经知道的，即便是正常的、健康的男孩也会对父母隐藏自己的性生活，并向他们的父母隐瞒他们的行踪。所以，虽然抑郁令他们感觉非常糟糕，男孩很可能会对父母隐藏起他们的抑郁，或者认为这是正常的现象。很多妈妈都曾经对我说过："他一天到晚总是睡觉。我担心他可能抑郁了，可是他总是告诉我他很好。"也许他确实很好，也许他并不好。日渐增加的睡眠当然属于抑郁症状的一种，但是对这个年纪的男孩来说，在家里的时候喜欢睡觉也是正常的，因为他们清醒的时候，大部分时间都在外面，而不在家里。那么，如何区分正常的睡眠模式和抑郁倾向的睡眠模式呢？对这个年纪的男孩来说，这并不简单。

对父母和专业人士来说，要想在青春期后期对男孩出现的问题做出准确的精神病诊断通常都会遇到很多问题。**因为青春期的男孩有时候会通过愤怒、冲动的方式来表达他们的感受，因为青春期的男孩有时候就是会心绪不佳，对成人，特别是有权威的成人，怀有敌意。**特别是，因为他们在这个年纪会显得很另类，成人经常会对此感到无奈和无语，并因此认为，他们"肯定在什么地方出了毛病"。那些问题是精神疾病吗？难道大多数青少年长大以后不是自然克服了这些毛病吗？每个穿黑色衣服、听摇滚音乐的男孩都抑郁吗？答案是：一些人的确出现了问题，但是大多数人都是正常的。

青春期后期男孩最大的问题是品行障碍（发生率在6%左右）、人格障碍（3%）、抑郁（在青春期儿童中总的比率是5%，其中女孩多于男孩）、双向情感障碍（1%）以及精神分裂症（1%）。上述的每一种精神障碍都值得写一本书，在这里不可能完整地罗列这些障碍的所有症状。我只想说，如果你儿子经常欺凌、威胁，或者恐吓别人，那么他就有可能被诊断为品行障碍。如果他对别人的感受显得极其漠然，或者对别人毫无同情之心，那么，他可能已经患上了反社会型人格障碍。抑郁会表现为两种形式：严重抑郁和轻度抑郁。虽然抑郁在青春期女孩中的发生率是男孩的两倍，但是抑郁症对男孩来说更为危险，因为很多有自杀行为的男孩都患有抑郁症。如果一个男孩开始产生幻觉，而且没法照顾好自己，那么他正在形成一种精神障碍，或者是精神分裂症，无论是什么，都会使他受到自杀的威胁。双向情感障碍的特点则表现为情绪和活力的显著变化，从抑郁的悲伤状态到一刻不停地滔滔不绝和难以入睡的狂躁状态。如果你儿子出现了上述任何一种症状，即便只是短暂的，即便他坚持认为他过段时间就会好的，你也要及时带他去做专业的心理评估。

爸爸在儿子追寻男子汉身份的过程中所发挥的作用

在本书的前面部分，我已经写过男性的养育风格跟女性的养育风格是不一样的，我也描述过那些没有爸爸的青春期男孩对爸爸的渴望，以及那些有爸爸的男孩对亲密的父子关系的渴望。这几乎是普遍存在的。可是，男孩到底期望从爸爸那里得到什么呢？是建议吗？是爱吗？还是一个榜样？如果爸爸的确可以成为儿子的榜样，那么，他又该怎么做来帮助儿子呢？

在这里，我没有现成的建议可以提供给爸爸们，因为，世界上有多少好爸爸，就有多少种好的方法。很多爸爸无法满足传统的预期：他们不会钓鱼，他们不会狩猎，他们不喜欢运动。爸爸是否跟他的儿子一起从事某些活动并不重要。我所知道的是，不管一位爸爸喜欢什么，他都应该陪在儿子的身边。只要他在那里，他就能够体现出男子汉的样子，他的儿子可以随时在每一件事情上把自己跟爸爸做比较。

他会跟爸爸摔跤来测试自己的力量；他会模仿爸爸，因为这会让他感觉自己好像长大了；他故意违反爸爸的命令来表明自己的独立自主；他在自己的事情上邋遢拖沓并以此来检验爸爸是否在乎他做得怎么样；他会观察爸爸的脸来获取爱和认可。“爸爸，我干得怎么样？”他总是想要得到爸爸的认可。如果没有爸爸在身边，儿子很难了解自己在变成男子汉的过程中到底有没有进步。

我也认识很多优秀的男人，在他们还是孩子的时候，并没有爸爸在身边，但是他们长大以后都成了有责任感的、有男子气概的男人。不过，缺少爸爸的陪伴的确意味着一个男孩将必须从其他地方寻找榜样来评价自己的成长过程。他必须确定他跟其他男孩所做的是同样的事情，他将必须仔细观察他的老师和其他男孩的爸爸，以便得到一些启示。当然，他还需要跟妈妈进行确认，他是否正在成长为妈妈所期望看到的那种男人。

怎样成为一名真正的男子汉？

17岁和18岁的男孩总是在想，他们是不是男子汉？怎么才能成为男子汉？在一次群体访谈活动中，贾斯汀说道：“对于如何做一个男子汉的问题，大家都很担心。这其实就是最基本的问题：我真的是个男子汉，我具备了男子汉的特质吗？”那么，他们觉得哪些特质使一个男孩成为男子汉呢？丹说：“你应该独立，你的行为应该具有完全的独立性。”另一个男孩说道：“这种特质的主要内容应该是尊重女孩，这一点对我来说很重要。”一个4年级男孩声称，男子汉就是那个“总是保持放松，对自己的力量非常自信，而不需要向任何人去证明自己的力量的人”。最后，一个男孩认为：“男子汉意味着你应该认真地对待生活，但是不需要老是太认真。”

实际上，青春期后期的男孩并不确定他们该怎么做才能成为一名男子汉。在个人访谈过程中，我几乎总是这样问：“你认为你自己是一个男子汉吗？”接受访谈的男孩几乎异口同声地回答“不”。有时候，他们会先迟疑一下，然后说“是的”，虽然他们的话连他们自己可能都不太确信。很多男孩试图把自己描述成一种介于男孩和男子汉之间的状态。亚历山大回答道：“可能男子汉更多一点儿，但是更有可能是处于中间状态。我仍然依赖我父母，所以我仍然是个男孩。我不能靠自己独立生活，做自己想做的事情。我仍然没办法控制所有的事情，在学校里我还是要被老师管着。”

虽然亚历山大的话“我仍然没办法控制所有的事情”听起来有点儿别扭，但是我们能够理解他的意思是什么。他目前仍然没办法对这个世界产生影响力，他感觉自己一无是处。他觉得——或者我应该说他希望——上大学会给他想要的答案，或者结束自己的茫然状态。“当我从大学毕业之后，我就会成为一个真正的男子汉了。”虽然他这样想，但是他马上又改主意了，“我猜，只有当我对自己的生活承担起责任的时候，我才能越来越像个男子汉。”

日复一日，**这个年纪的男孩不断表达着自己的愿望，他希望自己更有价值、更有影响力，希望自己能够在更广阔的世界里扮演更为重要的角色**。他们最常使用的两个词是**“责任”**和**“尊重”**。**男孩们认为，男子汉就是对自己和他人负责，照顾那些无法保护自己的“更小的孩子”的人。男子汉还是尊重其他人，并赢得其他人的尊重的人。**不过，很少有男孩觉得自己可以通过学业的成功来成为男子汉。“学校不够尊重我的大脑。”一个聪明的男孩话里有话地说。

这个年纪需要解决的问题就是寻求男子汉的身份。虽然学校给他们提供了很多测试能力的机会，却没办法提供一个关于什么是男子汉的测试。实际上，我们的文化中就没有这样令人信服的程序，指示人们该如何从男孩变成男子汉。但是男孩们渴望这样的仪式或者习俗。如果我们不去建立这样的仪式或习俗，男孩们将会用他们自己的方式来建立：参加体育运动、比赛喝酒、破坏公物，甚至是犯罪行为。加入不良团体会给男孩们提供一种所谓的仪式。犹太教的男孩到了13岁会参加一个成人礼，那是对知识和能力的一种公开检验仪式。但大多数男孩没有正式的成人仪式，我们不会改变他们日常的生活方式，也不会让他们接受某些困难的检验。我们没有给他们提供适当的组织、责任，或者别的什么重要的东西。我还要强调：对大多数男孩来说，他们并不觉得上高中和大学是什么“在心理上重要的”经历。

我有一个想法，或许我们应该要求每一个18岁的男孩和女孩都为国家服务一年，或者从高中毕业的时候开始，或者从18岁开始。在这一年里，也可以去做其他年轻人可以做的事情，包括照顾老人、儿童，或者保护自然环境。我之所以推荐这样的活动，主要是出于心理学的原因。如果这种经历中包括了某些成人仪式之类的程序，将会为国家造就出更高素质的公民和一个更加团结一致的社会。也许我只是一个梦想者，但是我想，这种活动也会为我们培养出一批更加专注的、不会酗酒的大学生。无论如何，我完全相信，这肯定会造就出一批更加健康的年轻男性。所以如果男孩能够用一年的时间为社会服务，这个经历对他们会很有帮助。这会让他们感受到责任，还会让他们赢得社会的尊重，并赢得自我的尊重。

在这样的活动出现之前，父母和学校必须自己努力为男孩提供成长的机会，以使他们觉得自己是个男子汉。男孩需要离开父母，得到他尊敬的男性的指导，进行某些社会的、情感的或者身体上的突破和冒险，为自己和他人承担起责任，以及学会面对某种比他强大的事物，无论是上帝、自然、疾病、贫穷，还是一种全新的文化和语言。有很多情境可以为男孩提供这些要素，例如，在新奥尔良重建被台风破坏的房屋，进行野营，帮助自闭症儿童，甚至是跟一群人一起去探险。实际上，还有很多这样的活动，我没办法都罗列在这里。在下面的部分，我们将会遇到两个男孩，他们通过在外国生活的经历，实现了完全的独立生活。

18岁：隐约可见的独立自主

一个心理健康的18岁男孩应该是个什么样子？我们如何才能识别出父母和儿子共同努力下造就出的那个好男孩、好小伙子？这其实很难说，因为这个年纪的男孩非常接近成人，就好像是问一个健康的成人是什么样的，这个问题会有无数个答案。

从心理学的观点来看，当一个男孩完成了第七章所列的“青春期男孩必须完成五项心理任务”之后，他就跟未来几年他将要成为的男子汉非常接近了。（1）他已经适应了青春期爆发式的发育，他已经能够跟由基因决定的自己的身体和谐相处了，他能够自己照顾自己了。（2）他跟父母之间的关系已经转变成了一种更加诚实、更加成熟的成人式的关系。（3）在家庭以外，他已经建立了对自己的人生发展有益的平等友谊。（4）他已经能够熟练地表达掌控性的情感了，即便他还没有很好地运用在现实的爱情关系中。（5）他已经形成了一种认同，认可了家庭和学校对他的影响，但是这种认同对他来说是独一无二的。

我在捷克的一次会议上做报告时，见到了杰克和尼欧。杰克是一个加拿大人，受到扶轮社奖学金项目的资助来这里做交换学生。尼欧几乎一直跟家人生活在国外。当我访问这个在国外学习的学生杰克的时候，他还有几个星期就满18岁了。他仍然不觉得自己已经是个“男人”了，因为他还得回到自己在加拿大的家，在一座小城市，并完成高中最后一年的学业。但是在国外学习的这一年里，他建立了一种自信和独立性，当你在他身边时，你就可以清楚地感觉到。尼欧也不觉得自己已经成年了。但是他曾在一家外国足球俱乐部踢球，并且曾受过严重的伤，后来康复了。他即将高中毕业，并将到另一个国家去上大学。虽然尼欧仍然不完全清楚自己的成年生活会是什么样的，但是他现在非常细心、诚实，对自己比较认同。两个男孩都已经实现了较高程度的独立，有一定作为，有社会责任感。如果他们仍然不觉得自己已经是男人了，那么说明，他们已经在各个方面对自己进行了考验，并且，按照他们自己的估计，他们通过了这些考验。

杰克是一个英俊的男孩，身高1.8米，留着短短的黑头发，穿着深色衣服，外表看上去非常像欧洲的青少年。经济上独立于父母是他最重要的认同："去年，我打了三份工，所以我不需要拿父母的钱了。如果我不能自己赚钱养活自己，我会觉得自己很没用。"杰克为了这次交换学生的机会，特意在原来的高中休学一年，所以他要比他的同班同学晚毕业一年。他这样做有两个重要的理由。第一，他不想走家族的老路，他想成为一个跟自己的家族成员不同的人。作为家里最大的儿子，他的家庭希望他将来继承家族的事业。所以他希望至少是暂时地逃离家庭对他的约束和期望。第二，他想证明自己的独立能力，并以此重新定义跟爸爸、跟弟弟们的关系。他告诉我说："能够自己掌控自己的生活，感觉很棒。"

自从来到捷克，他给自己找到了新的生活，放弃了打游戏，并跟一个20岁的澳大利亚女孩开始了恋爱。而且令每个人都感到吃惊的是，他在6个月时间里居然就掌握了捷克语，一种出了名难学的语言。他仍然定期给他妈妈打电话，诉说着她想了解的他的生活的方方面面。他不会跟爸爸谈起他告诉妈妈的关于自己感情生活的事情。

他仍然不知道自己将来要干什么。他很喜欢自己学校里的课程，这些课程为他将来的职业生涯提供了各种可能，但是他对自己未来的想法太多了，以至于他没办法坚持执行任何一个想法，对此，他感到很受挫。他称自己是一个“自发的”人，他说他有一种“领导者气质”，他就像关照自己的小弟弟一样关注那些一起来交换的学生。嗯，其实也不完全一样——他过去曾给弟弟们做饭吃，并辅导他们的功课，而现在他帮助交换生管理酒吧标签，这也是一种关照。他认为自己没有原来在学校的时候那样用功学习了，但是他知道，一旦他找到了对他来说正确的目标，一旦这个目标跟他切合，他就会全身心地投入进去的。

尼欧是一个瘦小的男孩，眼神深邃，举止谨慎。他说，从6年级开始，他在情绪上就比较“谨慎”。因为他长得矮小，举止很淡定，你可能不会猜到，他是一个天才运动员。在过去几年里，他在美国和欧洲的专业足球队踢球，只要他爸爸的工作转移到了哪里，他就到哪里踢球。实际上，尼欧是一个天才的足球前锋，他所在的捷克足球俱乐部在联赛中地位很高。似乎他将一跃成为欧洲职业水平的足球运动员——直到他在克罗地亚的一次联赛中伤了膝盖。那其实并不是一场真正的比赛，只是一场表演赛，在这种比赛中受伤带给了他一段痛苦的日子。

现在，他计划到英格兰去上学，学习运动心理学（他妈妈是英国人，爸爸是美国人）。他还计划尽自己所能在大学足球俱乐部好好踢球，但是他说，他不再拥有像以前那样的“弹跳力”了，也没法长距离奔跑了。长期以来，他的自我认同是跟自己家庭国际化的生活方式有关的，是跟自己6年级时因为搬家而失去朋友（“从那时候开始我的情感就开始变得闭锁了”）有关的，更加重要的是跟自己在国际联赛中和一些听不懂也不会说他们语言的外国人一起踢球的运动生涯有关的。他在足球方面的运动技能使他在儿童时代能够跨越所有的国际障碍。他的崇高梦想是最终能够去西班牙，执教自己最爱的一支球队——皇家马德里队。但是，他对自己梦想的态度还是比较现实的。如果实现不了，他将会在大学或者中学里执教，或者研究运动心理学。他已经开始执教少儿足球队了。虽然因为没办法教给他们复杂的技巧而有点失望，但是他说："你必须建立起团队，促使他们团结协作。"

在他最要好的两个朋友离开学校之后，尼欧变得孤僻了，并在8年级的时候开始跟一群人出去喝酒。尼欧觉得，作为青少年，父母给自己提供了巨大的自由度。当他还比较小的时候，他们从没有一起讨论过有关饮酒和性（"我认为他们知道"）的事情。他怀疑，因为他没有跟父母讨论过性方面的问题，他是否错过了什么事情。他说，他们的关系现在好像没有"那么亲密"。他继续说道："我们相处得还算融洽。其实我没跟父母讨论过这方面的问题也没关系，因为我的问题已经迎刃而解了。我很感激他们给我的自由。这对我来说很适合，但是我知道为什么同样的自由对其他人却不适合。我一直想要为自己做一些事情，我从没想过要依赖别人。"

我问尼欧，他是否觉得自己已经是个男人了。他答道："可能不是。"他继续补充道："目前我仍然住在家里。对我来说，住在家里就很难说自己已经是个男人了。"他对成年男人的定义是什么呢？"那时候，我应该在经济上完全从家庭独立出来了。同时，我还应该有一些情感生活。"

当我问他，谁真正了解他的时候，他回答道："我了解我自己。"他进一步解释道："我真的没弄明白开放交流有什么意义。很讽刺是吧？开放交流和坦诚讨论的确曾经帮助过我。但是在你的内心深处，你总是在想，你是不是要装酷。在高中，你真的很难找到一个真的可以接受你的人，或者我还没有找到。"但是，他希望自己能够找到一个这样的人。自从他的两个好友离开之后，他就开始变得冷漠了，这是一段艰难的日子。“我可能一直没有从6年级时的那段经历中恢复过来。”他告诉我，但是他期望某一天“安定下来，找到一个人，一个可以一辈子相互信赖的人”。

杰克和尼欧是两个健康的18岁男孩。他们还没有到达终点，他们仍然在前进的路上——我们不也是吗？但是他们在身体上已经足够强壮，而且仍然在发育。在他们成长的日子里，他们都找到了爱，他们都能够从事自己内心所看重的事情。当有人问西格蒙德·弗洛伊德，正常人该是什么样的时候，他回答道：正常人应该具有“爱和工作”的能力。杰克和尼欧都表现出了那种能力。他们爱他们的父母，他们还表现出照看兄弟姐妹、女朋友以及好朋友的能力。在他们的人生中，他们拼搏了、成功了，也受到了伤害。在人生的旋涡中，他们经历了愤怒和苦涩，但是他们以坚忍和创造力对生活做出了回应。虽然两个男孩都把18岁作为人生中一个重要的转折，但是他们也认识到，其实18岁只是人为制造的一个时间点，并不能真正标志什么事情的开始。当我问尼欧他跟父母的亲密度如何时，他说道：“我应当跟父母保持更亲密的关系吗？”然后，他耸了耸肩：“还有的是时间呢。”

很多父母告诉我，他们的儿子在青春期早期到青春期晚期这段时间完全不跟他们进行任何的言语交流，似乎把他们完全排除到他的生活之外。这种情况可能出现在12～16岁，或者14～18岁。但是，在某个时刻，他们会回心转意的。当你儿子觉得他已经实现了他需要独自实现的目标之后，当他经历了离开你们的日子，有了信任自己的体验之后，他就会向你们完全打开心扉。特别是妈妈，总是希望在这些年里仍然能够跟儿子保持坦诚的交流，但是实际上很少如她们所愿。爸爸通常尊重儿子的独立性，并不坚持要求儿子跟他们进行频繁交流，所以，他反而会听到比儿子小时候更多的心里话。

为人父母是最为卑微谦逊的工作

看到这两个男孩的时候，你很容易发现他们的成功——成功地即将步入成年时代，以及他们父母养育方式的成功，因为我们总是倾向于把孩子的成功归因于父母良好的养育方式。但是，有两件事需要特别注意：

第一，这两个男孩只是众多男孩中成功的两个特例，他们每个人都有自己的成长故事和成功体验。一些人可能会在一些熟悉的、父母容易发现和鼓励的事情上取得成功，无论是在大学里、在工作中，或是在社区服务中。还有一些人可能会在父母从未想到过的方面取得成功，但是他们可以——必须——学着欣赏。我所听过的成功故事都非常有意义，例如，一个男孩通过自己的方式，找到了自己喜欢的生活，并一直坚持自己的信念走下去（按照自己的方式生活）。在这个过程中，有压力，也有陷阱，也有他自己制造的一些挑战。这些都会使他走向成功的过程极富挑战性。

萨拉的儿子斯蒂文现在22岁，是一个数学天才，非常独立。萨拉给我讲述了她在过去这些年里如何拼尽全力使他能够在学校里继续读书的故事。她是个单亲妈妈，她必须努力找工作，努力赚钱，以使他们能够一直有个家，能上学，能生活在城市里。他们搬了24次家。“我想让他上大学。”她说。可是他逃学，染上了毒瘾。面对她的谴责，斯蒂文选择了从高中辍学，去了中专，只拿到了普通中专毕业证书。他没有去上大学，而是选择了技工的工作。现在，他跟朋友一起制造低底盘汽车——一种定制的、混合动力汽车。他还为当地企业制造一种日益受欢迎的可移动的焊接设备，这种设备主要用于关键设备出现故障的紧急情况下。他因为出色的工作和良好的信誉而广为人知，受到人们的尊敬。“他喜欢他做的工作，”萨拉带着骄傲地说，“他简直是个奇迹。”

她对他成长的信任是随着时间的推移而逐渐建立起来的。在这个过程中，他坚持按照自己想象中的方式来规划自己的生活。当他从高中退学的时候，她失望至极，随后她调整了自己预期的目标，并把他送到职业中专去学习。现在他很成功。虽然儿子已经22岁了，萨拉仍然不断地鼓励他。“我每天都给他打电话，告诉他我爱他。我的任务就是确保他知道我爱他，以及我相信他可以自己做出正确的选择。”

第二，可能你会担心自己不是完美的父母，但是请记住，一些成长为优秀青年的男孩的确有良好的家庭教养，但是另一些有成就的男孩甚至缺乏基本的教养条件。如果你在读这本书，说明你是一个细心的父母，你儿子会从中受益的。所有的父母都偶尔会做事后分析。所有爱孩子的父母都担心，所有的父母都怀疑自己（即便是作为儿童心理学家的我也是如此）。没有关于养育的期末考试，没有认证证书，没有毕业鉴定，没有人可以对你的养育质量打一个分数，除了你儿子，而儿子的分数会在晚些时候打出来的。

给别人当父母是我们此生最为卑微谦逊的工作。最好的父母会不时担忧，即便自己的孩子已经做得最好，也仍然如此。作为伟大的儿科医生和心理分析师，D. W. 温尼考特写道：“你播种的时候种下了一个婴儿，你收割的时候却收获了一枚炸弹。实际上，事实就是如此，可是，事实看起来可能不总是这样。”所以你儿子是某种男孩“炸弹”，充满了能量和活力，深情和痛苦，爱与幸福。你曾希望你儿子跟现在不一样吗？你在养育过程中的快乐就来自看着他在自己的人生道路上跋涉，展示失望，寻找真爱，以及成为一名了不起的爸爸。

爱会提供最好的养育指导

在本书中，我们一起走过了一段漫长的旅程，从还在妈妈肚子里时的超声波影像，以及早期对儿子的期盼一直到现在，在距离成年只有一步之遥的18岁回顾和反思他复杂的生活和经历。在本书中，哪些内容真正对男孩的成长发挥了作用？他们需要父母做什么？现在让我们再次回到本书开篇时提出的那个问题，你儿子到底需要什么？

答案当然是爱——最热烈、最专注的爱。通过爱，我们能够跟他们的人格、他们的需求，以及他们发展变化过程中的需要相切合。**在大多数时间里，他们需要我们的支持和引导，他们也需要到户外去，远离我们，自由地玩耍。他们需要我们询问他们的感受，也需要我们尊重他们的隐私。他们需要体育运动，也需要通过艺术来表达自己的内心。**没错，他们需要我们保持幽默感，因为做个男孩是一件好玩的事情。很多男孩都充满活力，上蹿下跳，感情冲动，这本身就是一件好玩的事情；需要在每一场无聊的比赛中获胜，也是一件好玩的事情。必须总是做到勇敢，自我满足，像个男子汉，有时候会使一个男孩看起来非常滑稽（男人也是如此）。我们大笑，我们微笑，我们相信，这个男孩的所有方面都会好起来的。

给爸爸妈妈的建议：信任男孩的发展

在过去的这些年里，很多很多女性来找我，说道："我儿子改变了我的生活。"或者说："我就是爱我儿子，他们太棒了！"你可以猜到，她们深深地爱上了她们的儿子。她们疯狂地爱上了她们的儿子、儿子的朋友，以及儿子的一切。最重要的是，她们已经开始信任儿子的发展了。这些妈妈已经发现，男孩的成长方式自有其规律，这些规律使男孩们朝着男人的方向前进着。

妈妈们，你们必须信任男孩的发展。无论是先天多一点还是后天多一点，男孩已经形成了一种成长的方式，这种方式使其他男人可以看到他的进步，并使他们中的大多数——不是全部——成为女性的良好生活伴侣。请不要试图把你儿子养育成我们玩笑中所称的那种“敏感前卫的人”。你儿子会明白你的意图的，他会跟你抗争的。相反，努力把他养育成他可以成为的最好的爸爸，也许就像你丈夫或者你爸爸那样的人，或者就像你所认识的某个最有爱心、最有幽默感、情感最充沛的人。无论何时，当你遇到了挫折，当你对儿子失去了信心，你就想象一下他正在跟自己的孩子玩耍：他喜爱的女儿，跟他很像的儿子。关于他跟他的孩子的意象会帮助你度过最艰难的日子，并引导你做出最好的决策。还有，请你明白，他人生中的每一天，都会感受到你对他的爱，因为你的爱已经渗透到了他的骨子里。所有的男孩和男人都需要妈妈跟他们一起来构建自己的灵魂。

爸爸，你也必须信任男孩的发展。我说这话好像有点儿奇怪，因为你也曾是个男孩，但是有时候我们会忘记——或者我们希望我们能忘记——我们是男孩的时候有多么脆弱和恐惧。有时候我们想，如果我们很好地帮助他们，引导他们避免再犯我们曾犯过的错误，他们就会成为好男人的。我们可能没法这样做，他们会无声抗议的。请不要试图去养育一个“成功”的男人，无论成功意味着什么。你儿子可能并不想成为你想象中的那种成功的人。

你也可以像他的妈妈那样，努力把他培养成他可以成为的最好的爸爸。当你担心他的学习成绩和上大学的事情，或者打游戏的事情的时候，看着他，努力把他想象成为一个爸爸，正在跟他的儿子和女孩说话。记住，你儿子将会跟他的儿子说你说过的话，用同样的语调。

在他说话的时候，你的形象将会印在他的脑海里。儿子会把爸爸永远留在心里。他会想念他、爱他、模仿他，跟他比试，直到他生命终结的那一刻为止。

大多数男人都说，他们跟爸爸的关系很复杂，经常是不和谐的，有时候是令人失望的。但是，虽然他们的爸爸有这样那样的缺点，很多男孩和男人都告诉我他们爱——或曾爱过——他们的爸爸，并把那个“最好的男人”一直留在记忆里，陪伴着自己的成长。一个10岁男孩的爸爸对此做了一个简单的总结：“我想要成为一个我爸爸那样的好爸爸。”无论你是否也会说出同样的话，请记住，用你的爱心养育你的儿子，并确信，总有一天，他会跟你说出同样的话的。

后记

养育儿子的任务永远不会停止

在高三那一年的4月份，有一次，我问一群即将毕业的高中生："在接下来的6个月里，对你来说，最艰难的是什么时刻？"没错，我就是要了解一下他们对于离开家去上大学，从此开始独立生活的恐惧感。男孩通常会让女孩们来回答这个问题，而女孩们通常不会推辞。她们会说，在毕业的那一天，离开自己的朋友，眼看着父母离开自己大学的新宿舍，跟她们说"再见"，她们肯定会大哭一场。然而，就在这个时候，一个高年级男孩站起来要求发言。他足有1.9米高，是个大块头。无论从哪方面来说，他都符合理想中的英雄少年的形象。他是这样说的：

对我来说，最艰难的时刻将会是新学年的秋季上半学期。那时候，我会在图书馆学习到很晚，然后步行穿过黑暗的校园，走上黑暗的楼梯，走进黑暗的宿舍。然后，我穿过宿舍房间，打开冰箱，寻找……可是，里面什么都没有。

大家都笑了。我也笑了。我们都知道，男孩有一种能力，就是用幽默的方式来表达自己内心深处的感受。其实，这个身材壮硕的男孩是在说："我会害怕孤独的，我还有点儿怕黑，我会想念我妈妈的，唉，谁知道呢？也许我会饿死的。"这完全可以理解。有时候，虽然我们都在竭尽全力地否认——有时候青少年男孩会做得非常到位，就好像他们根本不需要父母一样——其实，我们都无比依赖我们的父母、我们的家庭、我们的兄弟姐妹、我们的朋友，以及温暖舒适的家。作为一个年轻人，开始独立闯入一个陌生的世界，怎么会不感到害怕呢？

因为你儿子接受了多年的男子汉训练，他会觉得他要想实现从家到大学到军队，到他自己的宿舍的过渡，他就必须否认自己仍然依赖父母、依赖家。“没什么大不了的”——那是他所认同的男性身份的一部分。如果你哭的话，他看起来可能会有点儿不自在。他可能不会对你们说：“妈妈，爸爸，我真的会想你们的。”无论你想象中的那个时刻多么深情，他都不会有什么特别表示的。当你告诉他你有多么爱他的时候，他也只会嘟囔一句“爱你们”而已。在你儿子离家之前，他可能会变得暴躁易怒、态度蛮横。这是完全有可能的。我希望你不要因此而感到伤心，我希望你能有一些幽默感。也许，你可以威胁他：“我会哭着缠着你，让你做最吓人的噩梦。”他则会微笑着说道：“妈妈，别。”或者“那可不一定哦。”

我们会被男人们从战场上写给家人的信件所感动。原因之一就是这些信件真诚有力地表达了男人们内心深处的真情实感。在这些信件中，男人们在交流中所特有的那种用于转移话题的幽默、满嘴跑火车的风格，或者寡言少语的沉默不见了。在面对死亡的可能威胁时，他们的感情真正流露了出来。

在这里，我要提醒各位父母，你的儿子对他的家人也拥有这样的感情，深厚而温柔。只不过，他觉得这只是去上大学，或者这只是换了一个宿舍而已，没什么大不了的。他知道他还会回家来的。他的成长还远没有结束。在母子之间、父子之间，仍然有很多任务尚未完成。你儿子远比你还要了解这些。高中毕业班男孩的父母，经常会因为儿子就要去上大学了，而产生一种即将失去儿子、不再经常看到儿子的失落感，并错误地以为他们对儿子的养育已经结束了。一位爸爸在大儿子读高中最后两年时，坦诚说道：

我们会因为一些规则而发生矛盾。他铁了心地要修改这些规则，而我则已经适应了这些规则，适应了听话、严格遵守规则的他。在这种情况下，我只能认为，我真的害怕失去对他的控制。当他找到别的什么人来代替我的时候，我也会失去对他生活的控制。不过，现在我们可以对这些过去的事情一笑了之了。

他儿子现在20岁了，大学上了一半。他们现在可以对过去这些事情一笑了之了。这是因为他们的关系始终充满活力、不断发展，并懂得相互尊重。这是因为这位父亲为有一个这样的儿子而感到骄傲。他写道："看着自己的儿子成长为一个年轻人，有自己的人格，有自己的弱点，有自己的梦想，这是一件非常美妙的事情。"

我曾认识一对父母，他们的小儿子很随和、可爱。当他高中快要毕业的时候，他的父母却变得非常苦恼。"他是我们最小的孩子。当他离开家去上大学的时候，我们会非常想念他的。"他们告诉我。到了高中最后那一年的3月份，他变得非常易怒，以至于他父母都等不及让他离家去上大学了。他被第一志愿的大学录取了，可是他却决定先休学一年。这导致了相当的不确定性。然后，他找到了一个非常棒的暑期工作，离开了家，并且干得很不错；他父母非常自豪。在秋季的时候，他回来了，不得不再次面对自己的休学——没有大学、没有工作，跟爸爸妈妈不停地吵架。接着，他又找了一份工作。他父母则又松了一口气。他爸爸和他一起修葺了房屋。这对他们父子俩来说都是一件很重要的心理任务——增强心理上的联结。最后，他离开家，去上了大学。在大学4年里，他出色地完成了学业，但最后却没有找到工作，只能又回家来住了。这令他的父母非常懊恼。这种离家再回家的模式反复上演，直到他25岁的时候，当他真正自愿地永远搬出去为止（不过，当他父母出去度假的时候，他仍然会继续照看家里的小狗的）。

所以，18岁绝不是你养育儿子的终点。21岁也不是。在未来的日子里，还会有很多工作等待你们去做——虽然这样的机会可能很短

暂，并且主要出现在他生活的转折阶段——包括25岁、30岁，都是如此。你养育儿子的任务真的永远都不会停止。没错，他将会大学毕业，找到一份工作。没错，在他20多岁的时候，他的大脑会逐渐成熟的。没错，他会跟某个人建立亲密的友谊，他会找到自己生命中的另一半，他会找到属于自己的生活圈子。但是，你们终究是他的父母，为他的过去自豪，为他的未来喝彩。你们一直都在他的生活里，不可或缺。你们跟他见面的机会可能不多，但是你们会一直见证他的成长的（并在他似乎出现了心理纠结的时候替他担心）。有一位6岁男孩的妈妈曾写信跟我谈到她养育儿子的经验。我愿意用她的话作为本书的结语：

我爱我儿子。我们的生命紧紧相依。我曾以为男孩和女孩是一样的，一样、一样、一样的。我小时候的经验也让我相信，女人可以做到任何男人可以做的事情。可是，在有了我儿子之后，我明白了，我错了。男孩和女孩非常不一样。他们绝不仅仅是撒尿的姿势不同，他们有不同的社会角色，不同的社会期待。他教会了我什么是男人。在拥他入怀的那一刻，我感到自己是如此幸运！

IT'S A BOY